大師教你學姓名學

亞洲最大命理網站「占卜大觀園」命理總顧問
陳哲毅◎著

大師系列
05

關於作者

陳哲毅

◎亞洲最大個人命理資料庫網站「占卜大觀園」命理總顧問。

◎淡江大學、華梵大學、萬能技術學院等校易學研究社指導老師。

◎中華民國九十二年十大傑出命理金像獎。

◎曾任中國河洛理數易經協會理事長、日本高島易斷總本部學術顧問。

◎現任中華聯合五術團體總會會長、中國擇日師協會理事長、中華五術社團聯盟總會會長、大成報專欄作家。

◎著有《大師教你學面相》、《大師教你學手相》、《學梅花易數，這本最好用》、《大師教你學姓名學》、《陳哲毅姓名學講堂》、《陳哲毅教您取好名開福運》等80餘種。

眞人線上影音命理：http://www.eproname.com
天空部落風水專欄：http://blog.yam.com/user/eproname.html
電子信箱：chen1291@yahoo.com.tw
諮詢電話：(02)2345-1291．0910-101252

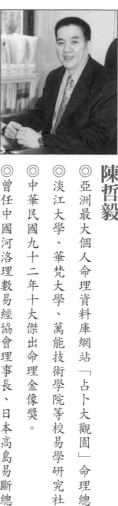

自序

哲毅研習易五術數十載，多年來，承蒙各位同道砥礪教誨與提攜，使哲毅而任中國河洛理數易經學會第三、四屆理事長，及中國擇日師協會理事長，著有姓名五術叢書七十餘冊，並擔任大成報、自立晚報、風水雜誌社專欄作者，以及淡江大學、華梵大學、萬能技術學院易學社指導老師及多家新聞廣播講座，惟哲毅從不以此自滿，亦不躊躇，仍本身在五術、終生五術人的敬謹心，謙恭自省，尊師敬老，而贏得各位同道支持與愛護，哲毅實銘感五內。

自二十歲起，我在因緣際會下接觸了姓名學，並向數位老師學習，後仍覺得不足，在五術大師吳明修先生的指導下，學得了擇日、地理、相學、八字、占卜等與五術相關的知識，期間仍不斷續地對姓名學做更精深的研究，在論斷姓名時，將五術裏的易卦、八字、五行生剋、陰陽、天運等理論融合，發展出「直斷式姓名學」，也推翻了日本所謂「逢四必凶」的熊崎式姓名學，並在姓名學派中引起陣陣討論熱潮。

「我剋爲妻財，剋我爲官鬼，我生爲子孫，生我爲父母，同我爲兄弟」如此本爲卜卦的生剋原理，有可以運用在姓名學上，在天、人、地、外、總格中，以人格爲命格，發展出各種相對應的關係，對於人際、婚姻、婆媳、事業、健康等均有影響，也難怪許多企業家、官場名人、演藝人員都欲前來要求鑑定其姓名。

承蒙賢師吳明修先生的提拔，讓我連任中國河洛理數易經協會第三、四屆理事長，暨現任中國擇日師協會理事長。目前，敝人除了將姓名學發揚光大外，也勤於筆耕，但仍然不敢有半點懈怠，期望自己能夠精益求精，更上層樓，服務更多社會大眾人士。

附帶說明：本書爲筆者非常暢銷的《學習姓名學的第一本書》、《姓名學開館的第一本書》兩書之精華合輯，並特別收錄筆者首次公開的「姓名流年卦取法」以饗讀者多年來的支持。

目錄

肆：陳老師更名實例 119

伍：姓名的三才五格，單一生剋關係 141

拾壹：英文姓名學 285

特別收錄──姓名流年卦取法大公開 391

前言

姓名影響咱一生，斷章取義不可行

坊間的姓名學，幾乎千篇一律以三才五格的數字生剋來論當事人的運勢好壞及吉凶，一味以為相生為吉、相剋為凶，完全是生多少為吉、剋多少為凶，的確失之籠統而狹隘。名字的好壞並不只是在於它的生和剋，也不只是在於三才的吉凶，所謂三才的吉凶即是81劃數的吉凶，其實生多並不見得好、剋多也不見得凶，而是要配合一個人的八字喜用神和六十甲子的天運納音，才能完成這個名字的平衡點。

名字的取用，當然不能完全左右人的一生，但它卻會間接影響我們的個性、習性、觀念及心性的變化，包括夫妻的對待、子女的對待、花錢的概念、理財開源的模式；最主要是在六親的對待，如配偶的六親、自己的六親，彼此互動的連繫。

坊間標榜的好名字，無非都是要大富大貴，但是大富大貴，並不是人人都可以求得的，一定要有適當的環境，很好的祖德，良好的教育，加上一個好名字，這樣一種格局的人，一生之中才會順暢，但要順暢另有一個玄機，知足才會順暢，惜福才會順暢。

很多姓名學老師會應家長要求，取個女強人的名字，但是女強人的實際生活裡，卻是婚姻破裂，和男人爭權威；然而目前中國人的社會，絕大多數仍屬於父權社會，父權社會的特徵就是男人要有適度的權威，妳把老公壓制之後會產生兩種情況，一是太寵，讓老公太閒；一是指揮太多，讓老公做得要死，壓力太大，這也是命理裡所講的剋夫命，剋夫命有所謂的軟剋和硬剋，所以筆者不贊成要配出一個女強人的名字，假如男性配偶很有主見，事事都能完全掌控，則這個要求必是福份無窮，家道也不致中落。

認真探討起來，一個名字的好壞，並非單純由人格地格、外格、總格的筆劃吉凶能決定，傳統姓名學認為天格影響性極微，事實上也並非如此，三才五格的各自生剋制化現象在在都影響到一個人的心性和運勢發展，生肖用字也有加分效果，但如果過度相信它的影響性，也是太高估了。

名字好壞要如何判定，不外乎生與剋的份量要適量而平衡，架構要完整，而姓名五格中生多和剋多，大致可能歸納出以下特徵。

名字中生多的人，表示此人活潑受寵，頭腦好，有獨立思考能力，貴人多，應出人頭地，但要會能持續多久，因為生多的人容易養成傲慢自負心理，不夠謙虛，只要我喜歡，沒什麼不可以，一直想要往前衝，沒有人可以綁住你，尤其在商場上，通常會大起大落，大起大落並不代表壞，但要看你的身體是不是能跟得上，人到40歲，意念和體力總會衰退，即使仍有貴人，但漸漸的會力不從心，所以生多的人，令人羨慕的是身邊總不缺乏貴人，但往往卻是一副懷才不遇的德性，最後先悒鬱以終。

被剋多的人又怎樣呢？外表看似生活過得很不風光，一生勞碌、憂心、個性保守，常在吃虧，但卻能一步一腳印，建構出美好的生命藍圖，這情形有如龜兔賽跑，被生多的人是兔子，被剋多的人是烏龜，小烏龜雖然走得慢，但牠不放棄希望，在兔子領先一段路途而志得意滿時，小烏龜終於到終點，我們如果驗證社會上許多名人的名字，其實都是被剋多的類型，甚至有些還被形容成：「鹹又澀，夭鬼又兼雜唸」，但被剋即代表節儉，一些財政經濟官員、社會名流，許多是被剋多的典型，但是他們都是成功致富、名利雙收。

過度強調總格對人一生的影響力，且偏廢天格，認為總格筆劃吉為吉、凶吉凶，四格相生即為良名，四、五十年來一直被如此認定，直到這十多年來，民眾漸漸發現，總格凶數的人怎麼都成了高官厚祿，名傳千古的幸運兒，比如李登輝、陳水扁、宋楚瑜、俞國華、吳伯雄、李遠哲、錢復、張學良，有人當了總統，有人做了省長、黨主席、行政院長、部會首長、國際紅人，如此一來，傳統姓名學完全慌了手腳，社會大眾也對姓名學嗤之以鼻，認為是最不科學、最不準確的命理學，包括我在內，我在傳授姓名學時，一面提醒學生，剛開始學習千萬別向別人提起在學姓名學，以免讓人訕笑或攻訐。

但是一種最圓融、最禁得起考驗的姓名學即將改變這個命名世界，那就是我所倡導的新觀念姓名學、直斷式姓名學和比較式姓名學，這三種架構的藍圖已逐漸完備，不久的將來，必將廣受引用和肯定。

姓名好壞從架構說起

「陳老師，姓名的好壞到底要用什麼方法判斷？」

在大大小小的演講中，筆者最常被問及上述問題，綜觀坊間姓名學書籍，有專講生肖的生肖姓名學、有專攻筆劃的熊崎式姓名學、有九宮姓名學、有從字音字義判斷的姓名學，林林總總令大眾一頭霧水，深怕好不容易取好的名字又犯了某某忌諱。

筆者鑽研姓名學長達數十年，命名數以萬計，仍然不忘對前來求教者耳提面命：姓名的好壞並非只看筆劃吉凶、也非著重生肖字義，而是在於姓名的架構要正確、生剋狀況要適當，一個名字生多不見得好，剋多也不見得壞，適當的本生相剋則會產生很好的後果。

「凶數不是凶、吉數難言為吉、吉數中有生無化為大凶、吉數中有生恐不富也無貴、吉數中過多恐藏凶、凶數中有制為不貴則富、凶數中有生有制不富也來貴」在筆者的著書中，可常見上述這一段話，筆者再三提醒，目的無他，為的就是讓社會大眾對姓名學有正確的認知，否則，一個好名被改成壞名、一個壞名被誤認為好名，是筆者最不樂意見到的。

總言之，一個架構差、生剋不恰當的名字，才會受到吉凶數、字義的影響，讀者們若是仍覺不妥，最好的方法就是請專業的姓名學老師改名、命名，並對新名字充滿信心，如此內（心）外（名）兼具，就能產生最好的靈動力。

好名、好名片、好運到

坊間的姓名學，有以字音來看的，也有以字意來評的，更有以筆劃、生肖來命名的，而筆者的姓名學，則是結合了數理靈動、陰陽五行與天格、地格、人格、外格、總格等各格來相互搭配而成，再配合好的音、意，讓人的性格、運勢、人際都有一定的成長。

名字對於人的影響是很大的，而當一個人出社會後，名片也會影響到人的運勢。有鑑於此，筆者特別書寫開運名片的要素，讀者看了之後，不管是以本名、偏名，或者本名加偏名的方式，結合開運名片，都能有加乘效果。（當然，好的名字再加上好的名片，開運效果更顯著）

以下將開運名片重點節錄，詳細內容見後文。

- 名片加了框，運陷困境方
- 名片加線條，業務難推展
- 名片有照片，小心惡桃花

・名片有底紋，恐讓能力退
・名片再加工，公司形象賠
・名片不乾淨，金錢問題起

親愛的讀者，趕緊檢查你的名片吧！如果有上述問題，不妨多做修改，讓開運名片伴你一生！

壹

陳哲毅姓名學的基本理論

姓名學的基礎

姓名學是以易經的三才（天格、地格、人格）和五格（天格、人格、地格、外格、總格）的五行（金、木、水、火、土）來看生剋變化，因此，學習姓名學的第一步就是認識三才、五格、五行。

在姓名學中，五格是非常重要的，五格代表著流年運勢，也與我們的生活產生密切的關係，其中，天格為一歲到十二歲的流年，表示長上、父母、老師、祖先、思想、疾病、困厄、工廠、辦公室。地格為十三歲到二十四歲的流年，表示兄弟姊妹、妻子、子女、朋友、田宅、丈夫、母親。人格為二十五歲到三十六歲的流年，表示本人的內心與嗜好、精神。外格為三十七歲到四十八歲的流年，表示奴僕、環境、遷移、丈夫、妻子、兄弟、朋友、外出運。總格為四十九歲到六十歲的流年，表示財庫、長輩、老師、福祿、家庭運勢、公婆的表現、岳父母的表現、父母的表現、妻舅妯娌間的情形。

五格	流年	代表
天格	1歲～12歲	長上、父母、老師、祖先、思想、疾病、困厄、工廠、辦公室。
地格	13歲～24歲	兄弟姊妹、妻子、子女、朋友、田宅、丈夫、母親。
人格	25歲～36歲	本人的內心與嗜好、精神。
外格	37歲～48歲	奴僕、環境、遷移、丈夫、妻子、兄弟、朋友、外出運。
總格	49歲～60歲	財庫、長輩、老師、福祿、家庭運勢、公婆的表現、岳父母的表現、父母的表現、妻舅妯娌情形。

姓名學的基本格式

瞭解了五格中的各格關係之後，現在讓我們來看看分析名字時的格式：

姓【　】天格
【　】外格　名【　】人格
名【　】地格

【　】總格

姓名學五格之演繹方法

1. 天格

天格的計算方法：姓氏加1為天格，若姓氏為複姓，則以姓氏之筆劃總和為天格。

〔例一〕：林義雄之天格為（8劃）加1——9劃。

〔例二〕：蘇貞昌之天格為蘇（22劃）加1——23劃。

〔例三〕：高島成龍之天格為高（10劃）加島（10）——20劃。

〔例四〕：陳旅得之天格為（16劃）加1——17劃。

2. 人格

人格的計算方法：將姓氏的最後一字與名字的最初一字相加之總和為人格。

〔例一〕：沈海容之人格為沈（8劃）加海（11劃）——19劃。

〔例二〕：王傑之人格為王（5劃）加傑（12劃）——17劃。
〔例三〕：林耕辰之人格為林（8劃）加耕（10劃）——18劃。
〔例四〕：原田哲毅之人格為田（5劃）加哲（10劃）——15劃。

3. 地格

地格的計算方法：名字的筆劃數相加之總和為地格；如果是單名，則將名字的筆劃加1為地格。

〔例一〕：唐飛之地格為飛（9劃）加1——10劃。
〔例二〕：胡茵夢之地格為茵（12劃）加夢（16劃）——28劃。
〔例三〕：余天之地格為天（4劃）加1——5劃。
〔例四〕：胡瓜之地格為瓜（6劃）加1——7劃。

4. 外格

外格的計算方法：將名字的最後一個字劃數加1即為外格，若單名則為假名1加1

等於2。

（例一）：陳水扁之外格為扁（9劃）加1——10劃。

（例二）：童中白之外格為白（5劃）加1——6劃。

（例三）：張雅琴之外格為琴（13劃）加1——14劃。

（例四）：李玟之外格為假1加1——2劃。

5.總格

總格的計算方法：將姓名中各字的筆劃數相加總合為總格。

（例一）：林詩昌之總格為林（8劃）加詩（13劃）加昌（8劃）——29劃。

（例二）：鄭為元之總格為鄭（19劃）加為（12劃）加元（4劃）——35劃。

（例三）：林福地之總格為林（8劃）加福（14劃）加地（6劃）——28劃。

（例四）：司馬致明之總格為司（5劃）加馬（10劃）加致（10劃）加明（8劃）——33劃。

6. 名人格局演繹

〔例一〕：李遠哲的姓名筆劃為7、17、10，格局如下：

	李07	【08】	天格（金）
	遠17	【24】	人格（火）
外格【11】（木）	哲10	【27】	地格（金）
		【34】	總格（火）

〔例二〕：林義雄的姓名筆劃為8、13、12，格局如下：

	林08	【09】	天格（水）
	義13	【21】	人格（木）
外格【13】（火）	雄12	【25】	地格（土）
		【33】	總格（火）

〔例三〕：呂秀蓮的姓名筆劃為7、7、17，格局如下：

	呂07	【08】	天格（金）
	秀07	【14】	人格（火）
外格【18】（金）	蓮17	【24】	地格（火）
		【31】	總格（木）

姓名五行數字的特殊相生相剋

五行，指的是木、火、土、金、水五行，這五行既相生也相剋。相生的順序為木生火，火生土，土生金，金生水，水生木；相剋的順序為木剋土，土剋水，水剋火，火剋金，金剋木。

而阿拉伯數字零至玖也和五行有著密切的關係，數字一、二為木，三、四為火，五、六為土，七、八為金，九、〇為水。

木（1、2）生——火（3、4）生——土（5、6）生——金（7、8）生——水（9、0）

木（1、2）剋——土（5、6）剋——水（9、0）剋——火（3、4）剋——金（7、8）

在零——玖之中，奇數為陽，偶數為陰，五行相同者，陽剋陰。

五行	陽生陰
木	1生2
火	3生4
土	5生6
金	7生8
水	9生0

瞭解了五行與五格之後，可由下列順序來分析一個人的姓名格局。請注意，分析格局時除了以五行（金木水火土）的相生相剋分析外，遇相同五行時，為陽生陰（即奇數生偶數）；遇個位數相同時，為小數生大數（即15生25，9生19……依此類推）；兩數相同時，為比和（即15與15）。

分析姓名的順序：

1.天格與人格的關係　2.人格與地格的關係

3.人格與外格的關係　4.天格與地格的關係

5. 天格與外格的關係　6. 地格與外格的關係

7. 天格與總格的關係　8. 人格與總格的關係

9. 地格與總格的關係　10. 外格與總格的關係

例如陳水扁的姓名筆劃為16、4、9，其姓名格局分析為：

	陳16	【17】天格為金
	水04	【20】人格為水
外格【10】為水	扁09	【13】地格為火
		【29】總格為水

1. 天格生人格（金生水）。
2. 人格剋地格（水剋火）。
3. 外格生人格（10水生20水）。
4. 地格剋天格（火剋金）。
5. 天格生外格（金生水）。
6. 外格剋地格（水剋火）。
7. 天格生總格（金生水）。
8. 總格剋地格（水剋火）。
9. 總格生人格（29水生20水）。
10. 總格生外格（29水生10水）。

又例如吳淑珍的姓名筆劃為7、12、10，其姓名格局分析為：

	吳07	【8】	天格為金
	淑12	【19】	人格為水
外格【11】為木	珍10	【22】	地格為木
		【29】	總格為水

1. 天格生人格（金生水）。
2. 人格生地格（水生木）。
3. 人格生外格（水生木）。
4. 天格剋地格（金剋木）。
5. 天格剋外格（金剋木）。
6. 外格生地格（11木生22木）。
7. 天格生總格（金生水）。
8. 人格生總格（19水生29水）。
9. 總格生地格（水生木）。
10. 總格生外格（水生木）。

貳

十二生肖與姓名學

一、屬鼠的特性

屬鼠的人位居十二生肖中的第一位，老大心態的他們不愛被別人管，自由自在的工作他們最愛，自己當老闆也不錯！

有些屬鼠的人雖然愛好自由，但礙於資金有限，只能在公司工作吃人頭路。具有領導天分的屬鼠人頗適合當幕僚，如此他們還會享受那種一人之下、多人之上的感覺，而一旦屬鼠的覺得被束縛了，他們就會壯士斷腕、另尋他處。

屬鼠的人學習能力好，新知識也吸收得快，換工作對他們而言並不痛苦，反正不論到那兒，適應力強的屬鼠人都能一展他們那八面玲瓏的口才，再加上臨場應變能力強，鼠年出生的人常是公司老闆拚命拉拔的人，也是最有辦法代表公司應酬談判的上等之選。

在考試方面，屬鼠的人又要讓其他生肖大嘆弗如。

在反應快、記憶力好的本質下，屬鼠的人即使耐不住性子，對一件事只有三分鐘熱度，只要他們還願意臨時抱佛腳，成績往往不賴。

由於鼠年出生的人擁有這麼好的天份，只要能夠專注於某項技能上，成就必然指日可待。

＊屬鼠的人適合的字

（一）鼠是一種偏愛五穀雜糧的雜食性動物。因此，名字中適合用以「豆」、「米」、「禾」、「麥」、「粱」、「心」、「艸」、「月」為部首的字。例如：豔、豐、粟、精、秩、秉、麴、怡、恆、念、恩、朋、期。

（二）老鼠天生喜愛將自己藏於洞中，因此，總愛到處鑽洞好作為休息的地方。所以，名字中適合用以「ㄙ」、「口」、「宀」為部首的字。例如：向、右、嘉、宏、寶。

（三）老鼠喜歡穿戴華麗的彩色衣物。所以，名字中適合用以「系」、「衣」、「巾」、「采」、「示」、「彡」為部首的字。例如：素、結、襄、裴、席、布、潔、釋、彬、彭。

（四）老鼠是十二生肖中的第一個，因此，名字中適合用有「君」、「王」、「帝」、「令」之類的字。例如：冠、玲、琴、君、帝。

（五）由於老鼠多半都在夜晚中行走活動，因此，名字中適合有「夕」字。例如：多、夜、夢、名。

（六）老鼠的生肖是以申子辰三合，因此，若用相關的字形，對於財運、貴人運都有很大的幫助，由於三合所構成的力量很大，尤其是擺在名字中的第二個字，更能發揮它的效果。例如：振、雲、玖、媛、農。

（七）老鼠和牛、豬是三會於北方水的，即是亥子丑三會。此三會也會構成很大的力量，且容易產生貴人運，而有助於個人的發展。因此，名字中適合用以「牛」、「丑」、「亥」的字形為主的字。例如：加、豪、眾、聚、生、產。

*屬鼠的人不適合的字

（一）由於子的對沖是午，午就是馬，所以，應儘量避免有「午」、「馬」的字，不然會造成很大的傷害力。例如：許、竹、騰、駿。

（二）所謂「羊鼠相逢，一旦休」，因此，也必須避免用有「羊」的字，因為子未相穿害，所造成的傷害力是會很大的。例如：群、達、美、善、羨。

（三）由於子是屬於水性的，因此，必須避免用含有「火」、「灬」的字，否則亦有水火不容的現象。例如：炎、炫、煜、燦、照、熊、燕。

（四）老鼠的天敵之一是蛇，因此也必須避免用以「弓」、「几」、「邑」、「廴」、「辶」、「辵」為字根的字，因為，它們的形狀很像蛇，而蛇會食鼠，亦會造成傷害。例如：張、邱、鄧、那、選、造、達。

（五）老鼠也怕人，所謂人見鼠必喊打，因此。也要避免以「人」、「彳」為部首的字，以免造成傷害。例如：仙、何、佳、俊、值、律、從、徹、徵。

（六）由於老鼠是習慣在夜晚活動的動物，因此，所謂見光死的避諱，即需要避免使用以「日」為字根的字，否則也亦產生危險。例如：昭、智、書、意、是、暉。

二、屬牛的特性

牛年出生的人從外表上看去就會給人一種值得信賴的感覺，事實上，很多出了社會的屬牛人總被委以又多又重的任務，即使屬牛的人心中不願意，仍然會默默地去做，唯獨一件事不能要求他們：那就是應酬。

屬牛的人討厭花言巧語、不擅拍人馬屁，要他們拿起酒杯說幾句場面話，簡直令他們難以忍受，因此，屬牛的人在公司中總是憑自己的實力來獲得主管青睞。當然囉！不會說好話的人總是稍稍吃虧一些，別人很快就升官，屬牛的人恐怕要「ㄠ」好幾年。一旦有所成就，屬牛的人將會穩穩地保住這個辛苦得來的寶座，被解雇或公司倒閉的比率也比較低。

在考試方面，牛年出生的人常被老師認為慢半拍，覺得他們的腦筋似乎轉得比較慢。其實不然，屬牛的人討厭一步登天的事，他們不像屬鼠的人一樣，擅長臨時抱佛腳，因此牛年出生的人在小考時的成績往往不見得理想，但遇到段考、大考時，他們的功力就展現了。所謂黑馬，指的正是學什麼都紮紮實實的屬牛人，而有學問的他們也滿適合走教育路線。

＊屬牛的人適合的字

（一）由於牛是草食性動物，因此，若是能在名字中用「艸」字部首的字，無論是現實生活的需要，或者是精神上的需求都能滿足。例如：芝、萍、豐、苗、蓮。

（二）牛是屬於田野的動物，無論是耕種或是吃草，只要是能用上有「田」的字根的字，則表示這輩子不但能享受到美食，也能任勞任怨的在工作崗位上，發揮所長奉公職守。例如：男、野、苗、甲、略、富。

（三）因為牛是食素的動物，因此若是用上有「米」、「禾」、「麥」、「叔」、「菽」、「豆」等部首的字，則表示這輩子皆能衣食無缺，糧食豐富。例如：粲、粱、程、科、麥、穠、豎、豔。

（四）牛除了能耕田外，也具有拉車的能力，因此，在名字中用「車」為部首的字，則具有將牛升格為馬的味道，表示能力受到肯定，即使在工作上很辛勞，但因為認命和擔當的特性，所以，很容易受到上級的賞識。例如：軒、連、軾、運。

（五）若在名字中用有「宀」的字，表示有休憩的意思，對於生性刻苦耐勞的牛而言，頗具有平衡的作用。例如：宜、家、宛、宏。

（六）由於牛、蛇和雞稱為「三合」，因此能產生很大的助益，所以，名字中用上含「鳥」、「羽」、「酉」、「辶」部首的字，都很不錯。例如：鸞、鳳、菲、白、毛、邁、遷。

＊屬牛的人不適合的字

（一）對牛而言，無論是在太陽下耕作或是走山路都是很辛苦的一件事，因此，需要避免用有「日」、「山」的字，否則變成所謂的「喘牛」，亦造成身體的傷害。例如：亦、春、晶、崇、峻、峰。

（二）由於牛是草食性動物，因此，要避免用代表心臟肉的「心」字根的字，否則容易有失落感或精神掠奪的情況產生。例如：忠、愛、志、恆、懷、怡。

（三）所謂人怕出名豬怕肥，因此，牛也忌諱肥大，因為，一旦長得過於壯碩，則容易成為祭天的的犧牲品，所以，應避免用有「大」、「王」、「帝」、「君」、「長」、「玉」、「冠」之類的字，以免惹來殺生之禍。例如：央、奎、璋、瑞、理、珍、玫。

（四）自古以來，便有以牛、豬、羊祭祀的習慣，所以，對屬牛的人而言，必須避免在名字中用「示」字根的字，否則即使擁有榮耀，卻是以生命的代價來換取的，實在是得不償失。

（五）屬牛者的名字要避免用以前帝王的名字，因為，稱君為王對屬牛者來說，只會添增辛苦，對健康和抵抗力都有所損害，例如：「雍」、「熙」、「堯」、「舜」、「禹」，或是朱元璋、李世民等帝王的名諱。

（六）由於牛和羊是屬於丑未對沖，因此，需避免用「羊」部首的字，否則會易有生死離別的是發生。例如：群、達、妹、善、儀。

（七）由於牛和馬是屬於丑午，會相互穿害，所謂「風馬牛不相及」或是「牛頭不對馬嘴」，因此，名字中應避免用「馬」部首的字。例如：驥、騰、駱、許、夏、丙、竹、丁。

（八）在古代，若將牛披上彩衣，表示要成為祭品，或者是成為火牛陣，具有一輩子都在為別人犧牲奉獻的意味，因此，要避免用有彩衣之象的部首之字，包括「糸」、「巾」、「衣」、「示」、「采」、「彡」。例如：祖、彬、禮、裘、祥、裴。

三、屬虎的特性

屬虎的人從小就表現出見什麼、愛什麼的個性，鋼琴他們學、心算班也去過、英文班，更是每周必報到的地方，足見他們興趣之廣泛。

即使什麼都想嚐試，虎頭蛇尾的屬虎人卻很容易三分鐘熱度，一旦他們遇到難題，或是覺得提不起興致，他們將會很快的另尋新目標。

幸好，屬虎的人總會找到一樣令他們感到真正喜歡的事，一旦找到後，虎年出生的人將會花許多時間來研究，並將興趣和事業結合，開始他們完成人生目標的野心。

屬虎的人正義感強、有強烈的領導慾，他們隨時隨地都希望掌握人心，他們講話的態度和用字遣詞常讓人感到無法拒絕。在公司中，屬虎的人非常適合當業務主管，當然囉！自己開公司也是許多屬虎人的願望，不過要小心的是，虎年出生的人對自己常常太過自信，聽不進別人的勸言，要好的朋友往往是比他們弱的人，而沒有旗鼓相當者，非常可惜。

在考試方面，頭腦靈活的屬虎人雖然不愛唸書，卻能夠考出不錯的成績，令人刮目相看，這是因為虎年出生的人有一套獨特的學習方式，足以讓他們應對各種大小考，這就是為什麼很多屬虎人即使平常吊兒郎噹，又睡又玩樂的，考試的成績就是比那些死唸書的人好的原因。

*屬虎的人適合的字

（一）由於老虎生長在森林中，因此，名字中用上有「木」、「林」、「山」字根之字，可讓屬虎的人一展長才發揮潛能。例如：東、松、桂、杜、樊、森、榮、崴、岳、峽、岌。

（二）由於老虎是屬於肉食性動物，因此，在名字中用上以「心」、「月」、「肉」部首的字，對於外在的物質和內在精神都有豐富充實的效果。例如：惠、慈、憲、愫、慕、有、望、育、能。

（三）老虎可說是森林之王，因此，若在名字中用上「大」、「王」、「令」、「君」為字根的字，則對事業上有幫助掌權之用。例如：夫、奉、奚、瑪、璇、璞、玲、球、琴、瑷、玟。

（四）為了增加老虎威風之氣，則在名字中用上「采」、「糸」、「巾」、「衣」字根的字，則具有增添華麗之用。例如：表、影、常、彥、沛、布。

（五）由於虎是屬於寅，因此，若用水字偏旁的字，所謂水生寅木，對屬虎的人很有幫助。例如：汀、漢、涵、濤、泉、求、泰、涷、冰。

（六）由於寅卯辰是三會和木局，因此，若用「東」、「卯」字根的字，對屬處的人很有幫助。例如：柳、昂、印、勉、東。

（七）由於寅午戌三合，因此，若用上「戌」、「馬」、「火」、「犬」、「南」字根的字，對於產生貴人運很有幫助。例如：盛、威、城、駁、騁、騫、然、炭、烈、狄、猷、楠。

＊屬虎的人不適合的字

（一）因為寅和申正沖，所以要避免用「申」、「袁」字根的字。例如：坤、紳、坤、媛、侯、遠。

（二）由於寅和巳相刑害，因此，命名時也需避免用「一」、「｜」、「邑」、「廷」、「虫」、「辶」像蛇形的字根之字。例如：邦、鄔、郁、川、虹、尤、屯、仁、迅、逢、進、造。

（三）由於老虎習慣在樹蔭下乘涼，或是在山洞內休息，不喜歡在烈日下活動，因此，要避免用有「光」、「日」字根的字。例如：旦、星、暢、晨、書、宴、普、替。

（四）所謂「龍虎鬥」，即是指虎會和龍互鬥傷害，因此，要避免用「貝」、「辰」、「龍」字根的字。例如：顧、預、頌、頗、賓、穠、宸、農、龍。

（五）所謂的「與虎謀皮」的顧慮，且虎皮易有被展示的危險，因此，名字中應避免有「皮」字根的字。例如：皺、皮。

（六）假若老虎被關在家中，則無法展現其威力，因此，要避免用「門」部首的字。例如：閃、開、閩、關、間。

（七）由於老虎生性喜歡自由自在，不喜歡被人控制，因此，應避免用「人」、「彳」部首的字，否則易有傷害發生。例如：代、仲、伍、佰、住、得、從、微、徵。

（八）所謂「虎落平陽被犬欺」，因此，必須避免用「艸」、「田」字根的字。例如：芳、苔、茶、荷、留、當、疊、甸。

（九）由於老虎只要一開口，不是傷人便是傷己，因此，必須避免有大「口」、小「口」字根的字，否則對屬虎的人而言，易有受困之感，無法發揮威力。例如：回、固、圖、國、歐、呂、古、尚、史。

（十）談及老虎，為了增其威力，應儘量稱大避小，否則就變成了無用的病貓了。例如：少、尖。

（十一）由於老虎無法進入祠堂、宗廟的場合，因此，命名時要避免用「示」部首的字。例如：祥、社、祐、福、禮。

（十二）所謂「一山不容二虎」，因此，命名時要避免用有「虎」字根的字。例如：號、處、彪、盧、虛。

四、屬兔的特性

兔年出生的人幻想力強、不切實際，對於工作也沒有太大的目標和理想，要不然就是理想高過了頭，只能成為柏拉圖。

很多屬兔的人在公司中擔任不高不低的職位，你說他們的能力不好嗎？不盡然，只是屬兔的人不喜歡與人擠位子，也不愛爭權奪利。他們認為人生還有比這些更重要的事，對於領導管理也沒有太大的興趣，他們總是溫和地、靜靜地處理好每一件事，又不求回報，是公司最喜歡任用的典型。

屬兔的人思考纖細、小心謹慎，他們不愛冒險，也不喜歡意想不到的事，要他們當領導者頗不適合。因為，屬兔的人每走一步，就會東想西想，忌諱一多，步伐就過於保守，有時又顯得優柔寡斷。因此，對於屬兔的人來說，最好的工作就是在領導者旁貢獻他們的想法，讓別人決定下一步該怎麼做。如此一來，既不用承擔失敗責任、也不用擔心執行問題，這點是屬兔的人最聰明的地方。

計謀多端的屬兔人有點慵懶，對於唸書這件事也沒有多大的耐心和注意力，他們常會往書桌前一坐就坐好幾個小時，卻不見得在唸書，而是將大半的時間用來發呆或神遊。

雖然如此，平日不愛唸書的屬兔人，仍然有辦法靠著他們聰明的頭腦來應付小考，只不過當學習的東西到了某種程度之後，屬兔的人就會計窮了，考出來的成績也不盡理想，因此，最適合兔年出生的人的讀書方法還是腳踏實地的唸書。

＊屬兔的人適合的字

（一）由於兔子喜歡在洞穴中活動，所謂「狡兔有三窟」，因此，命名時適合有大、小「口」、「宀」、「冖」字根的字，有助其活動力。例如：只、味、同、哈、唯、四、容、宙、黃、宥。

（二）由於兔子是草食性動物，因此，命名時多以「豆」、「麥」、「禾」、「米」、「叔」、「稷」、「漆」、「粱」、「稻」等五穀雜糧之類的字，都是非常適合的。例如：豔、豎、麥、稠、稿、積、精、粒、黎，小、秀、麻、粉。

（三）因為兔子食素，因此，適合用以「艸」為部首的字。例如：莎、華、菁、葦、蕭、菊、蔣、花。

（四）由於卯屬木性，因此，用「木」字根的字，易讓兔子有同類的安全感。例如：東、果、樺、植、樸、末、業。

（五）由於兔子對於毛色非常的重視，因此，命名時以「系」、「采」、「示」、「衣」、「巾」、「彡」字根的字為主，具有增添其外表華麗之用。例如：紀、練、絢、彩、衫、莊、袁、縣、約、綠。

（六）由於兔子和豬、羊三者稱三合，所謂亥卯未三合，因此，命名時適合用「亥」、「未」字根的字，會有幫扶的作用。例如：聚、象、豪、義、祥、羨、豫。

（七）由於寅卯辰三會，因此，也適合用「寅」、「虎」字根的字，但對屬兔的人而言，虎自宜少用。例如：眼、獅、蘆、獻、豹。

＊屬兔的人不適合的字

（一）由於兔子是草食性動物，因此，應避免用「心」部首的字，因為，這代表肉食，對屬兔者而言，會有看得到卻吃不到的失落感。例如：忍、悠、息、慶、恬、悅、惟、愫。

（二）由於森林對兔子而言，是個充滿肉食性動物的危險之處，所謂弱肉強食物競天擇，處在林中的兔子很容易成為其他動物的口中美食，所以，命名時應避免用有「艮」、「山」、「林」字根的字。例如：崗、森、山。

（三）由於地支卯辰相害，所謂「玉兔逢龍雲裡去」，因此，需避免用「貝」、「辰」、「龍」字根的字。例如：穠、農、晨、宸。

（四）由於兔代表月兔，因此，遇到有「日」的字根會日月對沖，為了減少傷害應避免選用「陽」、「日」字根的字。例如：亦、昇、旭、晁、景、暉、晰。

（五）由於卯和酉對沖，因此，應避免用具有代表西方的字根，包括「西」、「雞」、「羽」、「金」、「几」、「酉」。例如：銀、鋼、錦、要、醍、羿、習、翔、鸞、凰、醫、翁。

（六）由於兔子是屬於小動物，若是用大來稱之，反而無福消受又害身體，因此，要避免用「冠」、「帝」、「君」、「王」、「大」字根的字。

（七）命名時特別要避免用「人」字根的字。例如：使、佳、俠、倫、偉、傑、士、修、但。

（八）另外，有兩個字不可用之，一個是「宇」，因為，字的下半部是「于」，也就是「我」的意思，我也是屬兔則會轉成「冤」字，變成受冤枉之意了。另一個是「安」，因為安的下半部是「女」，也就是「汝」的意思，具有屬兔本身之意，和宇一樣會有「冤」的意思，所以，必須避免用這兩字。

五、屬龍的特性

屬龍的人是工作狂，他們會為了工作而放棄各種約會，留在公司加班到凌晨對他們來說是家常便飯，即使沒有加班費他們依然會如此。

龍年出生的人工作運一向不錯，天生的意志力趨使他們努力達到目標，對事物的執著和不服輸讓他們年年奪得燦爛的業績；也是上司心中的左右手、公司中不可或缺的人才，更是別家公司年度挖角的人選。因此，屬龍的人常常比同階級的人爬昇得更快，他們所到之處也是排名前幾大的企業，薪水更是比一般人高，常讓人眼紅不已。

對於屬龍的人來說，要他們管人是一件累人累己的事情，沒有耐心的他們喜歡獨自工作，然後享受工作後的豐美成果，但如果要他們當起一個團體的頭頭，帶著大家向前衝，那麼他們的光采將會頓時失色不少。

屬龍的人無法與比他們笨的人共事，而別人也不懂這個屬龍的人心中到底在想什麼？要一個龍年出生的人當主管，很容易造成雞同鴨講的情形，到最後，你會看到這位屬龍的人攬下所有的工作，而他的屬下則不曉得該做什麼好？如此一來將會令屬龍的人更覺得疲累，倒不如讓他單打獨鬥的好。

在考試方面，屬龍的人只喜歡唸他們想唸的，否則就算用打的用罵的，他們也不理你。龍年出生的人一向很有自己的主見，他們認為一般學科只要分數過得去就好了，填鴨式的教學是他們最厭惡的方式，唯有愈現代化、科技化的東西，才能吸引他。

＊屬龍的人適合的字

（一）由於龍是飛行於天際之間，與日、月、星、辰為伍，因此，命名時適合用「星」、「辰」、「雲」字根的字。例如：雯、霏、霖、騰、濃、振。

（二）由於龍在中國人的心目中，具有很重要的地位，應選用具有發號司令的字，包括「大」、「主」、「長」、「君」、「王」、「令」、「帝」字根的字。例如：夫、天、太、旺、奚、珍、琵、瑤、璞、瓊、瓏。

（三）由於龍喜歡得明珠，其中又以日、月為最，因此，選用有「日」、「月」字根的字，具有增加內心世界的充實之感。例如：早、昌、昱、晨、暖、書、期、朝、望、朗。

（四）由於龍是雨神，負責掌管江河之水，因此，若選用以「水」為字根的字，則具有適得其所的助益。例如：江、法、海、湯、注、泉、泳、湊、湘、濟。

（五）由於申子辰三合，因此，選用以「袁」、「申」、「爰」字根的字，則能對運勢有所幫助。例如：媛、袁、坤、紳。

（六）由於地支申子辰三合，因此，命名時選用「癶」、「子」、「壬」字根的字，也是會對運勢幫助之用。例如：李、存、孝、孟、學、壬。

（七）所謂「龍馬精神」，是具有積極進取的幹勁，因此，命名時非常適合用「午」、「馬」字根的字。例如：駐、駿、騫、騰、驂。

（八）由於龍喜歡抬頭飛翔，因此，適合用「𠫓」、「乚」字根的字，具有教化人民，並且展露其威的功用。例如：真、有、青、育、存。

＊屬龍的人不適合的字

（一）由於龍不喜歡在洞穴活動，因此，要避免用「宀」字根的字，否則會有王見王的意味，易造成自己或他人的傷害。例如：宮、字、定、宛、實。

（二）由於龍不喜歡在草叢中，因此，要避免用「艸」部首的字，不然，會有龍困淺灘的意味，對屬龍者的發展有所害。例如：茵、符、薰、范、蓁。

（三）另外，有小「口」之字也要避免，因為，和上者相同有「困龍」之害。例如：唐、吳、和、嚴、喜、吉、司。

（四）由於龍不喜歡下田，因此，命名時要避免用「田」部首的字，否則會有將之降格的意味。例如：油、戰、畢、疆、專、單。

（五）由於龍是不食人間煙火的，因此，命名時要避免用「肉」、「心」、「忄」字根的字，因為這些字都是有肉的意思，對於龍而言都是一種浪費。例如：慕、應、必、恕、懿、恩。

（六）有些字根的字的使用會有降格的情況，包括「弓」、「巳」、「邑」、「川」、「几」、「廴」、「辶」，這些字根的字都會有由大變小造成低地位之害。例如：強、弼、彎、巴、選、邱、郭、都、州、巢、兕、克、先、遠、邁、遷、建、延。

（七）另外，有些字根的字也會有降格的味道，包括「小」、「少」、「臣」、

「人」、「相」、「士」，這些讓龍降格為人、士、臣的字，會造成氣勢的減弱，從尊變卑。例如：尖、就、尚、藏、臨、壯、壹、濤。

（八）由於山算是老虎的家鄉，而「艮」卦也是屬於山的意思，因此，需避免用「丘」、「寅」、「山」、「艮」、「虍」字根的字，否則會有犯上的忌諱。例如：岳、演、岩、島、崔、嵐、艱、良、處、號。

（九）所謂龍虎之爭必有所傷，因此，命名時要避免用「虫」字的字。例如：蟬、融、蜀、虹、蝶。

（十）由於辰和戌正沖，因此，要避免用「犬」、「犭」、「戌」字根的字，否則會有大災害發生。例如：威、獄、猛、狀、獅、國、茂、成、晟。

（十一）因為地支卯辰相害，因此要避免用「兔」、「卯」字根的字，所謂「玉兔見龍，雲裡去」。例如：勉、逸、菟、迎、仰、卿。

（十二）由於辰戌丑未構成了所謂的天羅地網，因此，避免用「羊」部首的字，否則會有所犯。例如：義、姜、羨、養、羚、群。

六、屬蛇的特性

當一位屬蛇的人到公司應徵時，他們那種文靜中帶著些許不安的態度常令面試的主管留下深刻的印象。

的確，屬蛇的人比較小心，對於陌生的環境或陌生人總是先戴上一副保護眼鏡，這樣的個性往往與他們被錄用與否有關。如果你屬蛇，又恰好多次面試卻沒有被通知，那麼就要先收藏起你那不安的態度，以免嚇到別人。

只要有第二次面試的機會，那麼屬蛇的人被錄取的機率就很大。

蛇年出生的人需要一個緩衝期，一旦他們習慣新環境之後，他們將是最好接近的人。天生樂於助人的同情心加上有禮貌的態度，屬蛇的人在公司中具有不錯的人緣，而他們舉一反三的靈活頭腦，以及願意傾聽別人心聲的耐心，也極適合從事心理輔導、顧問方面的工作。

在考試方面，屬蛇的人恐怕是十二生肖中最不排斥考試的生肖了，他們視考試為挑戰，喜歡享受「不怎麼努力唸書就能考出好成績」的感覺，只不過，平日不愛做筆記的他們，當大考來臨時可就頭痛了；而有些屬蛇的人因為頭腦太好，反而有作弊的喜好，這一點更不足以稱讚。建議屬蛇的人還是別太仗著自己的聰明，以為隨便唸唸就能考出好成績，否則一遇上重大考試時，想抱佛腳已經太晚了。

＊屬蛇的人適合的字

（一）由於蛇習慣於洞穴中活動，因此用「冖」、「宀」、「口」字首的字，對於屬蛇者而言，等於是坐擁江山悠遊自若，如：冠、宏、宮、寬、因、含、句、啞、喬、園。

（二）蛇也喜歡在有多洞穴的田裡活動，因此，命名時用「田」字根的字，具有多處藏身之優勢。例如：畫、界、思、單、壘、番、當、專、迪。

（三）因為地支巳酉丑三合，「巳」是雞的意思，「丑」是牛的意思，若用這兩字根之字，必對屬蛇者的運勢有很大的幫助。例如：習、飛、鵑、鶯、金、特、翡、隆、物、生。

（四）由於地支巳午未是屬三會，因此，選用字根為「馬」、「羊」的字，對運勢具有幫扶的力量。例如：驪、南、駒、騰、祥、妹、義、喜、美。

（五）我們稱蛇又叫小龍，因此，命名時用「夕」、「小」、「少」、「士」、「臣」字根的字，非常的妥當。例如：夠、夜、爾、尚、壹、賢、壬。

（六）由於蛇是葷食動物，因此，選用「月」、「心」、「忄」字根的字，都頗合適。例如：股、脈、膏、悠、慧、懿、恭、悅、悟、愉。

（七）蛇偏愛往樹上攀爬，因此，用有「木」字根的字，具有升格為龍的意味。例如：桐、楚、杰、楓、機、格、樊、本。

（八）讓蛇升格為龍的方式還有披彩衣，所以，可用「巾」、「糸」、「示」、「衣」、「采」、「彡」字根的字，都有升格之作用。例如：帆、師、希、紫、繼、納、彥、形、彤、級、祿、禪、祝、製、裳、釋。

（九）有些字根像蛇形，包括「邑」、「巳」、「弓」、「几」、「虫」、「廴」、「辵」、「辶」，都非常適合用於名字中。例如：部、郭、鄭、巴、乙、兆、克、充、兄、夏、凰、弦、疆、通、還、巡、延、建。

＊屬蛇的人不適合的字

（一）由於蛇多半在樹蔭下或是洞穴中活動，很少在日光下以免烤焦蛇身，因此，命名時要避免用「日」部首的字。例如：旨、晃、春、昊、曆、智、昌。

（二）由於人類的習慣，是見蛇便喊打，因此，人是蛇的敵人之一，在命名時也要避免用「人」部首的字。例如：健、何、佳、優、仰、今、仙、俏、備、俠、倉。

（三）所謂「打草驚蛇」，即是在說明蛇在草叢中活動的辛苦，不但要受到風吹雨打，更是容易被人發現，因此，命名時要避免用「艸」部首的字。例如：薛、草、芽、蘊、藏、菊、芬、茜、蕊、蘇、茶、茂。

（四）由於地支巳亥對沖，所以要避免用「亥」字根的字。例如：豫、家、眾、朱、象。

（五）由於地支巳寅相刑，所謂「蛇欲猛虎似刀戳」，因此，必須避免用「虎」部字首和「山」字根的字。例如：虞、虔、處、號、仙、山、峄。

（六）由於蛇的地支是屬於火，所謂「水火不容」，因此，要避免用「水」、「子」

字根的字。例如：氾、波、決、游、淵、港、季、存、孫。

（七）蛇是喜歡吃青蛙肉的葷食動物，所以，對於五穀雜糧類的字根，包括「禾」、「豆」、「米」要儘量避免，否則會容易產生像看到食物卻不是自己喜歡吃的痛苦，內心會經常有失落感發生。例如：秋、科、穆、秀、豐、豎、黎、精。

七、屬馬的特性

馬年出生的人愛好自由，有著無比的行動力，對於執行業務頗有一套，是事業上的好夥伴。

屬馬的人即使在工作上遇到困難，也不輕易喊苦。公司中若有屬馬的人，常可見他們東走走、西跑跑，熱心地問同事們是否有事需要幫忙；因為對於屬馬的人來說，閒來無事也是件很痛苦的事，如果有人把他們一人當兩人用，他們也不會有多大怨言。

正因為這種腳踏實地又忠心的個性，屬馬的人在公司常被視為不可缺少的大將。不過，屬馬的人是否能夠持續打拚，端看他們的身體狀況如何，一旦生病了，屬馬的人就會變成一匹懶馬，什麼事都不想做，連動都懶得動，唯有他們精力充沛時，才能顯現出厲害的一面。

對於屬馬的人來說，只要公司制度還不錯，同事相處也融洽，自由度高的業務工作是不錯的選擇。不過，很多馬年出生的人並不愛應酬，因此屬馬的人在尋找工作時最好問清楚工作性質。

又，馬年出生的人比較容易因為一點小成就而自得意滿，也喜歡不知不覺中對別人挑剔，需要多留意。

在課業方面，屬馬的人總有自己的意見，如果他們不喜歡，再怎麼逼也沒有用，相對的，只要讓馬年出生的人接觸他們感興趣的事物，他們考出來的成績絕對令人刮目相看。

＊屬馬的人適合的字

（一）由於馬是屬於草食性動物，因此，命名時用「艸」部首的字，具有充實內心世界和豐盛糧食的作用。例如：芙、荀、茜、蓮、蕎、蘋、茵。

（二）除了食草外，五穀雜糧對馬也很有幫助，包括「粟」、「稷」、「麥」、「豆」、「粱」、「禾」、「叔」字根的字，對屬馬者都很適合。例如：稞、秦、秋、稼、穎、豐、豔、穀、秀、秒、穠。

（三）由於馬是生活在森林中的動物，因此，命名時可選用「木」部首的字，具有增加行動力之效。例如：村、楊、楨、松、東、機、杉。

（四）由於只有良馬才有可能披上彩衣，因此，屬馬者適合在名字中用「衣」、「巾」、「系」、「彡」部首的字。例如：裝、裕、袞、形、彤、彬、彰、絜、維、緻、純、紀、紫。

（五）若是有洞穴或屋簷的地方，對馬而言則表示有可遮風避雨的安全感，因此，適合選用「宀」字形的字。例如：寶、宥、家、宏、守、寬。

（六）所謂「龍馬精神」，因此，選用「龍」形的字，能增加活力、幹勁，無論在學業或做事上都容易成功。例如：農、穠、辰、龍。

（七）若希望擁有美麗的外表和極佳的人緣，則可以選用「目」部首的字，表示能有雙大眼睛，並具有較多的異性貴人。例如：直、縣、盼、真、睦、眉。

*屬馬的人不適合的字

（一）雖然馬是適合奔跑的動物，但是，若是使其在山路中奔跑，反而會是一件過份辛苦的事，因此，應避免用「山」字根的字。例如：崑、崎、峽、崙、岱、岌、峭、崧。

（二）由於馬是草食性動物，因此，命名時要避免代表葷食的字，包括以「心」為部首的字。例如：恆、恰、性、慷、悠、慶、想、慈、感、必。

（三）馬的種類多以等級來區分，只有下等的劣馬才會下田耕種，因此，要避免用「田」字根的字。例如：異、畸、留、町、畫、勇、由、當、單。

（四）所謂一馬不可以跨雙鞍，因此，不適合用「彳」字根的字，否則會有對感情不忠貞或是太過濫情為情所苦之害。例如：得、徐、復、徒、徹、微。

（五）所謂「自古青牛遇白馬，不戰而跑」，因此，命名時要避免用「丑」、「牛」字根的字，否則會影響運勢的發展。例如：星、產、造、牽、特、牢、牧。

（六）由於馬怕騎，因此，不適合用「其」、「奇」字義的字。例如：琪、棋、齊、期、碁、崎、綺。

（七）由於馬吃草不吃米糧，因此，要避免用「米」字根的字，否則會有無飽足感之害。例如：粉、粒、粲、粹、精。

（八）由於馬是屬於火性，所謂「水火不容」，因此，命名時要避免用「北」、

「壬」、「子」、「冫」、「癸」、「氵」字根的字，否則相沖易造成傷害。例如：學、燕、冰、汕、汪、油、泉、泰、深、渙、宇、孟、冬。

（九）所謂兩口馬會形成一個罵字，因此，命名時不適合有兩個口，否則禍從口出，易多是非而影響運勢。例如：喬、啟、單、嘉、咖、品、呂、器。

八、屬羊的特性

即使沒有老師在一旁監督，仍然努力用功地唸著書；即使老闆出國不在公司，仍然會盡心盡力的守本份——這就是屬羊的人最大的特質。

羊年出生的人秉持著公平公正的原則做事，對於例行工作也不感無聊。在公司裏，屬羊的人往往是受人信賴的，他們不願意為了討好某人而刻意做表面功夫，他們也不願意拿一些虛假數字讓報告看起來美美的。如果你以為送個東西給屬羊的人，就能夠讓你的考績變好，那可就大錯特錯了，這位羊年出生的人對於送禮可是敬謝不敏，你不但得不到好處，反而會讓他看不起你。

屬羊人的運勢是非常平穩而緩慢上升的，按部就班的他們適合在大企業或公家機關任職，一待就是數十年也不會輕易換工作，可說是愈老愈有福運的生肖。

由於羊年出生的人個性太過正直，甚至不惜挺身而出糾正上司的缺點，如果遇到肚量不夠的主管，可就比較難過日子了，建議屬羊的人不要那麼的是非分明，別人的事不要插手管，會讓人生過得更快樂。

在考試方面，屬羊的人頭腦雖然不見得聰明，卻是「憨直」型的人，別人背一次就記起來的東西，他們即使背好幾次才記得也不會抱怨，是屬於那種放學後會自動自發唸書的小孩。

一般來說，羊年出生的人考試運都還不錯，或許正是因為「一分耕耘，一分收穫」，上天總是心疼用功的人！

＊屬羊的人適合的字

（一）由於羊是屬於草食性動物，因此，選用「艸」部首的字頗為適合。例如：菌、萱、葛、蓉、藝、茁、芭。

（二）因為羊是素食動物，因此，選用「禾」、「米」、「叔」、「麥」、「稷」、「豆」等五穀雜糧之類字根的字，也是非常適合。例如：科、稟、稻、粹、粧、精、豎、艷、麩、穎、稼、積、豐。

（三）由於羊喜歡有休憩的地方，因此，命名時選用「口」、「宀」字根的字，則代表有洞穴可供休息。例如：各、和、司、合、后、唐、定、宙、寶、宏。

（四）由於羊是適合在森林中生活的，因此，命名時適合用「木」部首的字。例如：桓、杏、橙、檜、桐、本、樹。

（五）由於羊有跪乳的習慣，因此，選用「几」字根的字非常適合。例如：元、先、亮、乙、允、免。

（六）因為羊喜好跳躍奔馳，所以，選用「足」字根的字，則具有自得其樂的自在之特性。例如：跋、路、躍、跳、踴。

（七）若用三合或三會的字多有幫助，包括「卯」、「亥」、「蛇（巳）」、「馬（午）」字根的字。例如：仰、卿、迎、家、聚、稼、棟、丙、許、駿、過、適、邊、部、建、選。

*屬羊的人不適合的字

（一）由於羊是動物界中，最不喜歡喝水的，因此，命名時要避免用「北」、「子」、「水」、「亥」、「氵」字根的字，否則會影響新陳代謝，對身體健康有所妨害。例如：冬、汽、淡、溫、濁、求、洋、淇、穎、汪、消、港、湯。

（二）由於羊是屬於草食性動物，因此，要避免具有肉味的字，包括「月」、「心」、「忄」字根的字，否則容易有失落感的產生，對屬羊者而言易有情緒不穩的情況發生。例如：胞、胡、能、肯、恩、惠、悠、想、忘、仲、悌、特、愫。

（三）在中國的三牲之祭物中，羊也是其中一種，因此，命名時要避免用「示」部首的字，否則亦惹來殺身之禍。例如：祝、福、祥、禪、社、稟。

（四）由於在古代的習慣中，只要羊披上彩衣或加冠，就表示被供奉了，因此，命名時要避免類似之字，包括「衣」、「巾」、「系」、「衤」、「彡」字根的字。例如：襄、衮、布、帥、常、幟、形、彩、彰、影。

（五）由於羊長大了，便容易被宰來當牲品，因此，要避免用「長」、「帝」、「大」、「君」、「王」字根的字，否則會使其一生都在為別人辛勞、奉獻。例如：夫、玲、瑄、琳、璞、瑰、奉、奏、奐、環、墷。

（六）有些字代表天羅地網，對屬羊者是一種威脅，包括「辰」、「未」、「戌」、「犬」、「丑」字根的字。例如：晨、穠、成、國、狐、猛、猶、獻、獨。

（七）有些對沖或相害的生肖，包括「牛」、「丑」、「鼠」、「子」、應避免用之，否則會造成傷害。例如：牢、物、特、隆、適、孔、字、季、學、孩、游、郭、享。

（八）還有一些字也是非常不適合屬羊的人，包括「車」、「刀」、「金」、「皿」、「酉」等。

九、屬猴的特性

屬猴的人頭腦靈活，聰明反應快，對於機械性工作無法適應。活潑好動是猴年出生者的一大特色，他們對自己頗有信心，內心老是存在又大又華麗的計劃，不喜歡朝九晚五的辦公室生活，使得他們很早就蠢蠢欲動，想要自己開店。一旦他們真的如此做了，就會發現事實與想像的不同。由於屬猴的人比較重視外在而忽略內在，也缺乏決斷力，花了大筆錢經營一個店的結果往往是支出大於收入，這是很可惜的。建議猴年出生的你若是想揮灑自己的夢想，不妨多累積實力和知識，「人生有夢、築夢踏實」最適合當做猴年出生的人的座右銘。

對屬猴的人來說，考試並非難事，很多猴年出生的人常常利用考前幾分鐘的時間看書，就能考得不錯，加上他們懂得變通，一般人頭痛的數理科對他們來說反而比死背的文科容易，因此，屬猴的人考出來的成績雖不見得特好，但也不會落於人後。

＊屬猴的人適合的字

（一）由於猴子是生活在森林間，因此，命名時適合用「木」部首的字，代表著是得其所悠遊自在的意味。例如：杏、柏、果、檜、棠、桃、樣、柱。

（二）由於猴子生性好動，特別喜歡在洞穴中休息，因此，命名時頗適合用「冖」、「宀」、「口」字根的字。例如：它、宗、宮、密、安、冠、吳、含、員、哲。

（三）猴子喜歡穿戴華麗衣飾，具有人模人樣之效，並提高其地位，因此，適合用「系」、「示」、「衣」、「巾」、「采」、「多」字根的字。例如：絲、經、總、紡、祝、祿、禮、表、襄、帆、席、沛、彰、彥、影。

（四）由於猴子喜歡模仿人的一言一行，因此，命名時頗適合用「言」、「人」的字根的字。例如：試、誠、議、讚、記、以、企、休、傑、保、仍。

（五）由於三合力量很大，因此，命名時能多用「水」、「子」、「辰」、「氵」字形的字，很能產生很大的幫助。例如：永、汐、汝、沙、津、李、學、孺、農、麗、麒、濤、淵。

（六）猴子喜歡稱王，因此，可選用「王」字根的字，但是，稱王的過程是必須身經百戰，又容易易主，所付出的代價也不少，所以命名也必須多加考慮。例如：理、珊、瓏、瑀、瑞、璽、玉、珍、環。

＊屬猴的人不適合的字

（一）由於猴子只會蹧蹋五穀，因此，要避免用「米」、「禾」、「田」、「麥」、「稷」、「穀」字根的字，否則易養成浪費揮霍的惡習。例如：粗、粉、糧、種、稱、穗、秉、畫、留、當、番、疇。

（二）所謂「豬遇猿猴似箭頭」，因此，命名時要避免用「豕」字根的字，否則因地支六害的原因，很容易造成傷害。例如：貌、象、緣、豹、家。

（三）由於寅申對沖，因此，要避免用虎字形的字，否則對屬猴者有所不利。例如：豹、號、彪、虛、獅、盧。

（四）由於五行中，兩金相距很容易產生刑剋，因此，要避免用「月」、「酉」、「金」、「西」、「鳥」、「兌」、「皿」字根的字，否則容易產生兇災。例如：鈔、銘、錢、鍛、鏞、盤、爐、監、配、鄭、鸚、鶴、鴻、鴛。

（五）另外還有些字不適合用。例如：皮、君、將、口、力、刀。

十、屬雞的特性

賺錢和花錢一樣快的屬雞人雖然重視外表，對於工作卻絲毫不馬虎，他們常是公司中最賣力的一群，令老闆不注意都不行。

屬雞的人若想成功，最好從自己個性中的優點著手。大體說來，屬雞的人愛說話，也擅長聽別人說話，加上他們靜不下來，喜歡東跑西跑，因此，業務方面的工作將可以讓雞年出生的人大展所長。

在前往成功的路上，屬雞者必須特別小心愛嘮叨的特點，尤其當主管的人，更不宜監控部屬，也不要囉嗦，免得部屬受不了而跳槽，對你來說也是一項損失。

另一項值得留意的是：雞年出生的人較重物質，愛聽別人拍馬屁，看人也多半從外表看起，主觀又很重，常會被虛偽的人所騙，如果沒有多加注意，這些人將會成為屬雞人成功的絆腳石。

在考試方面，雞年出生的人考運還不差，但由於喜歡耍小聰明，加上不容易專心，唸書唸到一半就會去做別的事情，或是東摸摸、西摸摸，等到該唸書時已經是深更半夜了。建議屬雞的人改變唸書的環境，不要有床、電話、雜誌……等雜物影響你的注意力，將會考出更好的成績。

＊屬雞的人適合的字

（一）由於雞原本是在樹上生活的，因此，命名實用「木」、「山」字根的字，具有安詳自在的優點，並且具有提升地位之效。例如：果、嵋、棨、業、柏、棠、岸、岱、岌、岳。

（二）所謂「金雞獨立」，具有身體健康的意味，因此，可多用這類的字形。例如：中、平、華、市、彰。

（三）若住所有洞穴或屋簷，則表示具有保護作用，因此，命名適合用「冖」、「宀」字根的字。例如：宇、定、安、守、宣、宜、寂、宋。

（四）由於雞是食五穀雜糧的動物，具有整天都在覓食的習性，因此，適合用「粟」、「米」、「禾」、「麥」、「豆」、「粱」字根的字，對屬雞的人而言，能有飽滿充實的內在精神世界。例如：艷、程、積、科、豈、秩、豊、燦。

（五）由於雞是有毛的動物，因此，適合用「采」、「爫」、「彡」字形的字，其作用就像有個漂亮的雞冠，使其外表亮麗迷人，尤其能增加屬雞的人的人緣。例如：釋、彩、彥、彬、彰、形、影。

（六）由於雞、蛇和牛有三合的作用，因此，命名時頗適合用「丑」、「酉」、「巳」字根的字，對其運勢非常有幫助。例如：物、特、產、返、道、運、選、巡、造。

（七）由於雞要長得小才可愛，若長大了就很容易成為桌上美食，因此，命名時適合用「小」字形的字，另外，用「士」、「土」、「吉」字形的字，具有能抬頭闊步的意味，表示其健康情況非常好。

＊屬雞的人不適合的字

（一）由於酉卯對沖，因此，命名時要避免用「卯」、「兔」、「東」、「月」字形的字，否則，一旦犯上了，很容易造成傷害，對屬雞的人來說最常見的就是常生病。例如：東、陳、仰、柳、朋、清、有、勝、期、本。

（二）由於雞一旦長大了，便很容易成為拜拜的祭品，因此，要避免用「王」、「大」、「帝」、「君」字形的字，否則易有一輩子都在為他人犧牲奉獻的命運。例如：珊、球、瑟、瑪、璞、瑛、瑪、奎、奘、奮、群。

（三）由於雞是素食動物，因此，要避免具有肉意的字，包括「月」、「心」、「忄」字形的字，否則容易造成屬雞的人有失落感產生。例如：肴、胡、脩、育、應、慈、憲、思、恭、忍、忠、懷、恆、悔、情。

（四）由於地支酉和戌是六害，因此，要避免用「犬」、「犭」字形的字，不然，雞遇到狗會有雞犬不寧的傷害發生，例如：狀、獻、猛、獨、狄。

（五）由於雞是屬於酉金，因此要避免用「金」字形的字，包括「西」、「秋」、「兌」、「申」、「酉」字根的字，否則雙金過重，很容易引起殺身之禍。例如：醍、配、鎮、鋒、鈴、銳、釧、鑑、秋。

（六）所謂「金雞獨立」是健康的最佳的表現，相反的，若雞的腳被分開則表示生病、不健康的意思，所以，命名時要避免字形腳分開的。例如：光、亮、共、克、形、文、充、免。

（七）所謂好管閒事者，易惹是生非，因此，命名時要避免用「口」字根的字，否則容易產生吃力不討好的傷害發生。例如：鋁、啟、喜、容、權、高、器。

（八）另外，對於屬雞的人還有一些字要避諱的，包括：「人」、「北」、「刀」、「子」、「力」、「血」、「示」、「水」、「手」、「亥」、「系」、「石」、「氵」、「虎」、「冫」字形的字。

十一、屬狗的特性

狗年出生的人觀察力敏銳，又有一定的忠誠道德感，是值得培育的人才。

屬狗的人若想要成功，光靠上述幾項優點是不夠的。屬狗的人雖然守信用重道義，又有自己的想法，卻缺乏行動執行力，因此，想成大業的屬狗人必須找到瞭解他們、扶助他們的伯樂，成功的機率才會比較大。

許多狗年出生的人平日溫和有禮，一旦發起脾氣來可是暴躁得很，常令人無法置信，如同不定時炸彈的個性是屬狗的人在人際關係和事業上的一大致命傷，加上溝通能力不強，又有點依賴部屬，若當上管理階層，常會有部下不聽話的無力感。其實，只要屬狗的你多一點包容，學習獨立，不要什麼事都仰賴部屬幫你做，並適時的展現出自己的能力，那麼你就不會覺得管理是一件很痛苦的事。

由於屬狗的人特別講信用，日子一久在商場上會很吃香，大家都樂意與你談生意，對你來說是一件好事。唯要小心的是，由於你太容易相信別人，一旦遇到想要訛詐你的奸商時，很難看清楚事情的真相，因此你需要一位值得信任的左右手或顧問來協助。

在十二生肖中，屬狗的人若能在年輕時遇到伯樂，將會年少有成。如果沒有這麼好的運氣也不用擔心，狗年出生的人升職的機會不少，晚運也不錯，只要人生看得開，沒什麼值得憂慮的！

狗年出生的人記憶好、學習能力佳，向學的他們總能從容的應付考試，在群體之中，屬狗的人或許不是前十名，但也不會是後五名，他們的成績總保持在中等水平。對於屬狗的人來說，唯有按部就班的唸書才能擁有好成績，偷吃步是行不通的！

＊屬狗的人適合的字

（一）狗是人類最忠實的動物，因此，命名時用「人」、「亻」字形的字，具有忠於主人的意味，對屬狗的人無論是愛情或是事業都很有幫助。例如：企、信、值、仙、偉、仰、佩、位、優。

（二）由於寅午戌是三合，因此，選用「午」、「馬」字形的字，對運勢很有幫助。例如：駐、驤、篤、騏、騰、竹。

（三）若為了要增加威勢的話，則可選用「巾」、「系」、「衣」、「彡」字根的字，因為狗披上彩衣，便會有虎風的味道。例如：席、師、常、綠、經、絢、約、素、長、彭、衫、莊、彪、彤、彥。

（四）由於狗喜歡肉類食物，因此，命名時選用「月」、「心」、「忄」的字形的字，具有生活優渥，衣食無缺的優勢。例如：有、青、育、忠、思、必、恩、恭、忙、恆、忻。

（五）狗也有分家狗和野狗，因此，命名時選用「入」、「冖」、「宀」字根的字，表示家庭內的狗，命運當然較外面的流浪狗好。例如：公、全、內、密、宙、宜、守、字、冠。

（六）就常理來說，小狗比大狗來的可愛，因此，非常適合選用「臣」、「小」、「少」、「士」字形的字。

*屬狗的人不適合的字

（一）有句俗語說「狗吠日」，可看出只要見到太陽出來，狗都有亂吠個兩聲的壞習慣，因此，要避免「日」部首的字，否則很容易因為愛管閒事而造成無謂的傷害。例如：晶、昌、旨、昇、星、春、景、智。

（二）由於狗的最大犧牲就是忠誠，因此，名字中若有兩個人的字必須避免之，否則，要一隻狗侍奉多人，則會有不忠心的情形發生。例如：律、德、徹、仁、從、欽、徐。

（三）古時候有句話說：「金雞遇犬淚雙流」，因此，命名時要避免有雞之形的字，包括「酉」、「羽」、「兌」、「雞」、「酉」、「兆」、「鳥」字根的字。例如：酷、醫、耀、翡、翰、酋。

（四）由於狗是屬戌，因此，命名時不適合用「羊」、「未」字形的字，否則不利於各方面的發展。例如：羨、未、善、群、美。

（五）由於狗是屬戌土，因此會剋土的木要儘量避免，否則會有能力無法發揮的情形發生。例如：校、李、棟、榮、果、楚、機、權、杖、格、梅、樂。

（六）由於龍狗對沖，所以，命名時要避免用「辰」、「貝」字根的字，否則容易產生傷害。例如：儂、穠、婁、真、責、貴、賦、賴、貽。

（七）由於水會剋土，因此，要避免用「子」、「北」、「水」、「亥」、「氵」、「㇀」字形的字，否則會有漏財或精神不濟的情況發生。

（八）由於狗是葷食動物，尤其特別喜歡吃肉，因此，字形有「麥」、「米」、「粱」、「稷」、「禾」字形的字，可儘量避免選用，不然有種食之無味，棄之可惜的遺憾。

（九）由於狗在田間沒有任何的作用，反而會踐踏五穀，因此，要避免用「填」的字形的字，否則會有浪費的惡習產生。例如：異、疆、申、界、留、疇、疊。

（十）由於狗都有地域私有的習性，因此，一塊土地上若同時有兩隻狗，則很容易引起紛爭，所以要避免用「犬」部首的字。例如：猶、篩、獨、狀、狐、猛。

（十一）所謂「白雲蒼狗」，因此，要避免「雲」、「雨」字形的字，否則對屬狗者非常不利。

（十二）對屬狗的人還有個忌諱，即是要避免用「口」字根的字，若姓名中加起來有一口，所謂「吠」，則容易因多管閒事而引起災禍，若是有二口，具有「哭」的意味，對運勢非常不利。如果有三口則會成為「瘋狗」，情況更糟。

（十三）狗最怕的動物是熊，就像是食物鏈般，光是聽到熊的聲音，就足以讓狗兒腳軟，因此，命名時要避免用之，尤其是姓熊者，最好不要在狗年生小孩，否則小孩容易生病。

十二、屬豬的特性

屬豬的人一生成功的機會不少，但大都是中年有成，屬於走晚運型。

對於名利看得較輕，豬年出生者不好與人爭奪權位，很多出社會五年十年的屬豬人，仍然堅守他們原本的崗位而沒有跳槽，一方面是因為他們不喜歡變動，一方面是豬年出生的人在年輕時比較沒有被人挖角的機會，必須等到一定的年紀，當實力愈來愈深厚時，才會受人重視。

在成功的路上，豬年出生的人必須加強兩個部分：一是培養決斷力，一是不鑽牛角尖。

很多屬豬的人在做決策時，常常不知道該如何是好，一個方案拖個好幾天還不能決定，猶豫不決加上鑽牛角尖的個性，常會影響整體的成效。

如果一位豬年出生的人想自己開公司，建議你往文化藝術方面發展，如此比較適合你不喜變動的個性，而且也可以減少你應酬、應付人際關係的機會，畢竟許多屬豬的人都不喜歡虛偽言詞，也不能忍受應酬場面，因此還是開創可以自己掌握的公司比較恰當。

屬豬的人平日生活看似慵懶，一旦工作起來，他們可會卯足勁來打拚，記得，工作雖然重要，但也不能忽略身體健康！

在考試方面，屬豬的人一下子好、一下子壞的成績常令人跌破眼鏡，其實這是因為豬年出生的人喜歡新鮮感，對於沒有接觸過的事物，他們往往會下很多的功夫；一旦遇上困難或覺得不新鮮了，他們就會興趣缺缺，而唸書這件事並非豬年出生的人最大的興趣，總是虎頭蛇尾，唸不出太好的成績，建議屬豬的人多想想未來，體會唸書的意義，才有機會提升成績。

＊屬豬的人適合的字

（一）由於豬最喜歡吃米飯雜糧及豆餅之類的食物，因此，選用「米」、「豆」、「禾」字根的字，具有一輩子不愁吃穿的助益。例如：精、糙、粲、豈、豐、豎、穀、蘇、稷。

（二）由於豬是大家認為非常愛吃動物，因此，命名時選用「口」的字形，能擁有一生的口福之慾。例如：回、名、呂、告、哈、啟、商。

（三）一般而言，被飼養的豬命會比較好，因此，選用「八」、「入」、「冖」、「宀」這些具有家的感覺之字形的字，都非常的適合。例如：宋、安、全、富、寬、宙。

（四）若想讓屬豬的人能逍遙自由，則可以選用「田」字根的字，表示處在田中的豬可食五穀，能豐衣食足。例如：東、甲、當、畢、留。

（五）由於豬是屬於亥水，所謂金能生水，因此，選用「金」字旁的字非常的好，具有幫扶之效。例如：鈕、鋒、鈿、鐘、銳、銘、錘、鈴。

（六）由於亥卯未三合，因此，命名時可多選用「卯」、「未」字根的字，具有一輩子多有貴人相助，並且子孫孝順夫妻和睦的助益。例如：柳、卿、義、善、羨。

（七）由於亥子丑三會於北方之水，所以，選用「丑」、「北」、「坎」、「冫」、「氵」、「子」、「牛」、「牜」字根的字，對於運勢會有很大的幫助。例如：孟、字、季、江、沐、治、泰、泉、深、渺、游、溫、牡、特。

（八）由於亥卯未是三合，而卯兔於東方，東方屬木，因此，可選用「木」部首的字，具有如同豬於樹下休憩，得到適當的休息。

*屬豬的人不適合的字

（一）由於豬最怕的就是成為供桌上的祭品，因此，命名時要避免用「示」字根的字。例如：票、祟、祝、祈、禎、禧、禁。

（二）具有將豬擺上供桌的字還有「巾」、「系」、「示」、「衣」、「彡」字根的字，像是幫豬穿上華麗的彩裝，無疑的，就是要成為拜拜的牲品了，所以要避免用，否則，對屬豬的人容易有只為別人犧牲奉獻，付出的多過於得到的命運。例如：紅、約、結、絢、希、帝、席、彰、影、彩、裘、表。

（三）所謂「豬碰猿猴，必如箭頭」，所以要避免有猴的字形，包括「爰」、「申」、「侯」、「袁」字根的字，否則容易有身體、感情受到傷害的情況發生。例如：遠、琨、伸、媛、紳。

（四）在民間祭拜的祭品中，豬也算是三牲之一，因此，豬最怕的就是過大過肥，很容易會成為供桌上的牲品之一，所以，命名時要避免用「大」、「長」、「王」、「君」、「帝」字根的字，象徵一輩子都要為別人辛苦奔波，除非是從事義工服務或是慈善事業，否則，要是想在物質和金錢上追求，較會遇到挫折和痛苦。例如：天、奇、奚、君、將、主、帥、玲、理、瑪、瑄、琴、璞。

（五）由於豬和蛇會六沖，很容易造成災害，因此，要避免用「巳」、「弓」、「一」、「邑」、「乙」、「阜」、「川」、「廴」、「辶」字根的字，否則對於身體健康、金錢財富和事業都有不良的影響。例如：向、妃、楓、強、張、發、三、之、也、郁、鄔、郭、州、蛾、蝶、造、逢、進、巡、迪、建。

（六）所謂「三腳豬，殺無肉」，即表示這樣的豬沒辦法站穩，而一隻無法站好的豬是沒有能力和其他的豬競爭的，當然也就不健康，長不出什麼肉了，因此，要避免用腳會分開的字，例如：賞、貴、賓、贊、賢。

（七）另外，還有一些字是對屬豬的人非常不利的，包括「刀」、「血」、「皮」、「上」、「石」、「力」、「几」字根的字，要儘量避免用。

參

破解熊崎式總格數吉凶之論法

一、三才五格變化多，豈是筆劃斷吉凶

坊間論22劃數，認為大凶，為秋草逢霜之憂勞愁苦數，一生行事不能如意，挫折重重，身世凋零，晚景淒涼，多病且陷於孤獨。

但比較式姓名學卻不拘泥於此種論法，就舉A、B兩組姓名為例。

A

筆劃	數	五行	格
1	11	木	天格
10	15	土	人格
5	12	木	地格
7			
外格 8 金			
	22	木	總格

B

筆劃	數	五行	格
1	11	木	天格
10	17	金	人格
7	12	木	地格
5			
外格 6 土			
	22	木	總格

A、B兩人只是名字筆劃數顛倒放，三才五格的五行關係就會起了很大的變化。

A格局為天格剋人格、地格剋人格、總格剋人格、人格生外格，為人肯做、保守、

任勞任怨、肯付出，只是較不懂得篩選朋友，對兄長父母敬重孝順，是亦忠亦孝的典型，所找的老婆，可以扮演黑面角色，也可以說他的老婆久而久之都會變得很強勢，因為他是濫好人一個，不懂得如何拒絕別人，老婆可以適度的阻擋他無止境付出的個性，此格局的人講義氣，憨厚又正直，對工作的抗壓性強，金錢方面不懂得計較，所以貴人不顯，自己反而都是別人的貴人，為人忠厚，卻常被人利用而不自知。

三才被剋多，筋骨方面毛病多，如果再加上同陰同陽，總格剋外格，一生官司不斷。會說會講，但有色無膽，雖然有桃花運，卻因為老婆管得緊，一直沒有機會嘗試。雖然內心一直想做些投機生意，但因為心念太雜，沒有定見，即使有好運到來，仍會白白錯過。

B格局為人格剋天格、人格剋地格、外格生人格、人生剋總格、人格剋天格的人，加上外格生人格、總格剋外格，腦筋轉得很快，外在人緣好，會包裝、自我推銷，耍嘴皮子，點子多，所找的對象即使強勢，他也可以應付得很好，因為他點子多，心腸軟又衝太快，所以在事業上起伏大，不善理財，出手大方，因為財運方面起落很大，敢冒險，喜歡投機，官司小人多，但卻是自惹的，桃花多，異性緣好，所以本身的婚姻方面容易出紅燈。

可見並非總格22劃即可代表一切，也不是三才相剋，就表示大凶大惡，一定要配合三才五格的實際架構，才能評斷這個名字的好壞，起伏有多大，再加上六十甲子納音天運的影響，才是真正一組姓名好壞的主要根源。

二、凌夫幫夫在生剋，莫管取名23劃數

坊間對總格筆劃23劃者，為兩種不同解釋，對男性而言，有豐功偉業，運勢如虹之大吉數，但對女性而言，卻為凌夫，甚至為孤寡之數。

事實上不能如此單一論斷，即使成為女強人，只要生剋搭配得宜，表現出來的作為和狀態就會不一樣。

A

外格	筆劃	數	五行	格
	1	8	金	天格
金 8 外格	7	16	土	人格
	9	16	土	地格
	7			
		23	火	總格

B

外格	筆劃	數	五行	格
	1	11	木	天格
土 3 外格	10	21	木	人格
	11	13	火	地格
	2			
		23	火	總格

A格局為人格生天格、人格生外格、人格地格比和，此種格局異性緣特別好，能力

強、人際關係順暢，外表有咄咄逼人的味道，卻非23劃的關係，而是她人格生外格，異性緣，桃花多的關係，此格局又是天人地外四格同為陰數的單陰，又加上總格剋外格，外在能力不輸給男孩子，屬於外向業務型的人，不適合當內勤，配偶最好是能保守，夫妻才會和諧相處，婚姻方面才不會出問題，假如配偶也是被生多或剋人家多，則才會應驗23劃的不和諧，也就是所謂的剋夫命。

B格局為人格生地格、天格生人格、天格生地格、外格生地格、人格生外格，能力也是上上之選，但不是因為總格23劃的緣故，而是人格生地格、外格，而地外為火、人地木火相生所庇蔭，此種格局的女人，熱心苦幹，能獨當一面，只可惜圓融性稍嫌不足，不懂得自我推銷、包裝，因此常被誤會，甚至吃眼前虧，因為五行火多，所以好客，而且容易衝動，此種女性重視格調、氣氛，不像被生多的人隨遇而安，不講究生活品質；其配偶最好是才華高、能力好，在交際方面又不滑頭，婚姻上才不會發生磨擦，這種格局的女人，就完全沒有所謂的剋夫命。

三、吉不吉不在劃數，生剋變化扮關鍵

傳統姓名學裡的總格25劃數為大吉大利，有英姿俊敏、柔中帶硬、成功發達的大好運格，但交際之間宜注意平和，揚棄驕傲，注重修養心性，才能成就大業、財務吉祥、貴人多、大豐收。

如果你堅持這種論法，那就太危險了，因為除了三才之外，還要配合他的天格、外格、總格和天運、陰陽搭配來決定。

陳哲毅姓名學卻要提醒你，快快拋棄這些似是而非的老舊觀念，接著我們先來看AB兩種不同格局，總格筆劃數相同的案例。

A

	1			
		8	金	天格
	7			
木12 外格		14	火	人格
	7			
		18	金	地格
	11			

25 土 總格

B

	1			
		8	金	天格
	7			
木11 外格		15	土	人格
	8			
		18	金	地格
	10			

25 土 總格

A格局為剋多格局、人格剋天格、人格剋地格、外格生人格、天格生地格，這種格局的人，就是大家所說的含著金湯匙來出世，享盡榮華富貴，原因無他，因為剋的緣故，剋代表你會表達、代表你會撒嬌、代表你的眼神犀利，所以剋怎麼會不好呢？

三才被剋，有人說會有意外災害，但此格局因貴人多、有人保護，此格局剋天、剋地、外生人，如果和剋天、剋地、外剋人來相比，後者當然差多了，因為其貴人只是一種假象，因為外格代表六親和長輩，外剋人的狀況代表設有貴人；一樣道理，也有剋天、剋地、人生外，付出沒有回應，所以人格、外格的對待，有如天地之差，不能只看單純的表象。

剋天、剋地也有人外比和的，三種格局的貴人運就差很多，外格生人格貴人多；外格和人格比和者貴人差一半；人格生外格者，幾乎沒有貴人。

此總格局的人，貴人多、膽量大、外表好看，但最好要有助理來打點、來幫他煞車，因為他常會心浮氣躁，財運開拓能力一流，表達方式很貼切，但缺點就是容易過於自負。

B格局為外格剋總格、人格生天格、人格生地格、天格生地格，非常吉利，但是你付出的多、憂心的多，遇到事情不會察言觀色，所以做任何事情都是心慌意亂，絆手絆腳，貴人不顯，生多自己有如父母般的呵護大大小小，勞心勞力，任何事情有如一把小刀把你約束住，手腳施展不開，從小到大只能當第二線，悶在心裡不講，鬱結不開，時常悶悶不樂，一付懷才不遇的樣子，貼心的話，婉轉的話不會講，本身25劃生多，腸胃從小到大都不好，因為任何事情你都要一手獨攬包在身上，無從宣洩，配偶和公婆的關係不好，你又夾在中間，沒有潤滑功能，太嘮叨、太小心，老婆對你埋怨多，所找的老婆又很強勢，你無法影響她。

所以總觀所謂生多，要看整個三才五格格局，筆劃也不是25劃數好，必須統合不同變數來講才算客觀和具體。

四、自古26劃數大凶，細讀本文凶非凶

坊間所講的26劃，為大風大浪大凶數，又有一種說法，大成大敗之變怪數，因此數者雖面臨大難而不死，奮鬥成功舉例，但若力有未逮，則可能隨波逐流，慘遭滅頂、破產亡家。

但比較姓名學並不這樣論，雖然同總格，但三才五行並不相同，所以整個人生旅程就有很大的差異性。

A

金7 外格	1		
		17 金	天格
	16		
		20 水	人格
	4		
		10 水	地格
	6		

26 土 總格

B

火13 外格	1		
		8 金	天格
	7		
		14 火	人格
	7		
		19 水	地格
	12		

26 土 總格

A格局為天格生人格、地格生人格、外格生人格、外格生地格，整個格局為被生多，在公關、業務方面有一套，對長輩懂得噓寒問暖，深知人情世故，人格被生多，親和力強，平易近人，出門隨性打扮，能體恤他人，溝通交際從不輸人，但在婚姻方面，因為她很感性，不好意思拒絕，常有藕斷絲連的感情，所找的對象不甚理想，心太軟，錢財掌握度差，常有寅吃卯糧情況，處理任何事務都跑在第一線，助理若強的話，更容易有出色的表現，在生命歷程裡發亮發光，配偶如果能掌控她，事業、工作才會更順暢。

B格局為地格剋人格、人格剋天格，被剋多，外表亮麗搶眼，天生美人胚子，出門前一定得花很長一段時間打扮，能力有如女強人，咄咄逼人，讓人覺得難以接近，因為有地格剋外格、人格剋天格、外格剋天格特性，人地又為水火剋，外在氣勢凌人，對老公心直口快，不懂得委婉，對長輩也易得寵，但為人小心保守，感性度比較沒那逞強，雖然嘴巴硬，但對父母仍很孝順，一生當中，小毛病難以避免，意外多。

此兩種格局筆劃同，架構不同，所產生的個性就完全不一樣。

五、27劃數易犯桃花，不會生剋鬧笑話

坊間對女性用27劃數，稱之為桃花多，慾望無止之剋夫數，男人用之中吉，女人用之有早失貞節之虞，生性放蕩無心求學，若再加上他格凶數，或三才配置不當，可能陷於刑罰、孤寡、變死之境地。

但這種論斷，對絕大多數27數的女性是不公平的，試舉AB兩女為例。

A

	1			
		16	土	天格
	15			
金7 外格		21	木	人格
	6			
		12	木	地格
	6			
	27	金	總格	

B

	1			
		12	木	天格
	11			
金8 外格		20	水	人格
	9			
		16	土	地格
	7			
	27	金	總格	

兩女都是總格27劃，但因三才五格搭配迴異，個性上就差了很多。

A格局為剋天生地，外剋人，此女人的思想、態度非常矜持，說話中肯不隨便，做事有其一貫原則，但由於原則太多、主觀意識太強，無形中得罪了周遭的同事和主管，因為很少人能符合她的高標準。

A女的打扮中規中矩，同事間的相處關係雖然差了些，但是工作能力仍頗受肯定，俗話說，東西要好，也要會賣；東西不一定要好，卻能賣得一流，人生才能成功，人緣欠佳，如俗話所說的古典美人，打扮亮麗，卻讓人感覺難以接近，所找的老公，要求必須完美，必須高格調、高標準，萬一配偶的格局被生又被剋，屬於她的格局，婚姻一定會破裂；人格生地格，講話不夠潤滑、不會撒嬌，有什麼說什麼。

A女雖然朋友多，但會選擇朋友，吃虧的機率少，絕非水性揚花者流。

B格局為人格生天格、地格剋人格、外格生人格、天格剋地格，由於被剋多，天格、人格、地格、外格又是單陰，外表看來也是高不可攀，能力強，個性執著，但做事的堅持力不強，身邊常有小人而吃虧上當，只要是地格剋人格、天格剋地格所造成，導致個性容易優柔寡斷，人品好，也是性情中人，可惜做事欠缺考慮，常因誤交損友而吃虧，勞心勞力付出，令人錯覺為女強人，其實她的心卻很感性，小時候人緣好，長大了卻不受歡迎，但這卻非27劃數的關係，而是五行生剋所產生的變化。

六、28劃大凶太沈重，常使世人陷誤導

坊間姓名學對28筆劃數視為大凶，為遭難別離之數，指出外表上似乎豪氣干雲，肆無忌憚，但波瀾洶湧，時有凶噩來襲，導致災禍連連，夫妻生離，喪子或子孫狼狽，不論男女，若名帶此數，應速改名，外加五格互剋，凶險更甚。

套一句阿扁總統的口頭禪：「有那麼嚴重嗎？」

當然不會，現在就用比較姓名學的角度幫你做分析，必要時，就還可以選出幾個當代有此數名人的範例。

A

1 → 17 金 天格
16 → 28 金 人格
12 → 13 火 地格
木 2 外格

28 金 總格

B

1 → 18 金 天格
17 → 28 金 人格
11 → 12 木 地格
木 2 外格

28 金 總格

此二格局的人格和總格都是28劃，為坊間所謂的大凶，但是此格的三才架構並不一樣，因此所產生的個性不同、遭遇不同、配偶的對待不同、六親的對待不同、婆媳對待關係不同、工作性質不同，所以姓名不能單看筆劃，最重要的是看三才五格的生剋關係。

A格局為天格生人格、人格剋外格、地格剋人格、地格剋天格；地格剋人格，表示此人對家庭的付出無微不至；然而內心常不平衡，此為地格剋天格的關係；內心一直想往外衝，因為是總格剋外格，以及人格剋外格的關係；但是外表給人一種城府深、不苟言笑的印象，思緒冷靜、頸子太硬，雖不得罪別人，但別人也不想靠近他，因為人格剋外格，他會選擇朋友，本身有才華。

地格剋天格，很容易受人煽惑。

此格局的人是個很好的幕僚，才華會慢慢的顯露出來，他選擇的對象，喜歡活躍開朗型的，所要的老婆雖然強勢，但公婆所交待的事，都會圓滿完成，此格局的人抗壓、肯做，是俗話說：「大隻雞慢啼」的典型。

B格局為天格生人格、人格剋地格、人格剋外格、人格總格比和、總格剋外格、天格剋地格，此格局的人很有個性、有主見、敢表達，說起任何事情都頭頭是道，從不輸給別人，雖然理由很正確，但卻不夠圓融，有咄咄逼人、得理不饒人的味道，對配偶有很大的影響力，因此老婆即使再強勢，對公婆還是會百分之百的尊重。

本身富才華，但波折多，因為過於激進、過於執著、自負，無形中得罪別人而不自知，天運若為水、木的話，筋骨、胃都會差了些；天運是土或金的話，個性上的霸氣則會加了好幾成，配偶姓名的格局如果也很強的話，婚姻關係不看好，工作上都是第一線，適合創業或當主管。

肆

陳老師更名實例

一、兒子交女友，父母擔心又恐懼，專心唸書變神話

今年十五歲的陶木晟，是學校輔導中心的常客，不過，他和一般會經常去輔導中心的男孩子的原因不相同，通常，國中階段會到輔導中心報到的男生，多半不是因為打架鬧事，不然就是課業壓力而被導師或訓導處轉送到這邊做心理輔導，不過，陶木晟卻是自己自動的到輔導中心去登記輔導的，而困擾他的原因，如果不是親眼看到或親耳聽到，實在很難想像在他這個青澀的年紀中，竟然會有這麼複雜的愛恨情愁。

由於感情問題，不但讓陶木晟自己過得很痛苦，連他的父母都因為看著自己愛兒的功課一落千丈，身體也因為不正常的作息瘦了一大圈，而擔心得不得了。

由於陶木晟長得俊秀帥氣，從小就常常惹人側目，就像是有人天生較有桃花運的命，所以，不但陶木晟容易讓老師疼愛他，更是班上小女生常常討論的白馬王子；由於年紀小時還沒有什麼男女差異性，陶木晟也還算是個品學兼優的好孩子，但隨著年齡稍長些，慢慢的有男生愛女生的觀念和意識來，大概從五年級開始，陶木晟就交了他生平的第一

個女朋友，家長也覺得小孩子的情感就像是兩小無猜般的純真，也不覺得有什麼不好。但是，沒想到他一開始有女朋友後，動不動就是帶著他的小女朋友到處遊玩，光是蹺課不說，有一次還不知道跑到哪裡玩，竟然整晚沒回家，讓兩家的父母都緊張的要命，當然，女方的家長從此以後也不准他們再聯絡，甚至為此還將她辦理轉學。但從此之後，陶木晟從來沒有停止交女朋友，而且，說也奇怪，就是有很多小女孩，也很想和他交往，實在令人不敢相信現在的小學生早熟的程度。

到了上國中，情況就更嚴重了，陶木晟就像是擁有偶像明星般的魅力，常常是很多班級的女孩子爭風吃醋的對象，再加上到了青少年的階段，兩性對異性的好奇和興趣，更是有別於小孩子的時期，尤其在這個資訊發達，各種媒體的尺度都越來越開放的現今社會，更是讓陶木晟和女同學初嚐禁果起來，由於交過太多女朋友，甚至會同時交好幾個女朋友的他，光是因他懷孕而墮胎的女學生就有三個，有些女學生的家長更是氣憤的想把他送到警察局去，真是讓陶木晟的爸媽困擾不已。

雖然說陶木晟還不算是什麼壞孩子，甚至平常看起來也是像規規矩矩的學生，但就是在交女朋友這件事上讓他和家人都煩惱不已，說陶木晟不懂事，似乎也太過牽強，尤其在和輔導老師約談時，他也知道有些事做了對女生會有影響，但他就是無法克制自己不去交女朋友，而且，只要一談戀愛，他就是會連功課、家人都不管的那種人，一天到晚曠課帶女朋友到處玩，可想而知，他的課業當然是好不起來，不管爸媽怎麼跟他說，他就是聽到時當一回事，轉過身就什麼對錯觀念都忘光光了，讓陶木晟爸媽傷透腦筋！

後來，經朋友介紹陳老師指點後，將陶木晟的名字動了一個字，情況就慢慢的改變，連他自己都很意外，以前無法克制的衝動，現在都能較理智的去處理了，也慢慢的重拾課本到學校好好上課了。

二、孩子不唸書只愛玩，有法可解

當大家都為著唸國中而忙於決定到哪一家補習班補英文、數學，或是開始到書局找參考書的時候，今年十二歲的陳右軒卻像活在世外桃源的孩子般，整天快樂的在電動玩具中流連忘返。經常是一個禮拜回家二、三天的陳右軒認為，人生最重要的莫過於每天都有電動玩具可以打，或者是有車子去飆飆車了。

其實，他原本的生活並不是這樣的，陳右軒有個乖巧而規矩的兒時，但是，自從上了高年級以來，認識了阿國這一幫人後，他的生活似乎就有了莫大的變化，阿國這一幫人就像是校園的黑社會般，小小年紀的他們，由於有幾個稍長的高中、國中生幫他們撐腰，或者應該說是加以訓練他們，在學校中，不但打架鬧事樣樣都有他們的份，甚至是私底下威脅同學拿出保護費，以供應他們平日的花費。

陳右軒認識他們也是在一個偶然的機會下，只因為一次下雨時，借了把傘給不認識的阿國，讓阿國覺得他很有義氣，便邀他一同加入幫派，原本，陳右軒也有點排斥，畢竟是很不同於他原本單純的世界。

但是，在他那個充滿好奇的階段，再加上阿國他們的花花世界，讓陳右軒也開始動心，接著，從服裝和以往不同，書包也故意背的斜斜的，頭髮還跟著抹油，看著阿國他們都會吸煙，像是一種大人的象徵，驅使著他也想嚐試看看。由於陳右軒的爸媽是從事賣早點和自助餐工作的，因此，每天早出晚歸，不打緊，一回家夫婦倆不是忙著準備明早的東西，要不就是累得連看電視的力氣都沒有，更何況，向來懂事乖巧的陳右軒，怎麼也沒有想到會讓他的父母被學校通知，他需要留校察看和特別輔導，真是讓他們夫妻感到驚恐萬分，但似乎，當他們知道問題的嚴重性時，陳右軒的生活已經被阿國他們教得很糟糕了，不但會抽煙、喝酒，還在耳朵上打了六個耳洞，滿口的髒話更是讓人很難和兩年前的他聯想在一起，陳右軒的父母即使想改變這樣的狀況，似乎也因為很難跟他溝通，而爭吵不斷。

現在，如果要找陳右軒，大概都要從撞球場、電動玩具店或是飆車路上才能找到他了，陳右軒的父母都是很傳統的人，發現孩子變成這樣，就覺得是一件見不得人的事，既不會和學校商量，也不知道要尋求什麼改進的管道，所幸陳右軒的小阿姨，是和他媽媽感情最要好的姊妹，由於她本身受過老師的指點，而她的身體狀況改善很多，因此，就介紹他們給大師認識，在經過老師的指點，將陳右軒的名字配合他的生辰和各種條件改名後，情況果然改善很多，包括開始回家吃晚飯，學校的課也都乖乖的去上，再遇到阿國他們，剛開始有時也會抵擋不了同儕的壓力，但慢慢的會開始躲避他們出沒的地方，或故意繞道而行，久了，阿國他們也就不把他算作一份子，當然，最高興的是陳右軒的父母，像是一個離家出走的孩子又回來般，所謂「浪子回頭金不換」是最難能可貴的。

三、自小病灶纏身，該如何是好？

汪育德今年八歲，一般而言在他這個年紀，通常都是活潑亂跳的年齡，尤其是男孩子在這個階段，不是好奇心特別強，不然就是一刻也坐不住的和同學鄰居到處遊玩，但是這樣的光景卻很難在汪育德的身上看到，骨瘦如柴的身軀，讓人看了都很替他擔心，深怕風只要稍微吹大一點，就可能會把他吹倒般，特別是他青黃色的臉蛋，沒有一絲小孩子應有的紅潤，不打緊，兩眼無神的瞳孔和沒有血色的雙唇，不難讓人聯想起落後國家中三餐不濟的小孩，若說是因為家庭關係，那又對汪育德的父母太不公平了，因為，雖稱不上是多富有的人家，但對汪育德的照顧，可說是打從娘胎出生便是無微不至，養他一個小孩的精神和氣力，甚至是花費，都足以養兩個小孩，只是汪育德的身體實在差得令人無法相信。

從出生開始，由於早產的關係，所以頭三個月幾乎都是待在醫院的保溫箱裡，再加上他的體質又出奇的糟，彷彿是命在旦夕般，三個月中就發了無數次的高燒，而且，更糟的是過敏性的體質對藥物又有許多不適應的狀況突發，打針打得小小的手臂都浮腫不已，能夠存活下來可說是連醫生和護士都覺得不可思議，但是，雖是保住了一條命，對汪育德而言，活到現在，八年的日子中，醫院可以說是他第二個家了。

從小，只要任何的流行性感冒，沒有一次是會錯過他的，尤其是這幾年來，流行性感冒的病毒所引發的症狀越來越難治療，可想而知，汪育德只要一染上感冒，通常要在醫院躺個五天十天是跑不了的，再加上胃腸的吸收能力又不好，所以，即使媽媽想盡辦法煮了各種可口的營養佳餚，汪育德根本就是吃不了多少，就算多吃點也長不了多少肉，光是為了改善他的身體，汪育德的父親可說是查訪過各大名醫，無論是用先進的醫療儀器做檢驗，或是用傳統的中醫食療法，還是沒什麼起色，特別是罕見的地中海貧血症也發生在汪育德的身上，真是讓汪育德的父母和奶奶從小就擔心他的身體，幾乎沒有一天能放下這個牽掛，只要天氣一變，不用等氣象局公布，也不用翻看農民曆，就可以從汪育德的噴嚏和接二連三的發燒、住院知道天氣有所轉變了。

當然，自小吃的藥比吃的飯還多的汪育德，身體也似乎因為藥物的化學作用而讓整個人的氣味都充滿了一股藥味，有醫生建議他們可從運動著手，因為，一般來說，適當的運動不但能強身，並且能對腸胃的吸收功能有所增強，特別是適合各種年齡層的有氧運動，例如：游泳、慢跑、爬山、有氧舞蹈之類的活動，沒想到汪育德一嘗試運動，問題反而更大，由於長期或坐、或躺的他，僅僅是走個二十分鐘的路，竟然雙腳浮腫，最嚴重的是他那顆小小的心臟，根本就無法負荷一丁點的刺激，也就是說，對他而言能做的運動，大概就是我們一般在運動前的暖身操，就已經綽綽有餘了，有親戚告訴汪德育的媽媽，搞不好是汪育德出生時沖到什麼有的沒的，所以身體才這麼糟，不然，怎麼會全家都好好的，連小他三歲的妹妹五年內生過病的次數都沒他一個月來的多，因此，汪育德的媽媽開始跟著人求神問卜好幾個月，問過好幾個有名的廟宇，每一家跟她說的也都有出入，讓她更是不知所措！

看著應該上國小二年級的汪育德，卻因為曠課住院的日子過多，連一年級的課都修不完，正打算是不是應該先讓他休學個半年、一年時，正巧鄰居王太太的朋友來訪，談著談著，王太太的朋友倒是很熱心介紹她去給老師看看，由於不用吃藥打針，也沒有什麼特別的儀式，再加上王太太朋友的鄭重推薦，也就抱著姑且一試的心態去看看，沒想到汪育德的身體在短短的四個月就有驚人的改變，不但食量變大了些外，感冒的次數也明顯少了一半以上，連體重都多了兩公斤，看到汪育德有朝氣，不但讓家人欣慰不少外，更是由衷感謝大師的指點，想想，如果能早點認識大師，不就可以讓這孩子少受很多苦嗎？

四、小孩不聽管教，惹得父母淚漣漣？(一)

說起難纏的孩子，大家第一個想到的就是——這個令人既頭痛又束手無策的孩子。

小時候的蔡誠寬是一個聰明靈敏的小孩，不論任何事，只要大人們說過一次，誠寬一定不會忘記；無論犯過任何錯，只要被教訓過一次，蔡誠寬絕不再犯，而且他驚人的記憶力，常是父母親的好幫手，總幫爸爸媽媽記住了很多事情。不論是電話號碼、臨時的約定或取消的約會、約定地點，甚至是鑰匙、打火機、煙灰缸的位置等等……，爸媽對他是既放心又疼愛。唯一令他們煩惱的小問題就是——蔡誠寬太好動了，就像過動兒一樣的坐不住。

蔡誠寬的父母以為這是無關緊要的小問題，誰也沒想到這個問題卻隨著時間增長，慢慢擴大到不可收拾的地步。

小學時，蔡誠寬就常因愛說話且調皮搗蛋被老師叫到教室後面罰站，不過那時蔡誠寬的功課憑恃的是天生聰穎，就算每天回家後不複習功課，考試的分數依然很高，每個學期都是前三名。

一直到上了國一，不愛讀書的蔡誠寬總還是可以將成績維持在全班的前半段，那時候的蔡誠寬因為太調皮，已經成為班上的孩子王了，時常帶頭領著全班同學跟老師搗蛋，甚至還被選為班長，沒有一個老師治得了他，爸爸媽媽總是認為只要功課還不錯，成績可以維持，其他的也就不太計較了。沒想到國二時，蔡誠寬這種「上課時聽講，回家卻不複習」的方式已無法跟得上班上的進度，成績因此開始一落千丈，從來沒有面對過父母嘮叨和責罵的他，也漸漸出現叛逆的行為，剛開始只是不唸書，後來連在學校時也不專心聽課，而且變本加厲的在上課時帶領著全班玩鬧、搗亂。國中畢業時，蔡誠寬已被記了兩個大過兩個小過，不用說，高中聯考當然是名落孫山了。

爸媽想盡辦法，為蔡誠寬找了一所高中唸，可是蔡誠寬卻依然不改習性，總是不願意好好唸書，在高中生涯中，蔡誠寬依然是班上的頭頭，而且認識了很多「外面」的朋友，於是，蔡誠寬開始翹課，他完全不在乎也不害怕會被留級或是退學，反正這所私立學校，只要有錢，什麼都好談，蔡誠寬看準了爸媽為了面子一定不會讓他被退學，因而有恃無恐，每天假裝背著書包上學，事實上並沒有在學校出現，而是和朋友在外面閒逛，一個月中出現在學校的時間不超過三分之一，不用說，大學聯考當然也沒他的份了。

蔡誠寬的父母決定先讓蔡誠寬去當兵，當完了兵再去補習重考，他們總希望蔡誠寬可以在當兵時收收心，變得穩重、懂事一點，他們將所有的希望完全寄託在蔡誠寬當兵的這段時間，希望蔡誠寬能夠有所改變。

二年了，父母的期望卻事與願違。蔡誠寬退伍了之後，雖然依著父母的心願進了重考班，但依然整天游手好閒，無所事事，而且開銷日漸增加，用錢就像流水一樣，毫無節制，重考了幾年都沒考上，每天過著飯來張口、茶來伸手的日子。

蔡誠寬的父母覺得不再想想辦法不行，於是他們到處詢問，找遍了張老師和坊間的心理諮詢顧問，不是沒有用，就是引起蔡誠寬更大的反應，眼看著蔡誠寬就要年逾二十五了，卻仍然一事無成，蔡誠寬的父母急得就像是熱鍋上的螞蟻，就在這時，蔡誠寬的父母聽朋友談到陳老師，他們決定去試一試，聽一聽陳老師的意見，或許陳老師就是那個可以幫助蔡誠寬、改變蔡誠寬的人。

陳老師分析：

蔡誠寬，天格18劃、屬金，人格31劃、屬木，地格29劃、屬水，外格16劃、屬土，總格46劃、屬土，為天格剋人格、地格生人格、人格剋外格、外格剋地格、天格生地格、外格生天格、總格生天格、人格剋總格、外格生總格、總格剋地格之格局。

地格生人格，人格剋外格使得誠寬的嘴巴甜、點子多，但不見得可以實行，雖然誠寬有小聰明，可惜他輕浮、愛冒險又好面子的個性，讓他想的點子常遊走在法律邊緣，出社會之後的誠寬，更因為想衝刺，想快點賺大錢，事業會遭到大起大落的命運，看在親人眼中盡是傷心，偏偏家人要影響他又不容易，讓他聰明反被聰明誤。

誠寬的父母一直希望他能夠再唸書，陳老師也建議，若家庭經濟不錯，不需他負擔經濟，倒是可以再拾起書本衝刺，陳老師並說，由於誠寬本身是聰明的，他的名字裡最大的缺憾在於他懂得看長輩眼色，讓長輩捉不住他在想什麼？若改一下名字，讓他聽得進長輩的話，以他的聰明，想考取學校並不困難，日後的路也比較穩紮穩打。

五、小孩不聽管教，惹得父母淚漣漣？（二）

今年十歲的錢妙穎留著兩條長長的辮子，襯托著清秀的臉蛋，一看就知道是人見人愛的好女孩，但是，在認識陳老師前，你可能很難想像她滿嘴粗話，動不動就跟父母吵架，連在學校，都是訓導處頭痛的問題學生。

說也奇怪，家裡排行老么的錢妙穎從小可說是集三千寵愛於一身，她的爸媽因為生了三個兒子，盼個女兒盼了好久，對她倍加疼愛外，爺爺奶奶也因為只有這麼一個孫女，尤其又長得相貌可人，所以，自小對她可以說是用溺愛來形容了，再加上三個哥哥都比她大個八、九歲以上，因此，從她出生起，哥哥都是帶著保護和疼愛的心情在對他們這唯一的一個小妹，因為是家中的獨生女，因此，不像她的二哥和三哥，很多的生活用品和衣物多是用前一個哥哥沒用完的，一切的東西全都是新的，在這樣的家庭長大的孩子，應是最幸福不過的了，可是，說也奇怪，從她是嬰兒起，就不是一個讓人覺得好養的小孩，總是很喜歡哭鬧的性子一直是家人覺得很頭大的問題，不只睡醒會哭、尿濕了會哭，這種一般小嬰兒會哭的原因，她都是哭得又大聲又可憐，甚至是些奇怪的狀況。

例如：哥哥逗她玩時忽然一下不見，她也能哭，睡的姿勢擺不對她也能哭，總之，家中幾乎無時無刻都可以聽到她失聲力竭的哭聲，等到大一些的時候，更是像個小暴君般，經常是一個不如她的意，便是呼天喊地的大叫，不然就是亂摔東西，很多為她買的娃娃，不是被她摔壞，就是被她扯得變形，尤其是對爸媽更是容易生氣，而且，一旦發脾氣又很難安撫下來，好像永遠只會看到她皺著眉頭和張大嘴巴在發飆，很少看到她有笑容的樣子。等到會講話後，更不得了了，經常和家人聊著聊著就罵起人來，尤其是對自己的爸媽，更是父母講她一句，她起碼頂個十句回去，不管是媽媽好言跟她溝通，還是有時爸爸被她擾惱了用罵的方式教她，似乎對情況都沒有改善，當學校老師輔導她時，她自己也知道對父母惡言相向是不對的事，但是就是沒辦法克制自己衝動的個性，尤其越長大，結交到各種不同背景的同學，甚至還學會罵髒話，讓錢妙穎的爸媽頭疼不已，實在想不通是哪裡出了問題？

雖然說對這個女兒是比較寵愛，但也不至於到不管教的地步，光是看她三個哥哥的樣子，就能瞭解錢妙穎的爸媽還稱得上是對孩子教育很成功的父母，只是不知為何，對這個小女兒就是很沒轍，尤其是錢妙穎的爺爺年紀大了，又有高血壓，每次聽到錢妙穎跟爸媽鬥嘴相罵時，都會氣得快腦中風，為了爺爺的身體，錢妙穎的爸爸甚至想將父親先送到弟弟那邊住一陣子，並且在經由一位醫生朋友的介紹下帶錢妙穎去看心理醫生，對這保守的錢妙穎的家人而言可說是尷尬不已，但好像改善的情況也很有限……

很幸運的，錢妙穎的媽媽在一次的高中同學會中，和朋友在講到孩子經時，一位同學建議她可以帶錢妙穎給老師看看，由於同學的再三推薦，也就半信半疑的帶著錢妙穎去拜訪了大師，經過大師的指點後，她的性情似乎也跟著改名後慢慢的改善，不但和父母吵架、頂嘴的情形少很多，也漸漸的能安靜的坐下來想事情，不像從前會任性的發脾氣，當然，最高興的就是錢妙穎的家人，因為，從此他們的家儼然是一個真正和樂的家庭。

六、小孩熱情跟人走，父母擔心又恐懼？

賴昱翔，十四歲，是個剛上國二的學生，自從昱翔的父親在他七歲那年離家出走後，家中的經濟全由昱翔的母親一手撐起，靠著做饅頭、包子來賣早餐維持生活。昱翔從小和媽媽相依為命，也體諒媽媽的辛苦，每天早上五點就幫著媽媽賣早餐，母子倆過著勤儉刻苦的生活，鄰居們無不稱讚昱翔是一個孝順乖巧的小孩，賴母的內心也倍感溫馨。開明的賴母從來就不會從成績的好壞來評量孩子，即使昱翔在班上的功課不佳、不愛唸書，賴母也以「人各有志」來安慰昱翔，不給他壓力，升國二那年，昱翔不好不壞的成績自然就被分到中段班。

分班的第一個學期，昱翔仍然乖乖的幫媽媽賣早餐，第二學期後，昱翔開始藉口推托，從一天、兩天，到五天、十天，昱翔出現在早餐店的次數愈來愈少，最後乾脆賴床不起，讓媽媽一個人忙裡忙外。

眼見昱翔的改變，賴母雖然擔心，又問不出個所以然，有幾次她甚至懷疑自己是不是因為照顧生意而忽略了兒子？但是回頭想想，昱翔其實和平常沒什麼兩樣，大概是開始進入成長期，才會怪怪的吧！

日子一天天地過去，有一天，一位時常來買早餐的客人見昱翔不在，好奇的問賴母昱翔的近況，並告訴她：「妳的兒子在學校打人，被記了過，妳都不知道嗎？」

聽到孩子打人？賴母的心好似被揪了無數下，心痛不已，她沒有辦法想像昱翔打人的模樣，原本，她以為昱翔是怕被同學嘲笑才不到早餐店幫忙，卻沒想到昱翔已經在不知不覺中變壞了。賴母回想起她和昱翔最近相處的情形，怎麼樣都沒辦法把安靜、孝順的昱翔和打人的、學壞的昱翔聯想在一起……

聽了客人的敘述，賴母再也無心做生意，急忙收了早餐店，想回家換套衣服，到學校跟導師談一談，沒想到一踏進門就聞到滿屋子煙味，賴母無法相信自己的眼睛，心愛的孩子正坐在沙發上抽著煙，並沒有去上課。

心慌的賴母一時不能接受事實，以急速口吻，一連串的罵昱翔：「什麼時候學會抽煙」、「為什麼翹課不唸書」、「為什麼要打人」，而昱翔的一句「妳煩不煩？不要管我！」更令賴母驚嚇，只能眼睜睜地、錯愕地望著孩子拿著書包出門。

賴母心灰意冷的拿起電話向導師詢問，才知道導師對昱翔也莫可奈何。根據導師的說法，昱翔應該是交了壞朋友才會性情丕變，然而，賴母卻聽不進導師的話，她只想知道一個從來不跟媽媽頂嘴的孩子，為什麼在短短的時間內變壞？

賴母心急如焚，不知要如何跟孩子溝通，遂經早餐店客人的介紹來請教老師！

陳老師分析：

賴昱翔，天格17劃、屬金，人格25劃、屬土，地格21劃、屬木，外格13劃、屬火，總格37劃、屬金，為地格剋人格、外格生人格、人格生天格、人格剋地格、外格剋天格、地格生外格之格局。

從賴昱翔的姓名來看，他是屬於在家聽父母，出外聽朋友的格局，由於小時和母親相依為命，賴昱翔自然不敢拂逆母親的話，對於母親交代的事大都盡全力完成。但由於賴昱翔是全陽格（即天、人、地、外、總格均為單數劃），平常是個不多話、有事悶在心中的「大悶騷」，不認識他的人從外表上還以為他極嚴肅，其實，昱翔是屬於一鳴驚人型，只要一開口就有過人的幽默，易引起同儕注意。

失去父愛的昱翔，只能享受母愛，因此，昱翔對於朋友的渴望比一般小孩要來得多，只要有人在一旁挑撥幾句，他那衝動的個性就一發不可收拾，偏偏昱翔又是個講義氣、耳根子軟的人，對朋友兩肋插刀更不在話下。因此，賴昱翔受人利用、引誘的機會又比別人大，可謂典型的近朱則赤、近墨則黑、近好則好、近壞則壞。

面對焦急的賴母，老師首先要她放心，因為賴昱翔的本性並不壞，只因為他的名字是個會受朋友影響，且聽朋友的話比聽他母親的話更多的人，所以不難解釋他為何在小時候對母親孝順，交上壞朋友後就判若兩人的情形。

聽了陳老師的分析後，賴母的心情好了許多，老師並幫賴昱翔取了一個不會只聽片面之詞，而是能夠聽得下母親的話的小名，並告訴賴母：有空要多與昱翔聊聊，家中經濟雖然重要，孩子在成長期的發展也要更注意。

伍

姓名的三才五格，單一生剋關係

三才五格、生剋關係前言

姓名學裡的三才五格共有十種對應關係，就是天格跟人格、天格跟地格、天格跟外格、天格跟總格、人格跟地格、人格跟外格、人格跟總格、地格跟外格、地格跟總格、外格跟總格。每一種格局之間的關係，都有不同的涵義，像是長輩父母、配偶子女、親戚朋友等等，分別代表外在不同的人際關係，跟內在心性的想法觀念，可以從這些格局的生剋當中，找出他人以及自身的個性取向，再由此方向來推論個人的夫妻對待、工作態度、親子關係、理財觀念等等，但由於個性不是單一就可論述的東西，雖然現今提供簡易的方式，來讓大家容易瞭解深入，但若要完整的推斷分析姓名，就必須要十種格局的生剋關係一起搭配才可以，才不會有所疏失遺漏。

一、天格生地格

○天格
○人格　生
○地格
外格○
○總格

此格之人為人處事，像是要去完成一個目標似的，背負著極大的責任感與使命感。尤其是家庭方面的問題，如家人的健康、小孩的教育，一切日常生活起居都不例外。對朋友也是十分照顧關心，有困難會出面去幫忙解決。工作表現上，是非常傑出盡責的職員，對雇主忠心不二，會向上司進言。故從小到大，背負著父母及長輩的高度期望。此格之人若家庭變故或父母離異，會受到很大的衝擊與影響，連帶其個性、心性及待人處事態度會變了個樣，與先前大不相同。本身個性多思慮，顧慮那個顧慮這個，優柔寡斷難下決定，理財方面態度保守，能守財不會浪費。若加上地格屬水，會有兩種情況，一是此格人心思不寧，見異思遷，主張反覆。二是易搬居所，到處遷移，工作性質不定，常換工作場所。

二、天格生外格

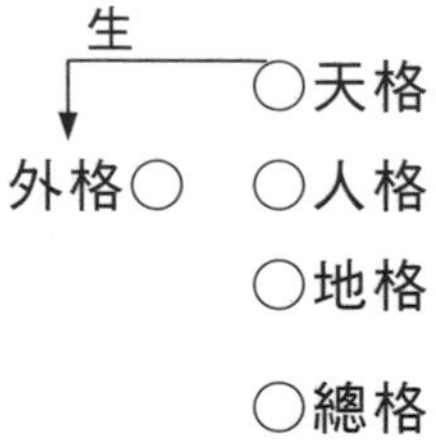

外格代表好朋友、親戚、同事等，故此格之人人際關係不錯，為人懂應對進退，個性上非常好相處，他人對自己印象不錯。父母重視子女間的溝通互動，維持家庭的和諧氣氛，所以成人後與兄弟姊妹之來往依舊密切。在工作職場上，很容易受到上司的器重與關愛，不過同時也會背負著壓力，深怕辜負上司的期望。相反的對部屬之管束甚多，會採高壓手段而遭受反彈。意志力較薄弱，不太能堅持己見，男人若此格，其父母極易干涉其配偶的決定，甚至插手一切大小事情，家庭容易有公婆與媳婦的問題。

三、天格生人格

○天格 ┐生
○人格 ←┘　　外格○
○地格
○總格

屬於「得天獨厚」的格局，從小就被父母捧在手掌心，極盡呵護之能事。女性若結婚備受先生寵愛。也因為一生平順，要什麼有什麼，所以養成嬌縱心態。然生性善於思考，對任何事都考慮得極為周詳，也會站在別人的立場思考，所以頗得人緣。若婚姻上出問題，也不會大哭大鬧，反而會尋求宗教或玄學上的薰陶，以得到心境上的平靜。

四、天格生總格

○天格
○人格
○地格
○總格
生
外格○

此格之人天生好命，凡事都會獲得好運而有意想不到的機緣，易繼承祖上的餘蔭。不論從事哪一行業，都會有一番成就，即使無法富貴逼人，生活上也不用擔心。一輩子運氣平順，唯一令人煩惱的是一樁小事，即是你和配偶的父母合不來，很難與之溝通相處，不過只要不住在一起，或者見面的時間不多，就不會有太大困擾。

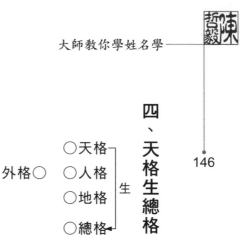

五、天格剋地格

○天格（剋→地格）
外格○　○人格
○地格
○總格

此格之人誠懇踏實，做事努力，予人信賴感；節儉守財，富金錢觀念。然思慮細密，有事都悶在心中，如此有損健康。腹部以下易受傷、開刀，女人主13歲以後即有婦女病之虞。此格男人婚姻順遂，可娶得賢妻良母型，較認命。此格女人為賢妻良母型，較認命。

六、天格剋外格

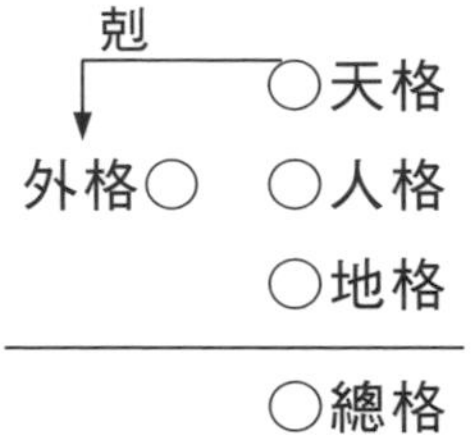

此格之人出外易得貴人相助、提拔，無論在人、事、物各方面都會獲得支持。若為他人部屬，則可受主管的重視，會給予表現的機會，以發揮自己的長才。若為老闆，則可得到忠心不二的部屬，能獲得部屬盡心盡力的幫助，事業上能有所突破。不論男女，其配偶皆極為孝順，會實質表現在行為上。切記，此命格之人極易外傷，無論是大小碰撞或危險意外，都有可能發生，所以出門在外，或觀光旅遊，行事都要特別注意。

七、天格剋人格

○天格 剋
○人格　外格○
○地格
○總格

此格之人心態保守內斂，不會大張旗鼓的求表現，做人處事一板一眼不容馬虎，而且會專注投入直到完成，很容易相信別人的話語，很好請託，易接受他人建議。然稍具神經質，平時會緊張兮兮，行事易患得患失。此格男人多斯文、憨厚老實，然做事缺乏衝勁不積極。此格女人富慈悲心，溫柔賢淑，孝敬尊長，會體貼疼愛配偶。此種格局多為職業婦女，負擔家庭生計。然行事有時過於心切，不會考慮過於草率。

八、天格剋總格

○天格
○人格　　外格○
○地格
○總格
（天格剋總格）

此格之人與父母的關係，稱得上是孝順，但是在想法上未必，所以溝通上會出現問題，有時會違逆父母的意見。尤其對配偶的父母更是會有不恭敬的態度及想法，結婚後若同住在一起，必然會產生許多不愉快的事情，而且弄得雙方都戰戰兢兢。一有機會，就想利用配偶父母的資源，來發洩自己不滿的情緒。心情不佳時會亂花錢，不會考慮本身行為是否適當，行事間會表現出不成熟的心態，需要多多反省一下，不然會引起他人的誤解。

九、人格生天格

○天格 ←┐
　　　　　　　生
○人格 —┘　　　外格○
○地格
————
○總格

此格之人很會說話，能言善道，天生聰明伶俐，心思細密早熟，極會察言觀色，懂得看長輩的臉色，易博得長上歡心，因而反會受寵。外表表現自信豁達，可是實際上內心不安，沒有不安全感，情緒上多愁善感，易有悲觀想法。此格女人手段圓滑，懂得應對進退，將人分等級，然後依等級行事說話，算是滿精明事故的人，對上口服心不服，表面上委婉答應，私底下不一定聽得進去，對下得理不饒人，會有強勢的作風，驕縱耍賴，慾望無窮。此格之男人長相斯文，極擅外交辭令，懂包裝善推銷，滿受大家的歡迎。

十、人格生地格

○天格
外格○　○人格 ┐
　　　　○地格 ← 生
○總格

此格的人天生的勞碌命，凡事都會親自去執行，事必躬親不假手他人、力求完美，常予人「雞蛋裡挑骨頭」的感覺，給旁人很大的壓迫感。凡事未雨綢繆，不打馬虎眼，極具責任感。然不善言詞，不會自我推銷，大多默默付出，卻不一定有回報。極注重孩子的教育問題，但因關心而過度囉嗦，造成適得其反的結果，孩子會有不耐煩的情況。個性情緒化，不善處理感情之事，常有「愛在心裡口難開」之苦，在外表冷靜的面具下，是一個很害羞的人。身體之疾多以腸胃、生理病痛居多。操勞過度易傷筋骨，精神上易感疲勞難耐。

十一、人格生外格

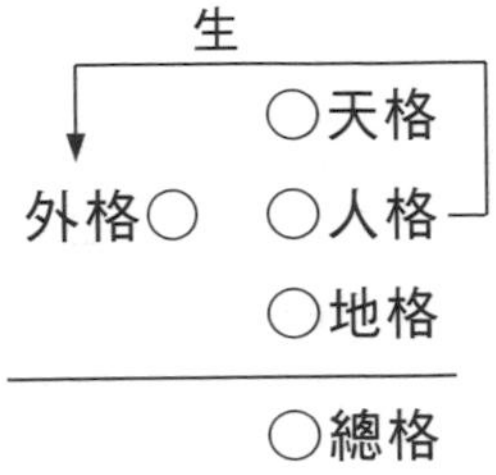

此格之人生性活潑、愛到處亂逛，喜往外跑閒不下來，很愛新奇的事物，容易被流行趨勢引導，女生比男生更甚。朋友的邀請無法拒絕，一旦答應便會做到底，熱心愛面子，不會察覺對方用意，易受朋友拖累，而後會有不信任朋友的念頭產生，行事轉為保守。意志力與毅力稍嫌不足，做事虎頭蛇尾、半途而廢，無法培養良好的習慣，而成就一番事業。慷慨耗財不節制，不在意花多少，只要大家開心就好，花錢之處即是桃花所在。

十二、人格生總格

	○天格	
外格○	○人格	生
	○地格	
	○總格	

此格局的人心地善良，凡事講究義氣，對朋友尤其如此，喜歡幫助弱小，無論對方是誰都會慷慨解囊。對配偶的父母很孝順，無論是講話應對上，或是實質生活起居的照料上，甚至是情感上的交流，都會盡力付出，凡事不計較回報。很有理財概念，很會賺錢，也很會存錢，為日後生活做打算求保障，但若格局不佳，總有財物流失之虞，不過大體上還算平順。

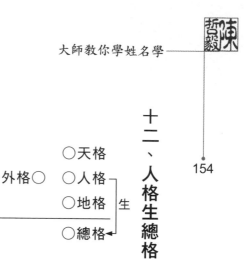

十三、人格剋天格

○天格
○人格 剋→ 天格
○地格
外格○
○總格

此格之人具有開創的魄力，對於困難不會輕易的放棄，會加倍努力去突破。為人極富正義感，不畏強權，更不會走旁門左道去解決問題，遇到困難絕不低頭、不妥協，這樣一來也很容易無形中得罪他人而不知。個性踏實固執，不會隨意去求別人的幫助，通常可以白手起家。然性急、專制、蠻橫，較少貴人扶持，會失去滿多發展的機會。此格男人斯文老實，然而個性古怪，非懼內型，但有點自負的傾向。女人則精明幹練，掌控欲強，喜歡發號施令，尤其對另一半。

十四、人格剋地格

○天格
○人格 ┐剋
○地格 ◄┘
外格○
○總格

此格之人是天生的演說家，能言善道、高談闊論，能在短短的時間內聚集聽眾，甚至影響聽眾的想法，因此是一個充滿熱情能吸引他人的人。對家人、配偶、孩子、朋友之掌控欲極強，會介入家庭的大小事情，頗惹人厭煩，孩子雖然很聽話，不過心裡會產生懼怕。此格男人是標準的大男人主義者，極愛面子、大而化之，尤其是出門在外，配偶要多體諒。平時生活容易忘東忘西，當其配偶極為辛苦。女人則強悍幹練，極具交際手腕，個性更是能剛能柔，不喜歡做家務事，事業心強一直想向外發展，適合做業務或公關。

十五、人格剋外格

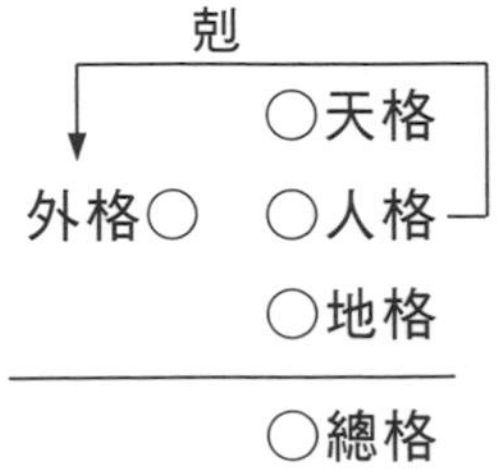

此格之人善經營有特殊長才，做事認真負責，有遠大的理念，做決策時有當機立斷的魄力，行事作風氣勢強盛，外表具權威性，自我意識高，比較無法屈就他人，較不適合當職員而受僱於人。也有俠士之風，濟弱扶傾，然不易有知心朋友，但喜歡與人交往。深具外交之能力，能屈能伸，具異性緣，不過婚姻的變動性大，因為性格較兩極化，一下子冷漠、一下子熱情。事業上待人處事瀟脫明快，但恃才傲物，堅持己見，較無法接納他人意見，除非對方是深具權威的專業人士。

十六、人格剋總格

○天格
○人格　　外格○
○地格
○總格

（人格剋總格）

此格之人極重視物質享受，經常以享受為優先，先預支下個月的薪水，故財務上常出現赤字，不容易儲蓄存款。成家之後，對孩子的生活、教育花費更是不吝惜，會替家人準備好一切日常用品。事業上需防大筆投資，因為勇於孤注一擲的個性，眼光不是很準確，投資前又不三思而後行，產業會轉眼成空。與配偶之父母不合，會有爭吵的情形，故不宜同住，最好是分居。

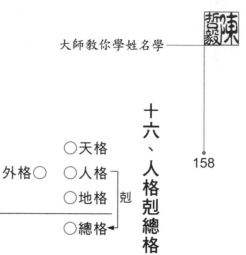

十七、地格生天格

○天格
○人格　　外格○
○地格
○總格

（地格 生 天格）

此格之人非常有生活品味，有自己獨特的風格，從居家裝潢即可看出。工作方面極為踏實，不會急著成功想一步登天，投資理財都以零風險為考量，因此凡事都以穩定為優先，不會輕易更換工作或變換職業，會慢慢發展自己的才能等待機會。人際關係上特別重視尊長，對父母的付出不吝惜且相當孝順，對長上的要求會盡力做到，不過容易把擔憂的事放在心中，會影響作息與健康，配偶方面也極為孝順、賢慧能幹。

十八、地格生人格

○天格
○人格 ← 生
○地格 ┘
外格○
○總格

此格之人生性聰穎、反應很快，會視情況隨機應變，善於表達自我主張，懂得察言觀色看人臉色，深得長輩喜愛，因此而得到提拔。人際關係上一開始熱絡，而後會慢慢轉淡。極得母親之寵愛，若為男子，娶妻助益頗大，配偶會是一個好幫手，然配偶會因瞭解而終告分離，尤其是因為你重物質生活的結果。戀愛時愛享受，重視物質生活，講排場重氣氛。此命格的男人深具女人緣，行事浮躁，喜冒險，責任感稍差，會打腫臉充胖子撐場面。女人則精明幹練，愛打扮喜交際，熱心助人但無法持續，不善做家事帶小孩。

十九、地格生外格

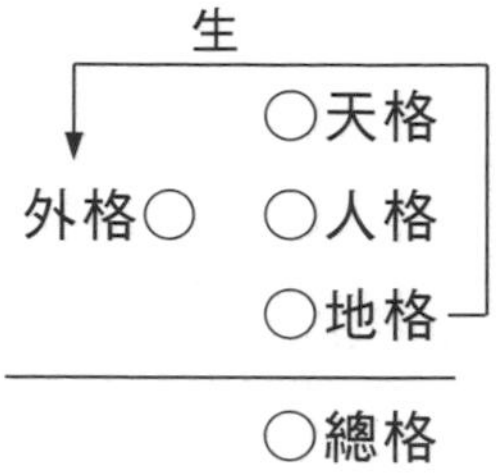

此格之人對外多情，隨和好客，喜歡交際應酬，對朋友有求必應不會計較，大家都比較信任你，到哪裡都容易交到朋友，但由於本身熱心助人，有時候容易受騙上當。戀愛上比較會替對方著想，體貼的程度超乎他人想像，會獲得情人青睞難忘懷。事業上外交能力不錯，適合做人際溝通的中間人。配偶個性亦屬外向，喜歡出外去溜達，易受新奇的事物誘導，在家待不住，在外的時間比較多，自己與配偶兩人志趣相投，然相處上還須多協調。

二十、地格生總格

○天格
外格○　○人格
○地格 ┐
　　　 生
○總格 ←┘

此格的人極具家庭觀念，做事非常有計畫，會考慮到未來的發展，凡事皆會考慮到旁人，不會做出不明智的決定。若結婚，即使配偶的父母也在他考慮的範圍內，因此會孝順長上，重視家庭和樂。理財上懂得做長遠投資，加上心思細密，朋友都想與你共事，你因此事事順利，貴人相助不斷。加上懂得包裝推銷自己，在別人面前展現出最完美的一面，在家人面前展現自己最好的一面，讓人無不稱讚。

二十一、地格剋天格

○天格 ←
○人格　剋　　外格○
○地格 ┘
○總格

此格之人好勝心強，做起事來衝勁十足、耐力十足，凡事不服輸，可說是勇往直前，所以事業上有成就。可是因為聰穎過人流於自以為是，別人的話聽不進去，不希望受權威的束縛，也不願意放下身段跟有經驗的人請教，造成很少貴人提拔與指導，走很多冤枉路。理財方面花錢大方，一下子就把錢花光，不容易有積蓄可言。由於不容易升遷，所以不妨至異鄉發展，較有成功的可能性。此格之男人，其配偶及母親皆精明能幹，可惜個性不明理，會比較霸道一些，對自身及父親頗有影響。此格者頭部常受碰撞，須注意血光之災。

二十二、地格剋人格

○天格
外格○　○人格←┐
　　　　　　　　剋
　　　　○地格─┘
○總格

此格之人是一個標準的好好先生、好好小姐，在家時孝順父母、尊敬長上，全力為家庭付出，自己卻不一定能享受到，寧願自己多辛苦一點，也要讓家人享受最舒適的環境。任何事情都好商量，且耳根子軟好相託，這樣一來最易為家庭所拖累。事業上因為忠心負責的態度，贏得主管及老闆的賞識，有機會獲得重用。對朋友更是兩肋插刀，講義氣重感情，處事為人受到肯定。此格之男人極愛面子，配偶若主見強，比較無法忍受，若為女性則有依賴母親之傾向，成婚後又為丈夫的事業煩心，故不宜早婚。

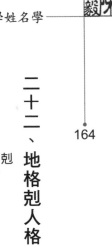

二十三、地格剋外格

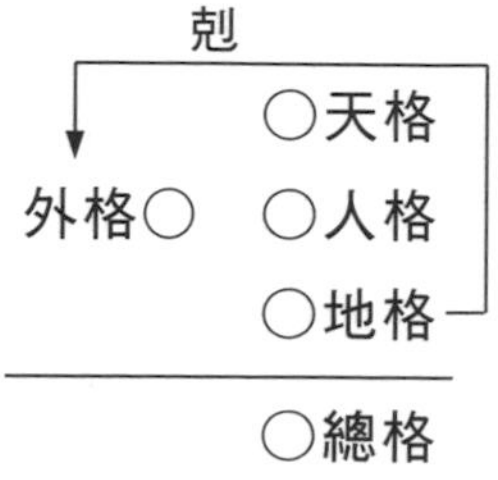

此格之人行事穩重，有自己的一套原則，不希望別人打破這項標準與界限，平時對人防衛心強，理念不合之人就不會來往，不輕易相信任何人。外表溫和多情，但內心未必，會暗中觀察他人的一舉一動。有自己的一套行事標準及原則，雖比較不會得罪人，也因此朋友不多，大家會覺得你心機深沉、城府極深，不敢與你親近。對配偶的事業、交友處處限制，總是不能放心配偶的選擇，也會常常批評，所以兩人之間常起衝突，要多多注意。

二十四、地格剋總格

〇天格
〇人格　　外格〇
〇地格 ─┐剋
〇總格 ←┘

此格之人生性大方，是那種會替對方著想的人，尤其是對家人、配偶，甚至會將積蓄給家人、配偶花用。對朋友慷慨熱誠，不會計較付出多少，因此在外人緣頗佳。出外善享受愛花費，會安排自己的旅遊行程，看似浪費其實是滿有情趣的。結婚後，不宜和配偶的家人合住，比較不會產生衝突。宜將私人積蓄保密，以備不時之需。

二十五、外格生天格

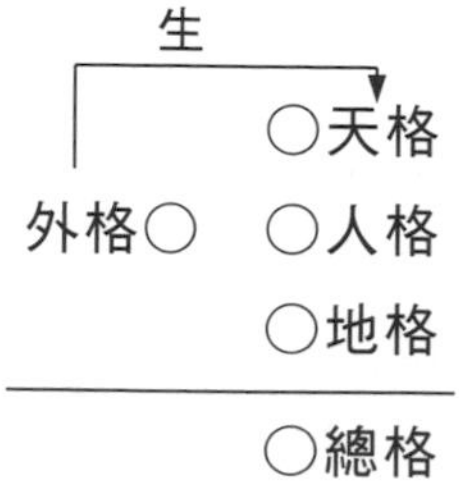

此格之人是天生的夢想家，常常有遠大理想，會主動去幫助別人，但不會計較是否有回報，這一點情況讓你獲得許多不錯的人緣，人際關係上比較能與人親近。不過個性上的缺點是計畫不斷，看似很多很完美，然而只會說說，實際去做的部分卻很少，也因此無法順利達成目標，你應該多培養執行的能力，對於事業上會比較有幫助。平時你常常脫離現實，以致於看法會偏向不切實際，讓人不能認同。戀愛上容易對某些人盲目的付出，卻不知道如何更進一步交往。

二十六、外格生人格

○天格
外格○ 生 → ○人格
○地格
○總格

此格之人多半會有一個為他全力付出的母親，也因此長大以後仍舊會替自己擔心憂愁，母親會比較勞累。對於配偶與朋友一開始會熱情付出，所以能很快的進入熱絡的狀態，但時間一久就會漸漸降溫，心裡還會出現心不甘情不願的想法，流於頭熱尾冷的傾向。人際關係是好親近後疏離，讓人有一種錯看的感覺。為人重享受，做事無耐力，然而做任何事懂規畫、沉穩有分寸，算是一項可取優點。若為男性外表斯文，內在花心。若為女性則端莊不隨便。

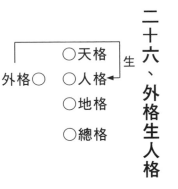

二十七、外格生地格

○天格
外格○　○人格　生
○地格
○總格

此格之人是十足的悶騷型，也是大家口中的濫好人，看起來溫和內向，為人忠厚老實，給予人一種可靠的信賴感，大家會主動與之結交。平時重視休閒活動，懂得生活享受。人際關係上凡事替人設想，易受朋友委託，通常都不太會拒絕對方的請求，也常常因此吃悶虧。有自己的一套生涯規劃，就算已有社會地位，也不會滿足現況，反而會更加努力計畫，多方面充實自己，讓自己更上一層樓，算是很上進的人。

二十八、外格生總格

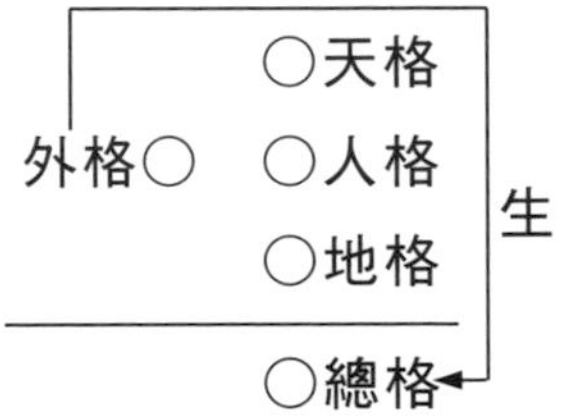

此格之人節儉樸實，做人做事都會踏踏實實的去做，不會敷衍了事，然而對家人、妻小非常大方，寧願自己辛苦一點，也不會讓家人苦到。在購物上能精打細算，會事前規畫費用的分配，把錢花在刀口上，絕不浪費一分一毫，最好是只進不出的情況。感情需求比較淡泊，容易過度自我中心讓配偶受不了，婚姻上最終可能走向離婚一途。即使你擁有孩子的監護權，配偶也不會因此和你繼續往來。

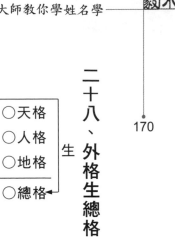

二十九、外格剋天格

	剋→	○天格
外格○		○人格
		○地格
		○總格

此格之人樂意助人，會有保護弱小的氣概，容易被視為團體裡面的領袖。處事上獨立自主，有自己的定見，也有自己的人生目標，現實生活中遇到困難不輕易妥協，會想辦法突破，凡事戰戰兢兢，是極適合創業的命格。人際關係良好，常被視為同儕中的領導者，敬業的態度讓老闆賞識，看起來頗受大家的推崇，實際上內心比較孤獨一些，不像外表那樣堅強。若為男性，其母親與妻子能力極強，故婆媳常起爭執，不宜同住。

三十、外格剋人格

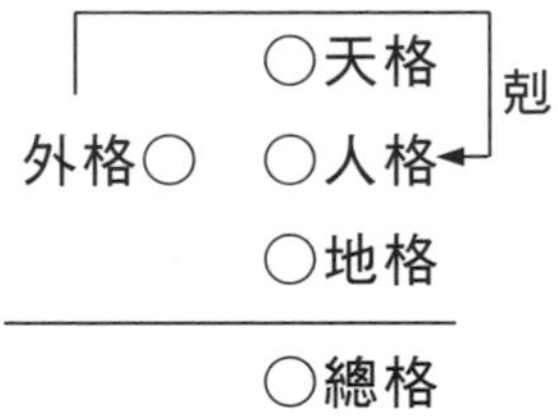

此格之人不擅處理感情、金錢等問題，故人際關係在少年、中年時期易受友人拖累，造成對人防衛心強，猜疑病極重的個性，不過這也是一種自我成長上的課題，讓你比較懂得如何與人應對進退，而不受到更大的損失與傷害。若為男人，則非常有異性緣，身邊不乏追求者，不過要特別注意對方是否是真心的，在談戀情時需要好好的審視一番。若為女性看到心儀的對象則勇於追求，這種格局的配偶多半喜歡嘮叨。

三十一、外格剋地格

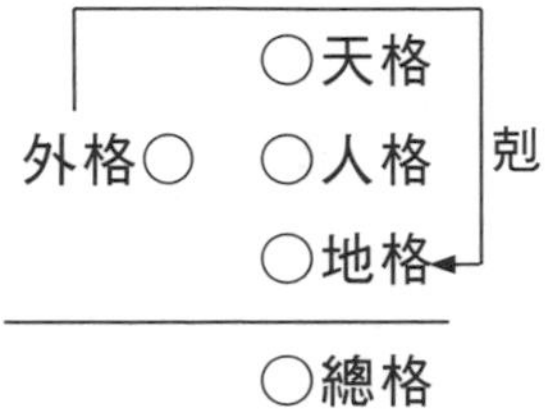

此格之人主觀性極強，不易接受別人的意見，甚至對於別人的意見會大肆批評一番，讓身旁的人受不了這種自以為是的說辭。本身不能忍耐寂寞，喜歡到處結交朋友，但是又很愛面子，對於自己的意見與他人有出入時，即使理虧也不願意承認，加上愛吹牛的個性，朋友不一定相信自己所講的話，故朋友相處並非融洽。配偶極厭惡你這種反覆的個性，常予以冷嘲熱諷，夫妻之間經常口角不斷，需要留意改善。

三十二、外格剋總格

○天格
外格○ 剋 ○人格
○地格
○總格

此格之人是標準的「吃軟不吃硬」，不能給予過多的壓力，想要與這種人溝通必須要口氣溫和，不能堅持己見或者否定他的想法，不然溝通是得不到任何成效的。理財規畫上不易儲蓄錢財，喜歡聽人拍馬屁，常將小人當貴人、引狼入室，受到他人不當的指使去投資而散盡多年積蓄。本身若想從商，千萬特別注意，任何投資皆要三思而後行，不可聽信讒言一意孤行。

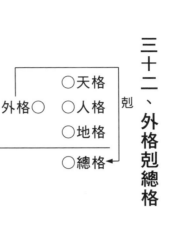

三十三、總格生天格

○天格 ←
○人格　　生　　外格○
○地格
○總格 ─┘

此格之人生財之道，天生就喜歡賺錢，凡事有計畫的開闢財源，對於金錢事物會特別敏感，凡事都在你的掌握之中。從小極有長輩緣，跟長輩很合得來，與父母或配偶的父母相處非常融洽，在一起生活也無所謂，配偶的父母親更是欣賞你，會支助你們的婚事。若為男性，則頗得丈母娘之疼愛。結婚前比較不修邊幅，結婚後會比較講究穿著。

三十四、總格生人格

○天格
○人格 ← 生 ─ ○總格
○地格
○總格
外格○

此格之人生財運佳，物質上一生都不會缺乏，結婚後經濟上可得配偶父母的資助，所以用錢滿大方，需要節制一點。出外與人相處，交際手腕非常好，不過由於喜歡出風頭，有時候反而會出問題，要小心遭人忌。會打扮、會推銷，宜在體面的外表下，多多充實自己的內在，涵養不凡的氣質。

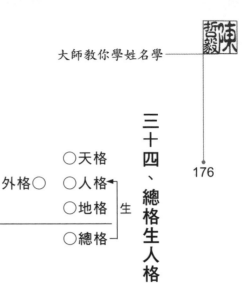

三十五、總格生地格

○天格
○人格　　外格○
○地格 ←┐
　　　　 生
○總格 ─┘

此格之人其發展如何，主要看人格、地格是否印星重重，就是地、外、天格是否有生人格或地格。若無，則總格是其生命的泉源，財運佳，有機會嶄露頭角。婚後配偶會全力支援，更是一帆風順。弱印星重重則不佳，配偶非但與家人無法相處，在經濟及精神上甚至會成為負擔。然而此為概括性原則，因人而異。

三十六、總格生外格

○天格
○人格
○地格
○總格
生
外格○

此格之人是一個交際高手，人際手腕高明，待人處世掌握得相當巧妙，尤其是在雙方利益的拿捏上，更是以圓滑為最高原則，會隨著不同的人、事、物、環境，調整自己的處理方式。然而自己不能吃苦耐勞，對於疲累的情況會比較厭煩。財物方面，喜歡購買物品贈送人，理財規畫能力稍弱，應多培養。若為男性，十之八九是領導人物，對於朋友好請客，財比較守不住，容易形成浪費要多注意一點。若為女性則善解人意、個性率直，頗受大家歡迎，人緣還算不錯。追求愛情時往往忽略了婚姻之責任，有點遊戲人間的心態，若論婚嫁宜多考慮。

三十七、總格剋天格

此格之人好勝心極強，不論在求學或就業方面，都希望能爭取最佳的表現，因此算是滿有能力的人。不過自己往往堅持己見，不太能與人妥協，在職場上的意見多與長官、上司不合，這樣一來比較不能獲得升遷的可能。若有其他格剋天格，則父親易生病或離開，也因父親太強勢，使自己受到期待而飽受壓力。成婚後，雙方父母會理念不合，感情比較不融洽，你會成為夾心餅乾，配偶的父母也不好說服，你要多付出心力來調整應對進退。健康方面，容易有頭痛的困擾。

三十八、總格剋人格

○天格
○人格
○地格
○總格
剋
外格○

此格之人天生勞心勞力，與錢財多所牽扯，人生中以賺錢為一生目標，然偏偏錢總是不夠用，會不斷付出心力去賺錢。若格局不錯則為守財節儉之人，若格局差，則被人視為守財奴。人生觀較悲觀又疑心病重，宜適度調整自己的觀念，否則一生勞苦不堪。另外有意外發生的可能，如牢獄、血光之災等等，若發生車禍，對生命通常有所危害，要多小心注意。

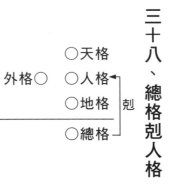

三十九、總格剋地格

○天格
外格○　○人格
○地格 ←
剋
○總格

這種格局的人，一生當中金錢方面不會缺乏，結婚時有父母會資助自己，結婚後，配偶也會在金錢上資助自己，不過容易養成怠惰的習慣，工作上不會那麼認真，勸你要多多奮發向上，不要讓配偶負擔太重。如果自己創業，會有不錯的部屬，能力都相當優秀，事業發展比較順利。家庭方面，孩子們都很孝順，年老時會給予金錢上的援助，你的配偶對自己的父母也很有孝心。

四十、總格剋外格

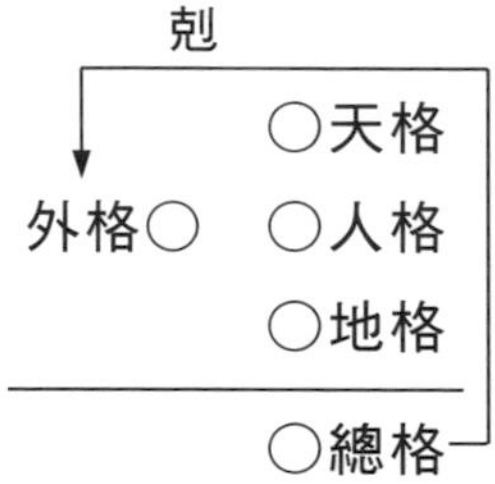

此格之人是天生做生意的料子，精打細算的性格，對周遭的人、事、物皆以利益考量為前提，善於觀察環境潮流脈動，懂得把握眼前的機會，配合善長察言觀色的本事，達成自己想要的目的，算是滿功利主義的人。不過汲汲追求財富予人一種壓迫感，反而常遭人排斥，惹人嫉妒，因為你太注重金錢，而忽略了人情味，這是要注意改善的。

四十一、人格比和天格

○天格 ┐
　　　 ├ 比和
○人格 ┘
○地格　　外格○
―――――
○總格

此格之人顯得相當早熟，心思細密，很會察言觀色，總是能掌握不同時機，適時表達自己的想法，得體的應對進退，滿令長輩感到窩心與喜愛。外表上看起來信心十足，其實內心一點把握也沒有，平時多愁善感。婚姻路上不順遂，但不會以哭鬧來解決，反而會尋求玄學、宗教上的薰陶，以獲得心靈上的慰藉。

四十二、人格比和地格

○天格
外格○　○人格←┐
　　　　　　　　比和
　　　　○地格←┘
——————————
　　　　○總格

此格之人通常是一個有時固執，有時隨和的人，因此會對任何人付出與關懷，尤其是家人或好友，視為稀鬆平常的事情。因此對人不能判斷分別，會有無所謂的心態出現，比較不在乎任何事物，有時讓旁人不能忍受。在家時喜歡處理家中大小事情，會叮嚀家中每一個成員，自己也就容易受到配偶的說教，但配偶是為了關心自己，有什麼事情配偶都希望能夠幫上忙，就算幫不上忙，也會在一旁替你分憂解勞，有不滿也會直接傳達給你知道，容易干涉過度而被你嫌囉嗦。自己對兒女會像朋友一樣溝通，兒女比較會察言觀色，並懂得孝敬長上。

四十三、人格比和外格

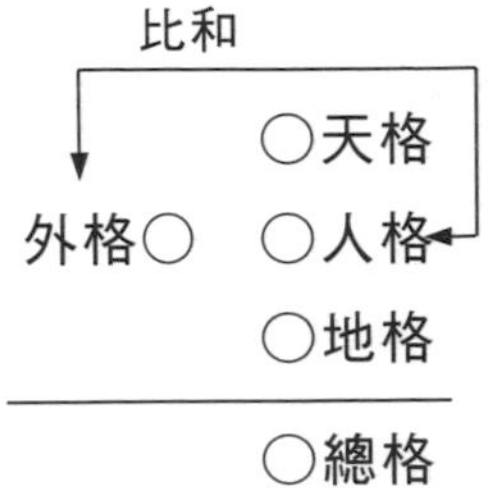

此格之人相當早熟，心思細密，善察言觀色，頗受尊長喜愛。外表信心十足，然內心多愁善感。婚姻不順遂，但不會以哭鬧來解決，反而會尋求玄學、宗教上的薰陶，以獲得心靈上的慰藉。

四十四、人格比和總格

○天格
外格○　○人格
○地格　比和
○總格

此格之人心地善良，對家人及朋友慷慨大方。成婚後對配偶的父母極為孝順。一生以賺錢為己任，對自己相當節儉，絕不隨意花費一分一毫，與此命格之人結婚，縱使無法大富大貴，一生也不愁吃穿，生活相當平穩順遂。工作上會盡忠職守，事業上的貴人算很多，自己看到機會雖然會積極保握，但往往沒有仔細考慮，通常會選擇錯誤。自己跟長官的互動溝通不錯，會得到許多人的欣賞與增加人緣，但有時候說話太直接而傷人，有時候卻又不肯透露自己的想法，別人會認為你不好親近，這是要注意的。

四十五、天格比和地格

○天格 ←┐
○人格　 比和
○地格 ←┘
外格○

○總格

此格之人極有責任感，對家人或好友，有時候遇到事情不好意思跟他們當面講清楚，會將心事藏在心裡，有時讓旁人無法瞭解自己的想法，進而無法溝通情感，因為你比較傳統保守一點，這是需要改善的地方。自己比較適合穩定性高的工作，加上自己會有零風險的事業規畫觀念，不太敢冒險，無形中失敗的機會也降低不少。工作上會比較盡心盡力，對於職場上的前輩也會百分之百尊重，事業上的人際關係相對的比較好，被提拔出人頭地的機會當然很多。

四十六、天格比和外格

比和

○天格

外格○　○人格

○地格

○總格

此格之人通常是一個很講求理想的人，因此是一個天生標準的夢想家。對家人或好友，有時候會拚命的對他們好，他們卻不太清楚為什麼會如此，而你其實也不知道為什麼，只是盲目的去做某些付出，有時讓旁人心裡起疑心，而防著你，這會讓你顯得不切實際，是需要改善的地方。自己工作熱誠相當強，會跟長官老闆建議一大推事情，與同事相處時，自己常吃虧但不計較，人緣會提升不少，但容易成為一個濫好人。

四十七、地格比和外格

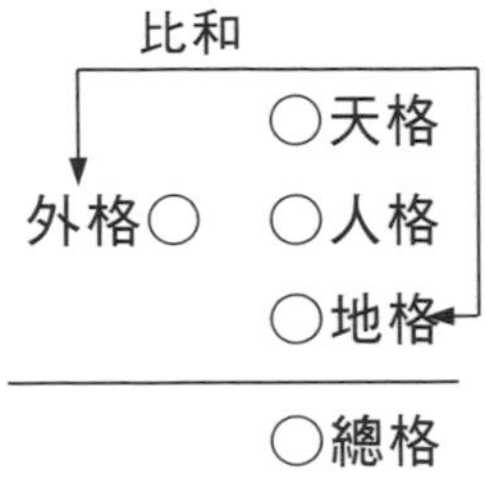

此格之人喜歡向外跑向外發展，在外面時會受朋友影響，比較會聽從朋友的意見，朋友怎麼說就怎麼做，因此易遭朋友利用，而受到不必要的連累。若有戀人或配偶，會對自己在外的行為約束，並且對自己的交友過濾，自己內心會懼怕另一半一點，但會省掉不必要的麻煩。自己會比較照顧同事，若有不懂的業務問題，會願意幫忙指導同事，你容易成為辦公室的濫好人，你表現天真較無心機的個性，讓同事們視情況來佔你的便宜，有時會希望從你那裡得到一些好處。不過你通常都會擺出無所謂的態度。平時重視休閒、喜享受，對於未來有一定的規畫，常常學習以充實自己，非常的上進。

陸

易經卦象姓名學

一、易經跟姓名的關係

易經是中國的群經之首，也是所有五術的源頭，其影響深遠，舉凡天文、地理、歷法、政治、軍事、醫藥、建築、占卜等等，都是由易經演變出來的，所謂的易經就是八卦（乾、兌、離、震、巽、坎、艮、坤）的組合，延伸出六十四卦的卦象，透過卦象來推演事物的變化，以及判斷結果的吉凶好壞。如何將易經卦象運用在姓名學裡呢？就是透過姓名裡面的筆劃數來起卦，就可以得知個人名字的卦象為何，翻閱易卦經文或透過其他方式的解釋，用來推斷個人各方面的運勢高低，明白吉凶好壞。

二、姓名卦的取法

姓名卦的取法，就是利用名字的部分來起卦，名字第一個字的筆劃數當上卦、第二個字筆劃數當下卦。若是姓名只有兩個字的話，通常就取筆劃數「1」作為下卦。

附表：

乾卦	1、9、17
兌卦	2、10、18
離卦	3、11、19
震卦	4、12、20
巽卦	5、13、21
坎卦	6、14、22
艮卦	7、15、23
坤卦	8、16、24

姓名取卦範例一：

蕭
薔【20】→上卦：震卦(4)
【 1】→下卦：乾卦(8)
——————姓名卦→大壯卦

姓名取卦範例二：

王
力【2】→上卦：兌卦(2)
宏【8】→下卦：坤卦(8)
————————姓名卦→萃卦

三、易經卦象姓名學案例

例一：女子巧合叫同名、因姓造化命不同

取名同樣叫巧慧的兩個女子，一叫白巧慧，一叫朱巧慧，兩人的能力和受寵度卻大有不同。若用姓名易卦的解釋，由於兩人的筆劃一樣，所得的卦象自然也就相同，照理說應該運勢各方面都相似，但實際上卻不是如此。

A.

		1	
	白	5	6土
	巧	5	10火
土16	慧	15	20水
			25土

B.

		1	
	朱	6	7金
	巧	5	11木
土16	慧	15	20水
			26土

姓名易經卦象解法

依照姓名取卦的方法，兩人上卦都是五劃為巽卦、下卦都是15劃艮卦，得出來的卦象是風山漸卦。依據風山漸卦的論斷來看，兩人是很注重生活享受，思慮很慎密，喜歡追求多變的生活方式，愛出外旅遊，工作常變換不定，口才良好，說服力強，對朋友很熱心，很受他人歡迎，常有貴人出現幫助，桃花異性緣重，婚姻幸福美滿，財富也相當豐厚，很早就能出名成功，是屬於吉祥的卦象。

但是實際上卻不是如此，兩人不但生活方式有所差異，而且人際、婚姻也大不相同，沒有上述說得那麼理想。前者個性強勢，什麼事情都想管，但卻一板一眼，讓人難以信服，又不好說服溝通，人際上、婚姻上都很吃虧，經常有摩擦產生。後者頭腦動得快，什麼事情都喜歡插手，但懂得應對進退，拿捏分寸得當，也比較好溝通商量，但必須視情況來決定，人際、婚姻較為圓融。

易經卦象姓名學，是可以當作參考，但並非真正的姓名學理論，因為它只是一種簡易的應用方式，比較屬於占卜的理論，但因為欠缺三才五格的陰陽生剋解釋，所以解釋上僅能看表面，而不能完全滲入核心。

陳哲毅比較式姓名學解釋

A格局為天格剋人格、人格生地格、外格剋人格、總格剋人格，任何大小事情，都會當成自己的事情去處理，整天埋首辛勤有如女強人，個性又封閉不陽光，常擺出一副苦瓜臉，也不懂得自我包裝打扮，沒有什麼女人韻味，老公不太寵愛，難享夫妻恩愛之樂。

B格局為地格生人格、天格剋人格、人格剋外格、人格剋總格，眼界理想高，做事講求效率與速度，待人處世圓融，打扮氣質出眾，相夫教子有一套，理財能力不錯，善用頭腦，勞心而不勞力，唯一小缺點是要求完美，不希望有瑕疵，老公或孩子如不能配合，可能會大發脾氣。

例二：同名姓氏異、天與地之差

若是兩個都叫小安的女子，一個叫陳安，一個叫張安，由於姓名格局的差異，三才五格架構也不同，兩人人生的境遇可是天與地之差，但用姓名的卦象來論斷的話，兩人卻應該是相似的。

A.		1	
	陳	16	17金
	安	6	22木
木2		1	7金
			22木

B.		1	
	張	11	12木
	安	6	17金
木2		1	7金
			17金

姓名易經卦象解法

依照姓名取卦的方法，兩人上卦都是五劃為坎卦、下卦都是1劃乾卦，得出來的卦象是水天需卦。依據水天需卦的論斷來看，表示兩人個性保守，謙虛有禮，很能討長輩的喜愛，一生多貴人幫助。與人交往態度誠懇，但知心的朋友卻不多，人際關係互動較少，重視精神生活，喜歡接近宗教，有藝術的天分，凡事需要經過時間的培養和醞釀，事業要磨練方能出頭，可談感情但不適合早婚。

若單就卦象論斷來看，表面是可以看到兩人相似的地方，但在彼此內心的想法，卻不是如此簡單，各有自己的心思，雖然是一樣的舉止動作，卻會換來不同的結果，這是因為觀念不同所導致，由名字的三才五格架構所影響，並非單純的姓名取卦就可以論斷。前者內心衝突多，但不容易表現，平常受到意外災害，或者小人陷害的機會多，因為自己好強，不願意拍馬奉承，人際關係不圓融的緣故。後者內心卻大膽積極，凡事敢勇於建議，不過卻懂得看他人臉色，而視情況來應對，講話上比較圓融，讓人能聽得進去。

姓名學的理論，還是要由三才五格的陰陽生剋來作解釋，才會比較理想圓融。而非單就姓名起卦來論斷，因為相同的卦象，個性、各方面的態度，就必定相似，但實際上結果卻不是如此，因為姓名取卦雖然便利，但難免過於斷章取義，而忽略了姓名完整架構的重要性。

陳哲毅比較式姓名學解釋

A格局為天格剋人格、地格剋人格、地格剋外格、地格剋總格、天格剋總格、地格生天格、外格生人格，外表看似安靜沉穩，心機重城府深，但人際關係欠靈活不夠圓滑，令人難以接近交談，但實際上別人的請求都會答應幫忙，只因地格剋外格，不擅表達情感會隱藏起來，天地同剋人格，易受壞朋友拖累影響，婚後常被老婆管束，平時只能藉酒後吐真言，有開快車習慣，卻是一等一的幕僚，軍師人才。

B格局為人格剋天格、地格生人格、地格剋外格、人格剋外格，境遇雖然比陳安好很多，從小被父母長輩疼惜，懂得善解人意，自信心十足，眼界也高，但配偶對他會百分百照顧，把他包裝成好丈夫、好爸爸，能力好不甘屈居人下，會想自行創業，即使做上班族，也都是位於領導階級，只是從小到大，大大小小毛病不斷，如果又逢天運來生、來剋，頭部更易受傷。

例三：同名卻因不同姓、公婆媳婦遙相望

同名不同姓的兩個人，若只親暱稱呼，兩個名字叫的都一樣，但因姓氏筆劃差一劃，娶的老婆就不同，夫妻彼此對待不同，自然公婆與媳婦的關係也不同。

A.

	1	
	7	8金
	12	19水
火14	13	25土
		32木

B.

	1	
	8	9水
	12	20水
火14	13	25土
		33火

依照姓名取卦的方法，兩人上卦都是12劃為震卦、下卦都是13劃為巽卦，得出來的卦象是雷風恆卦。依據雷風恆卦的論斷來看，表示兩人做事情積極主動，很有擔當，頭腦反應快，還頗有才華，事業能得到貴人幫助，但通常需要自己的努力，感情方面，屬於天賜良緣，彼此能互相珍惜，夫妻關係甜蜜，能夠長長久久；家庭方面，男主外、女主內，家庭氣氛和樂。

就卦象所言，兩人各方面都不錯，而且恆卦主婚姻，代表家庭氣氛和樂。但實際生活上，卻不如卦象所說，而且兩人的情況完全相反。前者的話，自己沒什麼主見，做事情不知變通，但願意踏實行事，婚姻關係方面，會比較尊重老婆的意見，老婆能幹持家，會願意配合公婆的意見。後者的話，雖然想自我主張，但容易被打壓，內心情緒容易不平，不是很穩定，配偶又強勢，喜歡掌控指揮，兩人經常有口角，但卻無法溝通改善，老婆對公婆不會客氣，敢怒敢言。

兩人姓名起卦相同，但結果卻不如實際，不是因為姓名起卦不準確的緣故，而是姓名起卦僅是看個人，偏重單方面的考量，而沒有考慮周全，所以才會有如此的結果。因此要論斷姓名，還是必須依照三才五格的架構，來做全面的考量，會比單一卦象來得準確多了。

陳哲毅比較式姓名學解釋

首先提醒一點，老婆和公婆彼此的互動與對待關係，一半以上就看丈夫的姓名格局來決定。

A格局的男人，為地格生天格、天格生人格、人格生總格，保守呆板，做任何事都是守舊不會變通，膽子不太大，企圖心較小，不懂得包裝或表達自己的情感，老婆對公婆的命令或話語服服貼貼。

B格局為地格剋天格、人格剋總格、地格剋人格，本身抗壓性低，不能受到刺激，做事容易歇斯底里，完全依自己的情緒，事業工作上起伏不穩，老婆態度強勢，自我主張很強，對公婆豪不假以辭色，說一不二。

柒

天運姓名學

一、什麼是天運姓名學

天運姓名學是透過六十甲子的年干，經過五行納音的方式，得知個人出生年的五行屬性，然後在取用姓名的時候，所配置的三才五格（天格、人格、地格、外格、總格）五行屬性，會盡量跟天運五行來相生，而避免跟天運五行相剋的情況。一般來說，「天格」代表12歲，「人格」代表25歲~36歲的運勢，是中年階段的運勢，「地格」代表13歲~24歲，是求學階段的運勢，「外格」代表37歲~48歲，是壯年時期的運勢，「總格」代表49歲~60歲的運勢，是晚年的運勢。

二、如何判斷運勢吉凶

㈠、**最佳**

姓名該格被出生年的納音五行（流年納音五行）所生，則表示該格得到外來助力、貴人較多，或者表示該格所掌管的時期，事業、財富、感情、婚姻、家庭、健康都很美滿，能夠心想事成、無往不利。

㈡、**不錯**

姓名該格與出生年的納音五行（流年納音五行）相同，則表示該格得到外來助力、貴人較多，或者表示該格所掌管的時期，事業、財富、感情、婚姻、家庭、健康都很順利，人際關係良好、做事順利。

㈢、**普通**

出生年的納音五行（流年納音五行）被姓名該格所剋，則表示該格奔波勞碌，但仍會有收穫，或者表示該格所掌管的時期，事業、財富、感情、婚姻、家庭、健康運勢平平，偶爾有波折，但沒有妨礙。

㈣、**不利**

出生年的納音五行（流年納音五行）被姓名該格所生，則表示該格辛苦多勞，付出多但沒回報，或者表示該格所掌管的時期，事業、財富、感情、婚姻、家庭、健康都不理想，常有問題發生，需要費心解決。

㈤、**最差**

姓名該格被出生年的納音五行（流年納音五行）所剋，則表示該格受到外來環境影響、諸事不順，或者表示該格所掌管的時期，事業、財富、感情、婚姻、家庭、健康都非常糟糕，有嚴重的破耗或損傷。

三、天運姓名學案例

例一：姓名五格皆相同、男女絕對不同調

同樣叫蔡哲倫，不管三才五格用字全都一樣，如以坊間姓名學的說法，應該個性和運勢差不了多少，若出生年又一樣的話，那就更不用講，但就比較姓名學的角度分析，因為屬男和女，結果就不一定相似。

A.

		1	
	蔡	17	18金
	哲	10	27金
木11	倫	10	20水
			37金

B.

		1	
	蔡	17	18金
	哲	10	27金
木11	倫	10	20水
			37金

天運姓名學解法

依照天運姓名學的理論來看，會因為出生年不同的關係，而有不同的納音五行，對於姓名的影響也就有差異，但實際上發生在同格局的時候，並不是全然如此，還會因為男女的不同，而有所差別。

若出生年納音為「木」，由於人格屬金的關係，就是代表人格剋天運，也就是金剋木的關係，則表示個人奔波勞碌，各方面運勢平平，偶爾有波折，但沒有妨礙。

若出生年納音為「火」，由於人格屬金的關係，就是代表天運剋人格，也就是火剋金的關係，則表示個人受到外來環境影響、諸事不順，各方面都非常糟糕，有嚴重的破耗或損傷。

若出生年納音為「水」，由於人格屬金的關係，就是代表人格生天運，也就是金生水的關係，則表示該格辛苦多勞，付出多但沒回報，各方面都不理想，常有問題發生，需要費心解決。

若出生年納音為「土」，由於人格屬金的關係，就是代表天運生人格，也就是土生金的關係，則表示個人得到外來助力、各方面都很美滿，能夠心想事成、無往不利。

若出生年納音為「金」，由於人格屬金的關係，就是代表天運同於人格，也就是金比和的關係，則表示該格得到外來助力、貴人較多，各方面都很順利，人際關係良好、做事順利。

由此觀之，天運若出生是在「土」、「金」，先天運勢就不錯，反之天運若是「水」、「火」，先天運勢就非常差，但是如此的吉凶論斷，僅僅是表面上的解釋，太過於含混模糊，因為被剋不一定代表不好，被生也不一定就理想，天運雖然有其根據，但若是只看天運來決定，忘卻姓名三才五格架構的話，就沒辦法在陰陽生剋的對待關係當中，發現彼此明顯或更細微的差異，也就宛如瞎子摸象一般，抓到一點東西，就認定它的全貌，實在是太過武斷。事實上，兩者的三才五行生剋各方面條件都一樣，天運也只能做程度上的判別，而無法取代整個架構，如同六親的關係，不能單一就人際關係來看，對父母、兄弟、姊妹、配偶、子女、朋友，都是獨立的關係，而且都有其關聯性，更重要的是，由於男女的不同，就算姓名格局相同，天運相同，其個性跟各方面的表現，完全是南轅北轍。

陳哲毅比較式姓名學

兩造同樣是天格生人格、人格生地格、人格剋外格、地格剋外格、總格生地格、總格生人格。

A格局為男性，所顯出來的特徵為：腦筋清楚、善於計算，鬼點子多，但為人尖酸刻薄，往往得理不饒人，嘴巴不甜也不會說好話，不善包裝，人際關係差不圓融，若為主管，對屬下盯緊不放鬆，下屬易反彈，若為部屬，上司可以放一百個心，自己非但認真打拚，還會幫上司承擔責任，缺點是不懂得逢迎巴結，又不修邊幅，認為自己懷才不遇，小人官非不斷，對父母或太太真誠相待，不會花言巧語。

B格局為女性，個性陽光爽朗，富有親和力，常常笑臉迎人，對父母體貼孝順，人際手腕佳公關一級棒，外表有如女強人，實則內心律己甚嚴，勞心又勞力，貴人運偏弱，事業靠自己打拚，會體貼老公，外表開明內心保守。

例二：同姓名只差一字、差別在老公對待

名字筆劃只差兩劃的兩姊妹，若出生年納音相同，但由於人格、地格、外格生剋關係的差異，導致能力、個性及老公的疼愛度，為截然不同的待遇，並非只看天運的五行生剋就可以判斷出來的。

A.

	1	
	16	17金
	5	21木
火13	12	17金
		33金

B.

	1	
	16	17金
	5	21木
木11	10	15土
		31金

天運姓名學解法

兩人的人格都屬木，由這點來看，天運若出生是在「水」、「木」，先天運勢就顯得良好，貴人比較多、事業良好、感情順利、婚姻美滿，反之天運若是「火」、「金」，先天運勢就不太理想，守不住財、常有意外、感情不合、婚姻破裂。但如果這樣就認定兩人的人際關係是一樣的話，那就有可能會鬧笑話，因為天運僅提供運勢強弱的參考，而不是直接告訴你，個人各方面的關係是如何，要看關係如何，還是要回到三才五格的架構，才有辦法來說明。

實際生活上，兩人的天運都屬金，前者（A小姐）各方面看似不錯，其實僅為表面好看，自己的心思不定，做事情又沒有頭緒，經常忙得焦頭爛額，雖然想管老公，但卻抽不出時間，使得老公敢在暗地搞鬼，感情不是很順利，用天運的方法來輔助觀看的話，確實是有如此的現象，因為本身人格被剋多，所以會比較忙碌，但不是絕對如此。後者（B小姐）的話，雖然一樣人格被天運所剋，但由於三才五格架構的關係，反而是頭腦清醒，做事情有條有理，懂得規畫時間，對配偶很有一套，把對方管得服服貼貼的，讓對方不敢私下亂來。

陳哲毅比較式姓名學解釋

A格局為天格剋人格、地格剋人格、人格生外格、人格生總格，看似能文能武樣樣行，可是樣樣會樣樣不精，實則如無頭蒼蠅空忙一場，做事沒有規畫抓不到重點，大大小小的事情都要纜在自己身上，讓自己做牛做馬，十足的管家婆，老公樂得輕鬆自在，談吐間透露出沒自信，家務事樣樣不平順，子女受寵不聽父母的話，老公甚至敢搞外遇。

B格局為天格剋人格、人格剋地格、外格生人格、人格生總格、地格生天格、天格剋總格、總格剋地格，是裡裡外外真正的女強人，思慮清晰有條有理，應對進退有一套，老公對她的意見服服貼貼，老公在外賣命努力打拚，且不敢有二心亂，會潔身自愛，不過老公格局最好是中性，若太強也有爭執吵鬧情事發生。

例三：姓名彼此差一劃、姊妹婚姻差異大

一對姊妹出生年次不同，姊姊出生天運五行屬水，妹妹出生天運五行屬金，但姓名三才架構很相似，只是名字差一字，不過就是這一字來論斷彼此，貴人運和婚姻關係卻迥然不同，而不是只有單一天運五行的影響。

A.

	1	
	7	8金
	15	22木
金7	6	21木
		28金

B.

	1	
	7	8金
	15	22木
土6	5	20水
		27金

天運姓名學解法

依天運姓名學的理論來看，天運的五行若跟天格、人格、地格的五行有順生的話，則表示各方面很順利，有貴人相助、事業能發達成功、人際關係廣闊、能賺取財富。反之，若是天運的五行若跟天格、人格、地格的五行有相剋的話，則表示各方面很糟糕，容易犯小人、事業無法開展、人際關係惡劣、錢財沒辦法守住等等。就前者的姓名來看，其天運屬水，三才為金木木，因此兩者五行是順生的，而沒有任何相剋，因此其各方面運勢應該不錯，最起碼貴人運勢佳，能夠得到額外的幫助，人際關係良好。而後者的姓名，其天運為金，三才為金木水，姓名當中的人格被天運剋，因此有不良的影響，本身會比較辛苦，容易受外力的影響，而且容易被人家拖累。

但是現實生活中，前者的遭遇並沒有那麼順利，凡事都要自己辛苦打拚，而且由於個性耿直的緣故，人際關係上不是很圓融，外來的幫助看起來對自己有利，其實都是包藏禍心，到最後都變成麻煩阻礙，只好自己一個人來承擔。而後者的遭遇剛好相反，雖然自己比較辛勞，但凡事自有主張，懂得判斷是非好壞，不會受到他人的慫恿誘惑，因此被拖累的機會不多，加上能知道他人心思，懂得溝通的技巧，因此在人際關係上懂得圓融，本身的家庭或婚姻關係，反而會比較穩定。

難道天運沒有任何影響嗎？其實是有關係的，但是不是只有表面那麼簡單，因為姓名學不是單一的理論，而是要觀察整體的架構來論斷，也就是三才五格的配置，才會比較客觀準確，天運姓名學可以當作參考的依據，但不能拿來作為主要的理論，這樣才不會捨本逐末，使姓名學研究的方向錯誤。

陳哲毅比較式姓名學解釋

A格局為地格生人格、天格剋人格、外格剋人格、外格剋地格、總格剋人格、總格剋地格，外在表現能力強，上進肯打拚，事業上白手起家，貴人運弱，易犯到小人，口直心快，判斷上容易偏差，心太軟容易被左右，婚姻經營辛苦，易被丈夫所拖累，經常心事重重無處訴苦，生活不快樂。

B格局為地格生人格、天格剋人格、人格剋外格、外格剋地格，由於人格剋外格，表示五行有洩，任何事情有自己的主張，不會優柔寡斷受人影響，或委曲求全，判斷力精準明確，對超過自己能力的事情，會勇敢推辭或斷然拒絕，婚姻幸福，能掌握老公的想法心思，子女也在其循循善誘教導下，日後在學業、事業各方面有很大成就。

捌

八字姓名學

一、姓名跟八字的影響

在傳統論命當中，八字是屬於公信力較高，也較為人所知道的術數，每個人只要呱呱落地，出生時辰就會被拿去算八字，從此也就註定了命運。但是幾乎每個人先天的八字都不是很理想，總是會有些缺陷，而人們總是想要趨吉避凶，甚至改變原本的命運。該怎麼辦呢？這時候姓名就有重要的地位，可以拿來輔助你達成上述的目的，讓你透過後天的安排，改善先天不足的部分，達到開運的效果。一般來說，就是透過八字命盤的運算，讓你得知命中的五行元素的多寡，什麼是你的喜用神，什麼是你的忌仇神，然後來作為調整的依據。舉例來說，八字如果喜用神為木或火的話，那麼在取用姓名的時候，就會選擇筆劃是木（1、2）或火（3、4）的筆劃數。或者說八字裡面缺乏金或水，在取用姓名筆劃數時，就會考慮採用金（7、8）或水（9、0）的筆劃數。不過還有其他的輔助方法，像是相關字形或字義的選用，或是透過藥膳食物來補充。前者也是看八字的喜用或欠缺，來取用姓名的字，像是喜用神為木、火或缺乏木、火的八字，就盡量採用有關木或火的部首的字型，而後者是透過藥膳食物的五行屬性，來改善或補足八字裡面的缺陷，像是需要金、水或是缺乏金、水的八字，就必須多吃有關金、水屬性的藥膳食物，來達到補運的效果。不過就客觀而言，八字學不同與姓名學，由八字確實可以推斷出個人命運梗概，但卻無法有任何改變，而姓名最重要的是看個性，由個性來論斷個人的命運，但姓名是可以改變的，也就是說個性能夠改變，個性能夠改變的話，個人的命運也就會隨之改變。

二、如何取用筆劃數來改善先天八字的不足

先天八字喜用神爲「木」或缺乏「木」者

在姓名的「人格」或「總格」的筆劃數配置上，尾數必須取用1、2的數字。但若「人格」與「天格」衝突，呈現五行相剋的局面，就不宜勉強採用。這時應該尋求其他數字，來讓「人格」跟「天格」能夠有相生的關係，但「總格」方面還是可以選用1、2的數字，用來補足先天八字的欠缺。

先天八字喜用神爲「火」或缺乏「火」者

在姓名的「人格」或「總格」的筆劃數配置上，尾數必須取用3、4的數字。但若「人格」與「天格」衝突，呈現五行相剋的局面，就不宜勉強採用。這時應該尋求其他數字，來讓「人格」跟「天格」能夠有相生的關係，但「總格」方面還是可以選用3、4的數字，用來補足先天八字的欠缺。

先天八字喜用神爲「土」或缺乏「土」者

在姓名的「人格」或「總格」的筆劃數配置上，尾數必須取用5、6的數字。但若「人格」與「天格」衝突，呈現五行相剋的局面，就不宜勉強採用。這時應該尋求其他數字，來讓「人格」跟「天格」能夠有相生的關係，但「總格」方面還是可以選用5、6的數字，用來補足先天八字的欠缺。

先天八字喜用神爲「金」或缺乏「金」者

在姓名的「人格」或「總格」的筆劃數配置上，尾數必須取用7、8的數字。但若「人格」與「天格」衝突，呈現五行相剋的局面，就不宜勉強採用。這時應該尋求其他數字，來讓「人格」跟「天格」能夠有相生的關係，但「總格」方面還是可以選用7、8的數字，用來補足先天八字的欠缺。

先天八字喜用神爲「水」或缺乏「火」者

在姓名的「人格」或「總格」的筆劃數配置上，尾數必須取用9、0的數字。但若「人格」與「天格」衝突，呈現五行相剋的局面，就不宜勉強採用。這時應該尋求其他數字，來讓「人格」跟「天格」能夠有相生的關係，但「總格」方面還是可以選用9、0的數字，用來補足先天八字的欠缺。

八字十神論姓名

以人格為主軸跟各格的生剋來論特性

一、正官：剋我爲正官、七殺、陰陽相剋爲正官、同陰同陽爲七殺

個位數：（1、3、5、7、9為陽，2、4、6、8、10為陰）

（地格剋人格、天格剋人格、外格剋人格、總格剋人格、天運剋人格）

○天格
外格○○人格
○地格

○總格

優點：外表長得相貌堂堂，遠遠望去英俊挺拔，給人的印象很好，說話時聲音婉轉動聽，做人品行端端正正，行事光明磊落，凡事喜歡熱心助人。個性正直保守，有禮貌重情義，處理問題很公正，不會偏袒徇私。工作上負責盡職，重視承諾，嚴以律己，寬以待人，不貪圖非分利益。待人處事，能有客觀理性，樂於服務人群，能得眾人的信任與尊敬，懂得如何知人善任，具管理能力，有事業上的才華，公共形象不錯，居於團體之間，自然產生一份尊嚴與貴氣。

缺點：當正官在命局上成為忌神時，則較無法顯現正官優良的特質，正官的人做事依計畫原則來辦事，絲毫馬虎不得，照規矩一項一項去完成，但因過分小心謹慎，導致凡事心裡多牽掛，不敢放手大膽去執行，做事墨守成規不懂變通，缺乏積極進取精神與靈活變通的技巧，對陌生環境適應力差，反應總是遲緩，對於機會來臨時會猶豫不決、考慮在三，當開始想進行時，別人早已捷足先登，故常因自己的消極保守而坐失良機。做人處事畏首畏尾，不敢放手一搏，大顯身手。

二、七殺：剋我爲正官、七殺、陰陽相剋爲正官、同陰同陽爲七殺

個位數：（1、3、5、7、9為陽，2、4、6、8、10為陰）

（地格剋人格、天格剋人格、外格剋人格、總格剋人格、天運剋人格）

○天格
外格○○人格
○地格

○總格

優點：外表高大挺拔，說話聲音宏亮，面相上顴骨高聳，但山根卻低陷，表情較呆板嚴肅，平常不苟言笑，給人感覺威嚴，不敢造次。志向遠大喜歡上進，決斷問題非常果斷，頭腦思路清晰，充滿高昂鬥志，不善虛偽掩飾。出外時愛打抱不平，視惡如仇，具優秀的直覺判斷力，能突破惡劣環境，開創個人新天地，觀察事物細膩入微，能看到事物核心的本質，善於企畫，戰鬥意志高，懂得知人善任，具軍事天賦，且具文學或運動方面的才藝，有領導領袖的氣度，能得部屬及子女的敬畏，工作效率高，執行力高。

缺點：想法上較偏激，喜好爭鬥或霸道處事，不愛跟人團隊合作，不太信任他人，心裡多猜疑，凡事不放心交給外人做，靠孤軍奮鬥。個性倔強偏激，常令他人忍受不了，造成他人怨恨而樹敵，尤其是自己陷入困境時，平時不滿意想報復的部屬親友，就容易眾叛親離，使自己陷於孤苦無援的情況中。喜歡爭強好勝，喜怒哀樂不定，多年老友都有可能在一夜之間反目。革命性格十分強烈，常對現況心生不滿，而急欲突破現狀創新，因而帶來運勢的波動。七殺太過為忌時，心性愛爭鬥，不願服輸，喜歡怨天尤人，對身心的傷害頗大，容易因意外成殘廢或產生疾病在身上，文命七殺太重則容易遇人不淑，或因男性受害。

三、正印：生我爲正印偏印、陰陽相生爲正印、同陰同陽爲偏印

個位數：（1、3、5、7、9為陽，2、4、6、8、10為陰）

（地格生人格、外格生人格、天格生人格、總格生人格、天運生人格）

○天格
外格○○人格
○地格
○總格

優點：五官端正，眼神給人祥和的感覺，外表氣質優雅，談吐正經八百，舉手投足散發成熟的風韻，腦筋聰明，心性寬容善良，對他人有包容心，不計較過錯得失。會勉勵潔身自愛，遠離小人，處事方正親切，重視人際關係、面子，重視學問內在涵養、品德修養，及精神調劑。長輩緣佳，但印星旺則與岳父母的關係淡薄，凡事有先見之明，具前瞻性，能信仰宗教，相信傳說，喜歡接近神佛。在社會上易得名聲、權力、地位，謀事盡心盡力，毫不保留，所謂「鞠躬盡瘁、死而後已」之人，常帶有正印，生平易得貴人，常能享現成之福氣。重視外在形象，維護世俗傳統。

缺點：正印很重視精神生活，而忽略了現實生活的重要性，常因表現清高而輕視物質經濟。金錢觀念差，不會計較利益，盈虧概念模糊，不會管理組織，讓組織發揮實質效益。商業概念淺薄，發掘商機比人晚一步，雖然有洞察機先的觀察力，但容易陶醉於自我滿足，不會去真正執行，顯得不切實際。應變能力不佳，無法維護傳統而拒絕改革，成為進步的阻礙。鉤心鬥角的場合中，察言觀色的本事差，做人處事不跟人同流合污。常因愛面子或希望維護形象而打腫臉充胖子，甚至會掩飾缺點過失，容易因偽造文書而犯法，甚至對他人虛偽欺詐，容易觸犯法網。反應遲鈍，表情木訥，談吐能力不佳。

四、偏印：生我爲正印偏印、陰陽相生爲正印、同陰同陽爲偏印

個位數：（1、3、5、7、9為陽，2、4、6、8、10為陰）

（地格生人格、外格生人格、天格生人格、總格生人格、天運生人格）

○天格
外格○○人格
○地格

○總格

優點：個性內向保守，頭腦清晰，遇到事情能冷靜處理，反應成熟老練。事業上精明能幹，企畫思考細膩，點子機智靈敏，對流行事物的感覺敏銳，觀察入微，領悟力豐富，常常無師自通，學得不少技巧。喜歡獨樹一格的行事作風，嘴巴守口如瓶，對消息很能守密，喜怒哀樂不會輕易流露出來，讓人感覺高深莫測，尤其是異性朋友的信賴。喜歡思考挑戰難題，對於企畫、創造、研究、發明、設計等方面，具有獨創過人的見解，思想高超怪異，愛研究怪招奇術，對偏門技術或學術之理解頗強，常有出人意料的見解或舉動。

缺點：對他人多猜忌，表情冷漠沒有笑容可言，與人相處交往，會刻意保持距離。思想怪異難測跟一般人格格不入，不善於人協調溝通，口才不佳不愛多費唇舌，不喜參加交際應酬，平時沉默寡言離群索居，有厭世的心態產生。常會封閉自己，與外界隔絕，以致與人群逐漸疏離，終而憤世嫉俗，難容於群眾。內心雖有鬥志卻耐力不足，做事三心二意，決斷遲疑，以致東不成西不就，多學少成。思想奇特，愛標新立異，凡事喜走捷徑速成，喜求旁門左道，常常白忙一場。偏印過重，性情孤獨怪異，自私自利的心態很重，心胸狹窄，缺乏包容心，常高估自己，輕視他人，以致難與人和睦相處。不善應酬交際，人際關係差，人脈狹窄。朋友不多，偏印太重則心機深沉，凡事不動聲色。

五、正財：我剋爲正財、偏財、陰陽相生爲正財、同陰同陽爲偏財

個位數：（1、3、5、7、9為陽，2、4、6、8、10為陰）

（人格剋天格、人格剋地格、人格剋外格、人格剋總格、人格剋天運）

〇天格
外格〇〇人格
〇地格

〇總格

優點：日常生活勤儉耐勞，做事情任勞任怨，對朋友重視信用，為人正直不阿，常常視惡如仇，出手幫助弱小。行事規矩安分守己，不愛惹麻煩，團體中不標新立異，腳踏實地去努力行事。知足常樂，量力而為，不貪圖不正當的利益，不會走旁門左道，不擅長經營管理。辛勤努力，愛惜物質金錢，慢慢累積財富，家庭觀念濃厚，對妻兒盡責，做人不喜歡強出風頭，不愛與他人鉤心鬥角，厭惡一切不正當的事情，極為擇善固執。目睹為信，不信邪魔歪道，不信傳說，重視物質享受，經濟觀念與數字概念敏銳，對盈虧十分敏感與計較，善於節儉。一生財源不錯，對朋友講究信用，做生意童叟無欺，買賣重視眼前利益。

缺點：正財太旺而成忌神時，則內心貪婪、好逸惡勞，只想貪享現成撿便宜，苟且偷安之心態，做事情守舊不創新，單調刻板，太過謹慎過度，缺乏勇氣與魄力去突破環境現況，故容易墨守成規，事業上平淡無奇，沒有轟轟烈烈的意圖表現。謀事缺乏耐心，頭冷尾熱，吃不了苦半途而廢，稍遇挫折就會怨嘆而心灰意冷，會一直想理由去逃避困難，缺乏使命感、責任心與榮譽感。目光短淺，只顧眼前利益，缺乏前瞻能力，小事情會斤斤計較，缺乏宏觀胸懷，容易因小失大。生活單調刻板，不善充實知識，為人不顧道德情義，容易見利忘義。見錢眼開，非常勢力眼，但吝嗇成性，一毛不拔，即使對自己的親友手足，都算得清清楚楚，讓人覺得寡情薄義，太過重視物質享受，缺乏精神生活，生平不喜接近宗教，少有信仰，屬家富心窮的人。

六、食神：我生爲傷官、食神、陰陽相生爲傷官、同陰同陽爲食神

個位數：（1、3、5、7、9為陽，2、4、6、8、10為陰）

（人格生天格、人格生地格、人格生外格、人格生總格、人格生天運）

優點：食神的人散發清高氣質，行為舉止溫文儒雅，性格開朗樂觀，對人、事、物通情達理，寬容厚道，和平善良，與人相處和氣親切，不喜與人爭奪。做事有計畫不慌不忙，內容言之有物，自我表達能力強，感情世界豐富，思想清新脫俗，喜歡美好的事物，重視情調氣氛，喜歡優遊自在過無拘無束的生活，不喜歡壓力相逼，有逃避責任或壓力的現象。五官中味覺特別敏銳，精於飲食之道，常有口福可享。與人相處，有禮貌，含蓄保守，會尊重對方的意見。對文字、抒情、藝術、歌舞等具有偏好與關心，且具有敏銳的感受力與表現力。表達生動而不誇張，喜歡出風頭，但往往會適可而止，不喜太露鋒芒而招來他人嫉妒。會付出熱誠去服務他人但不強求回報，活潑乖巧但不任性叛逆，想法思慮跟執行計畫會專心一致，能心無旁騖地研究一技之長而至精純，往往成為專家。對事物喜抱樂觀看法，屬心寬體胖之人，對人有容忍之心，能原諒別人的錯誤，不過分計較得失，凡事順其自然，天生樂天派之人，重視和氣生財，這輩子衣食豐厚多享福。

缺點：食神是享福之星，食神若過多而變成忌神，則會貪圖物質享受，好逸惡勞，沉迷虛榮遊樂的生活，而忽略現實的競爭世界，喪失奮發進取的意念。食神雖屬清高之星，不易同流合污，但食神過多則易自以為是，以為天下皆濁我獨清。理想雖然高遠，卻跟現實生活脫節，由於生性樂觀，故對未來情勢過於樂觀，而忽略紮實的準備功夫，以致事業功敗垂成。思考企畫雖具耐心，但常體力不支，或精神萎靡，提不起工作幹勁。或精神體力容易疲勞，以致做事半途而廢，抗壓性低，會逃避問題，責任心、使命感薄弱，難以承擔重責大任。思考力旺盛，腦筋活動頻繁，易引起頭痛或腦神筋衰弱，常因幻想過度而引起神經衰弱，難耐孤單寂寞，依賴心重，不能獨當一面，遇重大事情則易手忙腳亂、慌亂無張。臨事判斷猶豫不決，理想抱負一大堆，卻礙於執行力不足而無法實現，致有懷才不遇，有志難伸的境遇。信心不足，很難獨力完成大事。

七、傷官：我生爲傷官、食神、陰陽相生爲傷官、同陰同陽爲食神

個位數：（1、3、5、7、9為陽，2、4、6、8、10為陰）

（人格生天格、人格生地格、人格生外格、人格生總格、人格生天運）

　　○天格
外格○○人格
　　○地格
———
　　○總格

優點：傷官不是一般尋常的星，其人為善為惡，常常是非常極端，傷官若是善，則其人見聞廣博多學才藝，聰明伶俐感覺敏銳，做事深謀遠慮看得深遠。口才表達流暢，言詞活潑善辯。領悟力很高，點子創意相當豐富，充滿活力，鬥志高昂，有很高的理想，擁有滿腔抱負，處事獨裁個性倔強，會追求完美，人群中愛出風頭，自信心強，凡事為我獨尊，睥睨他人意見。學習與表現慾高，好勝心強烈，很重視別人對自己的肯定與掌聲，有不斷超越別人的上進慾望。傷官的人大都郎才女貌，相貌出眾，皮膚白皙細緻，眼睛大且靈活，臉上表情豐富，喜於偽裝情緒，非常適合文字，藝術、演藝、歌唱、舞蹈等方面發展。反應靈敏，唱作俱佳，若往新聞報導、廣播，或節目主持人等利用口才或朝藝術方面發展，最有發展潛力與空間。傷官眼睛大且傳神，喜歡上鏡頭，也很適合上鏡頭，對表演、文藝、藝術等領域的感受力很強，也頗具天賦。傷官作風大膽、勇於表現，創意新鮮，常有出人意表之表現與成就，說話具說服力與煽動力，善於運用別人的力量來壯大自己。味覺敏感，善於下廚烹飪，多口福。討厭單調刻板的人、事、物，有喜新厭舊的個性，喜歡有挑戰的生活。

缺點：傷官的性質特殊，若身若傷官旺為忌神時，則須注意其負面的缺點。傷官因是破壞正官的星，故其特性與正官相反。傷官雖然資質優異、領悟力高，學習才藝迅速，知識博學多聞，卻常因此養成恃才傲物，目空一切，會驕傲自大，輕視他人的努力成就，以為天下只有自己最聰明，別人都是笨蛋一個。傷官野心勃勃，好勝心強烈，凡事想爭奪第一，行事奢華好大喜功，往往不量力而為，從事超越自己能力很多的事情，常因而招致失敗，傷官討厭傳統禮俗束縛，無視法律規章之存在。為了私慾任意妄為，為達目的不擇手段，以致於違法犯紀。傷官談吐流利，反應迅速，言詞譏諷，容易出口傷人，而使人懷恨在心，埋下日後報復的原因。傷官為忌，又見財多，則凡事貪得無厭，為了賺錢取財，無所不用其極，甚至是不正當的手段。傷官好管閒事，常常意氣用事，主觀意識強烈，處事易情緒化而衝動，生平多口舌是非，爭端惹禍，多招誤會，不論男女，都宜努力克制私慾，勤於修身養性，出外謹言慎行，以免招禍惹災。

八、偏財：我剋爲正財、偏財、陰陽相生爲正財、同陰同陽爲偏財

個位數：（1、3、5、7、9為陽，2、4、6、8、10為陰）

（人格剋天格、人格剋地格、人格剋外格、人格剋總格、人格剋天運）

○天格
外格○○人格
○地格
○總格

優點：偏財的人慷慨大方，好佈施錢財，凡事精明幹練，處事圓滑機智，精力充沛，說話坦白誠實，自身淡薄名利，對人一諾千金，說到做到，不計較得失，拿得起放得下，十分樂觀開朗。平時豪爽仗義，樂於幫助他人，親友有困難，會馬上慷慨解囊，去濟助他們，做事乾脆俐落，不喜歡拖拖拉拉的行事，頭腦思考靈活，經濟觀念跟一般人有所歧見，具商業眼光，善於觀察社會形勢，發掘新商機，對問題決斷力強，喜速戰速決，善於把握眼前的良機，往往能捷足先登，賺取大筆錢財。舉止軒昂，給人的印象是言行有威，常交際應酬，又廣結善緣，故交際手腕佳，人脈充沛，消息靈通，不畏懼失敗與艱難，商場上的韌性堅強，能失敗而再升起，人生際遇起伏大，財富起起落落。個性外向，主動出外尋求商機，不喜待在家中等待，生涯中多機緣巧遇，常有意外收穫，異性緣不錯，生平在金錢財富及女緣方面，常有戲劇性的變化。財源很多，營鑽能力高明，但不太愛惜錢財，也愛花錢。天性樂觀，不拘小節，凡事能從大處著眼，不喜在小事上論斤究兩，討價還價，具有前瞻眼光，敢於賭注人生，很懂得做人的道理與技巧。財務調度能力極強。

缺點：偏財若太旺而成為忌神，或身弱而使偏財成為忌神，則容易表現偏財的負面特質。偏財因慷慨大方，所以不知道什麼叫節儉，會浪費成性，揮金如土，如果行運不佳，不能克制自己的慾望，造成揮霍浪費，破敗家業財產，偏財的異性緣佳，但偏財為忌時則往往沉迷酒色財氣，不顧家庭兒女，造成家庭婚姻的波折或危機。偏財與異性交往，會喜新厭惡，愛情不專一，態度輕佻浮躁，到處留情留種，造成感情上的糾紛不斷。偏財喜歡輕言允諾，但通常是空頭支票，諾言很少兌現，成為寡信的人。偏財愛派頭排場，愛面子，即使身無分文、口袋空空，亦要裝派頭，錶帶勞力士，車開賓士車，隨身都有美女或保鑣相隨。偏財的財務調度能力強，但為忌神時，則容易詐騙他人，跳票時絕不會只有一張兩張，往往是一連串有計畫的跳票。穿著打扮講究，出門須排場，開著高級車到處掉頭寸者，都屬於這種人。偏財的人敢賭敢博，輸贏也很大，好運時固可一夜致富，凶運時也易一夜之間傾家盪產，偏財是消費之神，固偏財多透，則有愛花錢，喜消費之現象。

九、比肩：同我爲劫財、比肩、陰陽相生爲劫財、同陰同陽爲比肩

個位數：（1、3、5、7、9為陽，2、4、6、8、10為陰）

（人格比和天格、人格比和地格、人格比和外格、人格比和總格、人格比和天運）

○天格
外格○○人格
○地格

○總格

優點：比肩適度而為喜用時，則其人正直不屈，對朋友信守承諾，行事作風表裡如一，不會耍小手段，不會陽奉陰違，不會投機取巧，凡事往樂觀一面著想，不畏懼困難，

獨立自主解決困難，是一個言而有信，值得信賴的人。執行力強意志堅定，有始有終，凡經決定之事，必堅持到底，不喜中途更改或變卦，自尊心強烈，不容他人輕視瞧不起，渴望與他人並駕齊驅，平起平坐。有自知之明，凡事量力而為，不貪非分之想，不做超出自己能力太多的事，對自己抱有信心，能堅守崗位，努力工作，以達目標。說話直來直往，討厭拐彎抹角，遇不愉快的事情，都能直接發洩反應，不耍心機，心口如一，值得信賴去交負重責。可執行重大任務，有使命感與責任心。不輕易開口承諾，一開口就要做到，做事有主見。

缺點：八字若身強而比肩過旺成為忌神時，就無法表現比肩正面的特質，比肩若太旺則其人的性情強硬不能靈活變通，凡事固執堅持己見，不易與人協調溝通，自我意識強烈，剛愎自用，頑固不通，目中無人。無法接納他人的見解，也許對方比較高明，常因太堅持自己的想法而與人格格不入，甚至於因而與人發生口角爭執，凡事先為自己設想，不理會別人的立場，沒有容人的雅量，不容易與別人熟識和睦相處，固縱使有很多朋友，也沒幾個知心朋友，人際關係差，在群眾中不易受歡迎，比肩心性耿直，過旺則耿直過度，不善營謀，說話不懂得婉轉修飾，不善因應環境變化來修正自己的想法或行動。頭腦僵硬，不懂得轉個念頭想，不會建立關係來促進自己的成長進步，有「頭腦簡單」的現象。金錢概念薄弱，缺乏商業頭腦，不懂得腦筋賺錢，對開支也不太能管制，不善於發掘商機或賺錢機會，可謂耿直有餘，權變不足。自我意識太強，造成有己無人，難以說服群眾，面對比自己優秀的人，也吝於讚美別人，或口服而心不服。缺乏同情心，缺乏關懷他人的熱誠，即使是自己的手足或至友，或家人，都刻薄無情，以致於不受到支持歡迎，常受到排擠批評，自己發生困難時，得不到別人的同情與支援。愛反抗長輩上司，不願意服從領導，故不得上司器重或提拔。升遷不易，賺錢困難，生平辛勞，財運不佳。

十、劫財：同我爲劫財、比肩、陰陽相生爲劫財、同陰同陽爲比肩

個位數：（1、3、5、7、9為陽，2、4、6、8、10為陰）

（人格比和天格、人格比和地格、人格比和外格、人格比和總格、人格比和天運）

○天格
外格○○人格
○地格
○總格

優點：劫財具有非常重大突出的性格，十分與眾不同，劫財喜歡接近群眾，更善於在社交場合，群眾面前，表現其社交能力、口才及台風，劫財面對群眾嗜好、情緒，善於投其所好，控制氣氛與局勢，故甚能獲得好感。本身心思細密，善於見風轉舵，善於因應群眾或時尚的需要，調整自己的談吐或行為，但這些均非出自其內心，劫財因與日主不同陰陽，因此具有雙重性格，表面上非常恭謙順從，內心裡卻完全不同，表面上所看到的劫財各種行為，談吐、舉止、均非真實的劫財，劫財做事積極、具行動力，勇往直前，冒險犯難，不顧生死，劫財之操作慾強烈，凡事都想一試，劫財有薄己利他之心，對朋友慷慨，對自己的妻兒則較吝嗇。劫財之人內心與外表不一致，表裡不一，經常矛盾，自我衝突，性情不穩定，容易情緒化，但善於掩飾自己，讓外人無法知道其真實世界。劫財若不太重，則比肩較能適應環境，較具謀略能力，能依客觀需要做必要調整，固較能得社會的認同。

缺點：劫財若太重而成為忌神時，則個性剛硬，堅持己見，衝動魯莽，一意孤行，難納忠言，常會把事情搞得亂七八糟。劫財常心存僥倖，投機心態強烈，喜歡不勞而獲，野心很大，求功心切，處事未經深思熟慮及貿然行動，常因錯估形勢或準備不足而一敗塗地。劫財是正財的剋星，做金錢概念模糊，不曉得積蓄，用錢沒有計畫性，常導致經濟拮据。劫財喜歡投機，容易往投機事業發展，但生平多逢破耗，常發生金錢紛爭。劫財因具雙重性格，內心經常自相矛盾、自我衝突，故情緒不安定，陰晴不定，忽冷忽熱，讓人難以捉摸，難以適應，雖能讓初識者有良好印象，但終因不易相處而日漸失去朋友。劫財雖有利他之心，在別人困難時，樂於幫忙，但當朋友勝過自己時，又很不是滋味，反而會嫉妒他人之成就。劫財對外慷慨，對內吝嗇，易因朋友之事與妻子爭吵，對外面女性慷慨多情，對妻子冷漠。劫財性急，凡事想速成，缺乏耐心，常為目的之達成而無視於法律規章的存在，個性暴戾，喜歡用武力解決事情。做事莽撞，常被視為有勇無謀之人。

三、八字姓名學案例

例一：同時相邀來出世、遭遇卻由姓名註

在傳統八字論命裡面，相同時辰出生的人，兩個人的八字不但相同，連命運也應該是一樣的，但是結果往往卻不是如此，有的人能功成名就，有的人卻窮困潦倒。難道是是八字出了問題嗎？其實其中的關鍵，是在於兩個人的姓名，因為姓名格局的不同，使得個性有了差異，也就影響對事務的看法，命運當然也就大不相同。

A.

	1	
	13	14火
	18	31木
土11	10	28木
		45土

B.

	1	
	13	14火
	7	20木
火13	12	19水
		32土

傳統八字姓名學理論解法

這兩個人的出生時辰是相同的，因此就八字來說命運應該是相同的，假設兩人的八字都喜歡木、火，而忌金、水的話。

以前者姓名格局來說，天格、人格、地格五行都屬木、火，因此可以斷定是不錯的，而且又是五行順生，人格生天格、人格生地格，所以人際關係良好，很熱心公益、對長輩跟晚輩很照顧，身體應該很健康很理想。後者的格局來看，天格、人格五行是木、火，是相當理想的，但地格五行卻是水，這樣是不理想的，地格代表配偶、子女，因此代表自己跟配偶或子女的溝通不良，又地格的水剋天格的火，所以配偶跟長輩的關係不好，經常會有爭執吵鬧，自己沒辦法得到長輩跟配偶的幫助，身體健康也很差。

但現實生活中，前者是個不懂交際手腕的人，平常表現得很嚴肅，不喜歡與人接觸交談，跟父母親以及配偶的溝通不良，態度不像是五行順生形容的那麼和顏悅色，反倒像是五行相剋那樣，為人處事不苟言笑。後者卻是個善於交際應酬，懂得運用人際關係，配偶對自己非常照顧，彼此溝通非常順暢，能受到對方實質的幫助，不像八字裡面所說，因為地格為水，而有不好的影響。

為什麼會如此呢？難道八字學是不正確的嗎？同時間出生的人，命運卻大不相同，而且連姓名也不受八字影響，不是太奇怪了嗎？其實兩人的個性、想法不同，甚至是際遇不同，並不是八字裡面五行欠缺的影響，而是姓名三才五格的五行生剋所導致，一般八字取姓名，只有補足所缺少的五行，卻忽略五行生剋的重要性，把八字的理論直接當作姓名學理論在使用，這實在是犯了指鹿為馬的錯誤。八字學理論歸八字學領域，姓名學歸姓名學領域，八字確實有一定的準確度，能夠左右人生的運勢，但是先天既定的條件下，能增加改變的反而只有姓名學。八字的五行欠缺，只能反映個人運途的高低好壞，跟姓名學的五行一點關係也沒有，姓名學的五行生剋是個人性格的表現，重點在於陰陽生剋，不同的格局，個性、心態也不同，自然對人生的掌握度也就不同，在相同八字基礎之外，還有個別姓名的影響。

陳哲毅比較式姓名學解釋

A格局為人格生天格、人格生地格、人格剋總格、人格剋外格，受父母照顧寵愛，父母願意幫助他，但他因為不願開口要求，父母也不知道怎麼幫他，長相酷且嚴肅，適合幕僚人員、輔助老闆，自己腸胃功能不好，若逢天運來生或來剋，手腳部分一定受傷。

B格局為人格剋天格、地格生人格、人格剋外格、人格生總格，喜歡交際愛打屁，談吐應對進退很得體，另一半是賢內助，照顧得無微不至，只是小時候容易因小意外而使頸部受傷，若逢天運剋天格，更為應驗。

例二：三才五格都被包、包藏意外引災難

八字裡面若五行有欠缺，因此姓名就大量採用欠缺的五行的話，可是會造成很大的問題，姓名學理論不同於八字學理論，不是說欠缺什麼就補什麼？以下看似毫不相干地兩個姓名，一個八字欠水、一個欠土，所以姓名都採用所欠缺的五行，但若用陳哲毅比較式姓名學仔細推算，就會發現兩人姓名的三才五格，原來都有人格被包的特性。

A.

	1	
	19	20火
	11	30水
火10	9	20水
		39水

B.

	1	
	15	16土
	11	26土
土6	5	16土
		31木

傳統八字姓名學理論解法

前者八字五行欠缺水，姓名格局就全部採用水，後者八字五行欠缺土，姓名格局就全部採用土，兩人姓名三才五格的五行全部順生，所以各方面都非常理想，個人運勢相當不錯。但是實際生活上，兩人都感到不順利，人生的旅途很多阻礙，各方面都差強人意，甚至產生自暴自棄的想法。原因出在哪裡呢？道理其實很簡單，就是八字學不同於姓名學，兩人的八字欠缺，不能用姓名的五行來填補，因為姓名學不是八字學，是重視三才五格的陰陽生剋，而不是缺什麼就補什麼，況且一個人姓名是可以變動更換的，不像八字是一出生就被註定的，運用的範圍與彈性遠比八字學來得優越。

前者的姓名格局都是水，依八字學來看水為財、應該遇水則發，可是依姓名學理論來看，人格被天格、地格、外格所生，又五行為水，表示自己很聰明、膽量很大，人際關係活絡，很相信朋友，但實際上生多不一定好，自己容易心軟而判斷錯誤，造成錢財的損失，而且由於五行水太重，身體容易犯陰煞，常常夜夢睡不著，健康方面會很差。後者的姓名格局都是土，依八字學來看土為敦厚，為人老實、性情溫和，可是依姓名學理論來看，人格被天格、地格、外格所生，又五行為土，表示自己雖然保守行事，為人很講信用重承諾，但有時候太過於固執，凡事不知取巧變通，往往會因此吃虧，而有心情鬱卒的現象，精神狀態會很緊繃。

陳哲毅比較式姓名學解釋

A格局為地格生人格、天格生人格、外格生人格、總格生人格，人格全被生，且三才五格滿盤皆水，水代表智慧、才華、思考、點子多、人際關係活絡，為人感性，信任朋友，金錢大開大闊，小人多，初識者會被誤以為是女強人，水又屬陰，小心水患或陰夢纏身，人格被包，意外災害不斷，天運如逢金水，剋應更為明顯。

B格局為天格、人格、地格、外格全比和，滿盤皆土，幸好總格木來剋，聰明才智不如A格局，且個性憂鬱，操心太多，凡事未雨綢繆，土代表信，執著頑固，不夠阿莎力，考慮多，有時會想不開，天運逢火，土更為嚴重。

例三：總地外格生剋異、姊妹人前表現異

一對雙胞胎姊妹，由於所取的名字筆劃數差一劃，雖然天格、人格、地格五行都一樣，都是天格剋人格、人格剋地格，外格生人格、但由於總格和地格、外格的差異，個性和配偶互動關係卻差很多，而不是因為八字的影響。

A.

	1	
	6	7金
	15	21木
木12	11	26土
		32水

B.

	1	
	15	16土
	1	16土
土16	15	16土
		31木

傳統八字姓名學解法

若是相同的八字，加上是雙胞胎姊妹，因此就八字的喜忌來看，是一模一樣的。但是若只考慮五行的配置，而忽略陰陽生剋的重要，就好像蓋房子卻沒有鋼樑來支撐一樣，房子是不會堅固牢靠的。若依姓名的五行來看，看起來兩人的三才五格都一樣，就八字姓名學理論來看，兩人八字相同，姓名格局五行分佈也相同，所以各方面的表現跟運勢應該是相同的，可是現實生活上卻沒有如此。但反觀來看，若是用姓名學理論仔細推敲的話，會發現其實兩人的姓名大有文章，還是有很大的差別，就差在三才五格的陰陽生剋上頭。前者是人格生外格，後者則是外格生人格。

人格生外格的情況，凡事付出多，很願意做事情，本身不怕辛勞，但由於太過嘮叨，使得老公聽了很厭煩，所以不太想理睬妳，久了之後，夫妻的溝通就出現問題，因為姓名學當中地格、外格的配偶的緣故，使得前者個性很強又想管事情，老公又有自我主張，因此產生衝突的機會很大。外格生人格的情況，則是懂得交際手腕，自己做事情有條有理，知道要如何說服別人，因此夫妻的對待上，溝通會比較圓融，會讓老公聽得進去，對意見的接受度也較高，所以產生衝突的機會就少多了。兩人的差別從八字是看不出來的，也非是姓名格局的五行影響，而是三才五格的關係，在姓名當中人格跟外格的差異。

陳哲毅比較式姓名學解釋

A格局為總格剋地格、人格生外格，此種格局的女子能文能武，工作奮發勤快，抗壓性強，不怕失敗挫折，表面上雖然可以影響老公，但老公卻不一定跟她的腳步走，老公會另有主張，有時甚至自己演出走樣，變成37加1，三三八八，說話沒重點又雜念（嘮叨），老公被疲勞轟炸得受不了。

B格局則是總格剋地格、外格生人格，人際關係手腕圓融得多，且懂得說話包裝推銷、也善掩飾自己，喜歡動口不動手，做決策有魄力，是標準的生意經營人才，不屑於三姑六婆或婆婆媽媽。

玖

筆劃姓名學

一、筆劃姓名學源起

目前坊間最流行的筆劃姓名學，其實是由白惠文先生在民國二十二年時，從日本傳回來台灣的，他把日本熊崎氏姓名學加以翻譯整理，就變成八十一劃數姓名學，用於推斷人的個性、運勢與特質。經過多年的驗證，在論斷個性方面，是有些符合之處，可作為參考的依據，但是在論斷人的運勢方面，尤其是有關於夫妻、事業、財富、家庭，或者早年運、中年運、晚年運時，出現了很大的差異，由現實生活的例子來看，有些人名字的筆劃是大凶、大敗的數字，特別是熊崎氏注重的「總格」為凶，或是筆劃數為「四」的，但都沒有像熊崎氏八十一劃數裡面所講那樣，反而是事業有成、榮華富貴的人比比皆是。因此可以知道熊崎氏八十一劃數姓名學，並非是最好的姓名學理論，尚有不足的地方，沒辦法作為長久深入的研究，但由於其理論影響久遠，人們常拿來當作是取名字的依據，若取個吉祥數字真能安心，那也是無可厚非，不過實際上，名字對人的一生影響力很深遠，仍必須以正確的姓名學理論為主才好。

二、筆劃姓名學的爭議

筆劃姓名學的爭議，當然就是名跟字的筆劃到底如何算？必須要有個統一的標準，才不會無所依據，因為不同的筆劃數，解釋起來必定天差地遠，沒辦法論斷吉凶，市面上販售的版本很多，說法也都不盡相同，加上簡體字的筆劃算法，可說是越來越複雜，雖然說八十一劃數姓名學的理論有缺失，但求姓名的正確筆劃數，是所有姓名學理論的基礎，不然就不用談姓名學了，也不會有正確的論斷解釋。所幸如此的爭議問題不大，一般的標準字典大多數字筆劃數都能確定一致，但還是有少數幾個字沒法確定，那該怎麼辨呢？就是拿來實際論斷驗證，累積統計的資料，看看到底是如何，答案就會很明顯，絕對不會有絲毫差錯！

三、三才五格的筆劃的算法與代表

天格：單性的話，姓的筆劃加一。

複姓的話，姓的第一個字跟第二個字的筆劃相加。

代表長輩緣、貴人運、跟父母的關係。

人格：單姓的話，姓的筆劃跟名字第一個字的筆劃相加。

複姓的話，姓第二個字跟名字第一個字的筆劃相加。

代表個人的才華想法、人格特質的表現，跟其他人的關係。

地格：若是三個字的姓名，就是名字第一個字跟第二個字的筆劃相加。

若是二個字的姓名，就是名字第一個字加一。

代表家庭運、戀愛或婚姻運、跟子女的相處。

外格：若是三個字的姓名，就是名字第二個字的筆劃加一。

若是二個字的姓名，外格一律為「二」。

代表本身的朋友運、自己外在的表現、外在環境的好壞。

總格：所有姓名的筆劃數相加起來的總和。

代表個人一生的成敗，也是事業跟財富的結果。

四、筆劃姓名學案例

例一：兄弟取名格局同、差一劃判若兩人

同樣是兩個兄弟，但是卻取了筆劃數差一劃的名字，因此兩人姓名學五格的五行有所不同，由比較姓名學理論來判斷，從這一劃就造成兩人的性格迥異，但並不是因為地格或總格筆劃的差異，而是因為三才五格的陰陽生剋而有所差別。

兄	1	
	8	9水
	9	17金
金8	7	16土
		24火

弟	1	
	8	9水
	9	17金
金7	6	15土
		23木

傳統八十一劃筆劃數解法

若由筆劃數理論來觀之，兩人的地格跟總格的筆劃不同，所以個性跟運勢大不相同，不過這卻是很含糊的講法，因為就筆劃數理論來看，地格屬於家庭運、子女運、戀愛運、異性緣，兩個人雖然差了一劃，但解釋上都還算不錯。

在地格部分，像哥哥16劃是說異性緣佳、戀愛能順利、婚姻家庭美滿，人際上能圓融處事、責任心重。而弟弟的15劃也是善於照顧異性、能獲得芳心而共結連理、人際關係上能領導眾人獲得事業上的成功。但實際情況上，兩人的人際關係不如書上所解釋，而有相當大的不同，甚至是違背的。

在總格部分，哥哥的24劃解釋是，事業上能奮發向上，勤奮苦幹，會有貴人幫忙提拔，用錢能謹慎小心，不會輕易浪費財富……。弟弟23劃是，人際關係佳，懂得群眾心理，所以事業上能領導眾人，是很好的管理者……。這裡的解釋就剛好完全相反，哥哥由於交友廣闊，用錢大方爽快，甚至受人的拖累，對錢財的運用分配很差，弟弟更是不喜歡交友，講話也很直接不婉轉，沒有什麼人際關係可言，更不用說領導眾人了。如果單用筆劃差異來解釋，是可以說得通兩人的不同，但卻無法明確指出外在舉止的差別、甚至是內心細膩的想法的差異。

陳哲毅比較式姓名學解法

兩人的格局都是地格生人格、人格生天格、總格生地格、外格生天格、總格剋人格、總格剋外格。

哥哥的格局五格筆劃有陰陽，性情比較積極開朗，活潑外向好動，有什麼話都會直說，不會藏在心裡面，天生聰明伶俐，平時交遊廣闊，人緣與異性緣都不錯，只是容易發生桃花事件，但因人格生外格、地格剋天格、總格剋外格，要小心過度自信眼光，而誤交損友遭到拖累。

弟弟的格局五格同為陽，個性陽剛孤僻，天生不太愛多說話，常擺嚴肅的臉色，城府較深工於心計，不喜歡與人溝通問候，或噓寒問暖，讓人感受到一種高不可攀、難以接近的冷漠感，造成人際關係上有距離感，但好處是遇到小人的機會少，因本身企圖心旺盛，人生起起伏伏運勢多變化。

例二：縱使筆劃數相同、先看五格同或異

你總是認為姓名學是以筆劃吉凶做準則嗎？那麼請執著總格筆劃數相同的你看過來，兩個同為41劃的姓名有何差異？為什麼兩個人的際遇差別十萬八千里。

A.	1	
	17	18金
	13	30水
木12	11	24火
		41木

B.	1	
	17	18金
	14	31木
木11	10	24火
		41木

傳統八十一劃筆劃數解法

以筆劃數來觀看，兩個人的總格筆劃相同，照理說應該個性、運勢、晚年運都相同

才是，尤其是事業、錢財方面都應該一致，不然就不能說筆劃數的理論準確。以總格四十一劃來論，是男生最好的筆劃數，表示本身智、仁、勇兼備，肚量寬大，熱心公益，周遭朋友很多，很年輕就能功成名就，一生會有很多貴人相助。但實際生活上，卻不是如此順利，A格局確實聰明伶俐，但小時了了、大未必佳，人際關係雖廣但複雜，錢財的情況就無法掌握，有衝動的傾向；B格局則是工作細心謹慎，但人際關係不良，不愛交際應酬，經常得罪他人，而遭人背地裡扯後腿來陷害。若要硬說是人格筆劃數差異的關係，或許能稍微說明兩人不同的際遇，但由於總格相同，在最後結果論斷時也該相同，但卻沒有如此，可見不是單單受到筆劃數的影響，而使兩人的個性、運勢有差別。

陳哲毅比較式姓名學解釋

A格局為人格生外格、地格剋天格、人格剋地格，外向積極，有小聰明，天生得父母疼愛，鬼點子很多，勇於付出，不過感情問題非常複雜，桃花事件與異性緣不斷，對錢財不太會計較，分得很清楚，卻容易造成花錢如水，不珍惜的狀況。

Ｂ格局為人格生地格、天格剋人格、地格剋天格、外格生人格，與人互動手腕差，不太能與人溝通相處，使人不太願意接近，工作上謹慎細心，卻因人際關係上不夠圓融，容易得罪許多人，身旁小人一堆，婚姻上與公婆關係不和諧。

例三：一字不同總格異、性格就是各個奇

由姓名可以看出本身能力強弱的問題，主要是五格的生剋關係，而不是總格的筆劃數的關係，以下舉兩例來探討。

A.

	1	
	5	6土
	9	14火
土15	14	23火
		28金

B.

	1	
	5	6土
	9	14火
土16	15	24火
		29水

傳統八十一筆劃數解法

就筆劃數來看，兩人的人格筆劃相同，照理說應該在個性方面都一樣，沒有什麼差異，就如同筆劃數上說的，姓名筆劃逢「四」必凶，自己的先天運勢不佳，情緒方面容易憂鬱，對人會隨便發脾氣，心中常常有不平，卻又無處發洩，對物質的慾望大，要滿足很困難，若配合總格來論斷，總格為吉結果為吉、總格為凶結果為凶。這兩人的人格都是14劃，因此就得比較總格的好壞來論斷。前者28劃，出外凡事多勞碌，欠缺貴人來幫助，很容易遭受到意外災害，對人生感到失望，人際關係方面，與六親緣薄，是為凶數不可以使用，後者29劃，善於決策領導，易功成名就，能得他人器重，發揮一己專長，年輕時就可以得到名望跟財富，是為吉數可以使用。

若依此而言，前者姓名在論斷時，各方面都每況愈下，所以應該論斷不好，後者各方面會漸漸好轉，所以應該論斷好。但好不好是個比較，由名字來說僅能得知個性的差異，而不是論斷實際的功成名就、榮華富貴，不過現實生活的觀察，是長時間的發展所累積，若以這樣的條件切入，再依筆劃數如此的理論，反而有參考的價值，也正成為理論破綻所在。實際生活上，前者的人際關係圓融，辨事能力很強，很有發揮的空間，能掌握自己的情緒，並沒有因為人格逢「四」的關係，而有較不良的影響，相對的，在事業、財富上反而能穩定成長。後者則是無頭蒼蠅，做事情很熱心沒錯，但由於缺少方法，常常讓人嫌囉嗦，而不太能接受自己的好意，雖然一直用心付出，稱讚聲卻是越來越少，心情容易鬱卒，情緒反倒不能掌控，有衝動想不開的可能。

陳哲毅比較式姓名學解釋

A格局為人格生天格、地格生人格、人格生外格、人格剋總格，是標準的外勤與公關人才，辦事能力強，事情的分寸與調度頗能拿捏，因為地格生人格，地格又屬火，懂得人際處事圓融與進退。

B格局為人格生地格、總格剋人格、總格剋地格、天格剋總格，做事積極熱心，苦口婆心，有如全年無休的里長伯，但因為太直接不修飾，如果是女性的話，老公因而不受約束，在外花天酒地喝花酒，如逢天運來生來剋，此種個性更加明顯，此格局的人，身體狀況無不理想，大部分原因是事業上太投入工作，自己體能卻不太能負荷所導致。

拾

三才五格姓名學

一、三才五格架構介紹

是從筆劃姓名學所演變而來，是因為人們發現到八十一劃數理論的缺失，想加強探討三才五格其中的關係，而非只憑單一的吉凶數來論斷，但主要還是以「人格」作為中心，跟其他四格的五行生剋做比較，瞭解個人對於各方面的互動關係。其理論比起筆劃數稍微深入，也比較有根據，但仍然有很多缺失，像是生剋的解釋上，太過注重相生、而忽略了相剋，以為生多的關係才是好、被剋多的關係是凶，這樣的論調其實是太過於偏頗的，跟正確的姓名學理論相比較，對於實際的姓名論斷上，會有相當大的差距，沒辦法掌握到姓名學的核心，讓人有所誤解。

二、五行生剋互動

五行就是筆劃數的屬性，一共有五種屬性，就是金、木、水、火、土。它們的關係有生有剋，也有相同的比和，顯示出不同的性質，也就是不同的關係表現。被生或比和多半會被認為是吉，被剋多半認為是凶。

三、三才五格姓名學案例

例一：姊妹性格論差異、重在人地誰剋誰

姊妹兩人不僅名字總筆劃數只差一劃，連三才都一樣為金土土，但彼此待人處世的圓融度卻有天壤之別，只因為差在人格生地格和地格生人格，而不是坊間所說，三才的五行配置若一樣，個性跟遭遇就會一樣。

A.

	1	
	16	17金
	9	25土
金8	7	16土
		32金

B.

	1	
	16	17金
	9	25土
金7	6	15土
		31水

三才五格姓名學解法

兩個姊妹的姓名由於總筆劃數只差一劃，因此在三才五格的部分，非常的相似，若用三才五格的姓名學理論來講，兩個人的個性跟遭遇應該相近，如同書上所講，三才為金土土的情況，五行是相生而沒有衝剋的，表示為人能敬重長輩，能夠獲得提拔，出外可以遇見貴人，事業上平步青雲，可以得到不錯的部屬，很會處理事情，讓自己不用太過操心，年輕的時候功名就能顯露，中年時名聲遠播，會有很高社會地位，財富方面可以慢慢累積，一輩子衣食無缺，是為大吉大利的格局。但是實際上卻不是如此，兩個姊妹的個性截然不同，而且外在的表現跟內在的想法，剛好相反，不同於書上所講，只是朝著好的方向發展。

為什麼會如此呢?難道說姓名的三才五格的配置不重要，還是在論述上有了錯誤，不然筆劃跟五行幾乎相近的姓名，就只差那麼一劃，兩姊妹的個性居然是天南地北。其實三才五格姓名學的基礎理論沒有問題，問題是出在五行的配置上，三才五格姓名學太過強調「相生」，卻認為「相剋」是不好的，而且著重於三才（天格、人格、地格）的配置，而沒有考量到整體的架構，整體架構應該是姓名中十種格局的生剋關係，十種關係就是「天格跟人格」、「天格跟地格」、「天格跟外格」、「天格跟總格」、「人格跟地格」、「人格跟外格」、「人格跟總格」、「地格跟外格」、「地格跟總格」、「外格跟總格」。就這兩個例子來說，三才金土土是相同，可是一個是人格生地格、一個卻是地格生人格，就單一情況來看，只論姓名這個部分的話，彼此差異可能還不太明顯，可是因為姓名重視的是整體架構，整體架構中若其他都相似，就只有這個部分不同的話，那十格之間的對待關係也就完全不一樣，如此兩者的姓名就不是單一部分的差異而已，而是整體的部分都有差異，強弱的程度會相當的明顯。

像前者是人格生地格，做什麼事情都會比較直接，因此不太會深思熟慮，很容易出差錯，得罪人的情況就比較多。但後者是地格生人格，做事情會比較迂迴有打算，懂得替別人著想，人際關係較圓滑，真的出了問題也比較有人肯幫忙。這是因為姓名當中十格生剋的差異，而並非相生的三才、相生的五行就是吉祥的。

陳哲毅比較式姓名學解釋

A格局為人格生地格，五格筆劃有陰陽，外表長相漂亮醒目，和異性相處有如哥兒們，肯努力做，充滿責任心，可惜老公卻不領情，自己凡事愛爭輸贏，喜好面子，理財未花在刀口上，省小錢花大錢，心直口快，貴人運不顯。

B格局五格相同，差異在地格生人格，長相雖沒A格亮麗，但人際關係圓融度高很高，比較有女人氣質，感性與理性並重，善解人意、體諒長輩，只可惜配偶較沒耐性，心情容易晴時多雲偶陣雨，家務是看情緒好壞來決定做不做，情緒不好懶得洗衣服、下廚房，屋子擺設一團糟。

例二：名字總格差一劃、個性婚姻分兩極

相同一對姊妹，天格、人格、地格都是金土木，但因為姓名總筆劃數差一劃，地格與外格的生剋關係卻讓個姓和人際關係，夫妻相處模式有了極大的差異。

A.

	1	
	17	18金
	8	25土
土15	14	22木
		39水

B.

	1	
	17	18金
	8	25土
木14	13	21木
		38金

三才五格姓名學解法

如果依照三才五格姓名學來論斷，這兩個人的個性跟遭遇，是應該相差不多的，而且問題會出在五行的配置上，因為相剋的情況，所以會認為是不好的姓名格局，其理論解釋為一生辛苦勞碌，有懷才不遇的情況，在感情婚姻上不是很順利，配偶對自己沒有實質幫助，反倒會連累自己，跟長輩的相處上，關係也會很緊張，沒辦法獲得幫助，事業方面庸庸碌碌，財來財去過眼雲煙。但實際生活上，兩人的情況完全不同，尤其是跟配偶的關係，完全沒辦法相提並論，這也是因為姓名格局生剋不同的緣故，而不是三才當中五行相剋的影響。

前者是地格剋外格，對事情比較挑剔，為人雖然精明能幹，但是做事情比較斤斤計較，讓人覺得很反感，因此朋友越來越少，外格也代表配偶，因此跟老公相處上，自己會很囉嗦，叮得很緊，所以老公會想逃避，久而久之，關係就不會很親密。後者是地格生外格，自己比較好講話，很容易請求拜託，加上本身很會說話，看起來又很容易親近，出外人緣會比較好，跟配偶相處的情況，自己不會太過苛責，懂得進退分寸，所以彼此能夠溝通協調，關係維持得還算不錯。這兩人的差別，是由於整體姓名格局的生剋關係不同，不是因為三才五格當中有五行相剋的緣故。

陳哲毅比較式姓名學解釋

A格局為地格剋外格、人格剋總格、總格生地格，為人矜持，打扮保守不突出，很會料理家庭事務，缺點則是講話不留口德，不顧慮他人感受，說話愛用命令式來指揮，更不懂得向老公撒嬌，雖然勤儉持家，老公卻嫌得要命，兩人的關係漸行漸遠、相敬如冰。

B格局為地格生外格、人格生總格、總格剋外格，外在人緣好、個性活潑開朗，打扮突出亮麗，說話能言善道，很得長輩緣疼愛，出外貴人與朋友多，家事也肯動手做，即使犯錯被老公責怪也會檢討接受，唯一的缺點就是好交朋友，導致容易誤信讒言，被損友拖累。

例三：生有剋無吉不見、剋有生無凶帶吉

坊間姓名學總以五格筆劃五行相生為吉、相剋為凶，實則都是如此嗎？不見得，依我多年來的研究觀察，相生多非吉，多剋不為凶，有生無剋財不利，生多無化主大凶，有剋無生凶藏吉。

A.

	1	
	16	17金
	8	24火
金7	6	14火
		30水

B.

	1	
	16	17金
	9	25土
土6	5	14火
		30水

三才五格姓名學解法

三才五格姓名學的理論當中，以五行相生作為最吉祥的姓名格局，而五行相剋就當作是不利的姓名格局，如此的強調「相生為好、相剋為差」，使得大家都誤以為真正的姓名學，就只是把握「生多剋少」的原則，其實這樣的觀念，跟筆劃數姓名學一樣，不僅誤導了大家的方向，也讓很多人對姓名學產生疑惑，甚至嗤之以鼻，因為由實際的例子來看，很多五行相生的名字，人生際遇都不怎麼理想，而且運途辛苦勞碌，但有很多五行相剋的名字，像是高官顯貴、明星藝人，卻都飛黃騰達、大紅大紫。如此的差異，難怪會有人對姓名學不信任，尤其是三才五格的姓名學說，是廣為大眾所知的理論，如果不深入探究推敲，找出正確的姓名學理論來詮釋，相信以後大家就不會認同姓名學，這無疑代表著人們失去了能增加後天運勢的良好工具跟途徑。

依前者的姓名來看，三才為金火火，五行相剋，是較差的格局，後者的姓名，三才是金土火，五行相生，是較好的格局。但是事實上並非如此，以前者的格局來說，能夠善解人意，懂得他人的心理，加上個性獨立，不容易被他人影響，所以吃虧的機會少，並不是因為姓名有剋的緣故，所以會去欺壓他人，佔人家便宜。而以後者的格局來說，一樣獨立自主，但是個性較為沉靜，不喜歡爭取表現，有問題不好意思說出，因此鬱卒的機會就多，而不是姓名被生就沒問題，能夠得到幫助，事事順心如意。

其實姓名學當中的陰陽生剋，不是只有表面上如此簡單，有各種不同層面跟層次的涵義，生出不代表就是白白付出、浪費心力、沒有收穫，被生不代表得到幫助、衣食無虞、人際順暢；剋出不代表脾氣暴躁、惹事生非、不好管教，被剋不代表多災多難、辛苦勞碌、一事無成。而是要以客觀、中庸來看待，用不同角度來看待，姓名的生剋關係才會妥當、準確。

陳哲毅比較式姓名學解釋

A格局為地格生人格、人格剋天格、人格剋外格、總格剋人格，從小受到父母親照顧寵愛，自主性強、力爭上游，對父母的心意很瞭解，會說甜言蜜語，對無理要求敢於拒絕，堅持不做濫好人，自信心十足，說話頭頭是道。

B格局為地格生人格、人格生天格、人格生外格、人格剋總格，老實憨厚肯做，屬於默默付出卻不求回報類型，天生是濫好人一個，感性重於理性，流於情緒化，與父母親緣薄，受寵愛機會少，拙於包裝推銷，做事常空忙一場，事半功倍，由於好說話，不會拒絕請求而常被朋友連累。

拾壹

英文姓名學

一、英文姓名學簡介

什麼是英文姓名學呢?有些人可能不太清楚，而存有一些疑惑，難道取外國的名字也有學問嗎?其實跟中文姓名學一樣，外國姓名也講求吉凶好壞，都是由字形、字義、字音的好壞來判斷，用來推斷個人的運勢如何?這也是經過長時間的統計，所得出來的結果。在此則是套用中國的三才五格陰陽生剋學說，使各位瞭解自己英文姓名是否妥當，或者是取個吉祥的英文姓名，來幫助自己開展運勢。

常見男性英文姓名簡介

英文姓名及翻譯	姓名原始涵義	姓名優缺點
Aaron(艾倫)	高大的山、受神啓示與開通的。	優點：業務有很多客戶 缺點：容易挫折不斷
Abbott(艾步特)	具有偉大精神的意思	優點：很有才華、但需要人提拔推薦 缺點：小人多、沒有貴人幫助
Adam(亞當)	人類第一位男性、代表所有的男性	優點：好名聲 缺點：無
Adolph(阿道夫)	像狼族一樣、高貴的意思	優點：無 缺點：容易與人失和、摩擦
Alan(艾倫)	英俊的、和平的、高興的	優點：努力奮鬥易有成就 缺點：容易有口舌之災、與人爭執
Albert(艾伯特)	高貴且聰明的	優點：可以順利開展事業 缺點：容易遭受到無妄之災
Alexander(亞歷山大)	人類的保護者、古代國王的通俗姓名	優點：事業上會很有成就 缺點：人際上容易猜忌多疑
Alvin(阿爾文)	被大家所喜愛的、每個人的朋友	優點：人際關係良好 缺點：工作多辛勞、休息時間少
Andy(安迪)	勇敢的、善戰的	優點：本身人緣不錯、異性朋友多 缺點：做事情容易三心二意

Antony(安東尼)	值得讚美、備受尊崇的	優點：可累積財富、人際關係良好 缺點：無
Antonio(安東尼奧)	值得讚美、備受尊崇的	優點：處理糾紛的協調性佳 缺點：受到打擊時容易失魂落魄
Barnett(巴奈特)	高貴的天賦、人類的領袖	優點：很有才華、但人際關係差 缺點：出外容易遭惹禍端
Baron(巴頓)	高貴的、勇敢的戰士	優點：事業上的貴人很多 缺點：易受環境阻礙
Bart(巴特)	耶穌十二門徒之一	優點：無 缺點：繁雜的事情很多、煩惱會很多
Beck(貝克)	溪流的意思	優點：人緣佳、做事協調性好 缺點：無
Ben(班)	山峰的意思	優點：做事情易有收穫回報 缺點：遇到誘惑容易迷失自我
Benjamin(班傑明)	幸運的、好運的	優點：無 缺點：容易喪志消沉、做事反覆無常
Bennett(班奈特)	受到祝福的人	優點：才華容易展現 缺點：出外容易衝動、易遭惹是非
Bertram(布特萊姆)	幸運且傑出的人	優點：做事謹慎、出外可得財富 缺點：口舌是非多、易遭人中傷

Bill(比爾)	強而有力的戰士或保護者	優點：無 缺點：孤獨無伴、做事消極
Bob(鮑伯)	輝煌的名聲	優點：無 缺點：做事不謹慎、常常出差錯
Brian(布萊恩)	有權勢的領袖、出生高貴之意	優點：經常可以獲得幸運 缺點：心情常煩悶、沒辦法紓解
Bruce(布魯斯)	森林的意思	優點：出外會有貴人相助 缺點：常與人意見不合、是非糾紛多
Caesar(凱薩)	皇帝、領袖的意思	優點：出外名聲響亮 缺點：意志消沉、做事不積極
Carter(卡特)	駕駛馬車的人	優點：利於感情、婚姻美滿 缺點：爭取名利會有阻礙
Charles(查理斯)	強壯的、強健的、具有高貴心靈的	優點：功成名就 缺點：做事情容易白忙一場
Christian(克里斯汀)	信徒、追隨者的意思	優點：事業奮鬥容易成功 缺點：風波不斷、事情繁雜
Cleveland(克里夫蘭)	基督的僕人或侍從	優點：奮鬥努力 缺點：做事反反覆覆、事倍功半
Daniel(丹尼爾)	上帝是我的仲裁人的意思	優點：有貴人、財運不錯 缺點：容易孤單、會有缺憾發生

Dave(迪夫)	所深愛的人	優點：有貴人、名聲響亮 缺點：困難阻礙多、易辛苦勞累
David(大衛)	所深愛的人	優點：通常有好運降臨發生 缺點：辛勞做事卻沒有回報
Dick(狄克)	大膽的、勇猛的	優點：善於計劃執行、容易成功 缺點：無
Douglas(道格拉斯)	來自黑海的人	優點：做事情很順利、容易有結果 缺點：無
Duncan(鄧肯)	皮膚黑褐色的戰士	優點：事業有成 缺點：做人處事不圓滿
Edison(愛迪生)	照顧他人來豐富自己、熱心公益的意思	優點：出外有貴人、易接觸好機緣 缺點：想法很多、常有心事在困擾
Edward(愛德華)	有錢財的監護人、英國國王姓名	優點：容易有靈感、創新點子多 缺點：容易爲小事情起煩惱
Edwin(愛德溫)	有價值的人、財產的獲得者	優點：無 缺點：工作辛苦、無法休息
Elvis(艾維斯)	高貴的、友善的	優點：能逢凶化吉 缺點：感情不順利、婚姻不幸福
Eugene(尤金)	高貴血統的	優點：做事情能得心應手 缺點：易生煩惱、憂愁

Fitch(費奇)	頭髮金色的人	優點：無 缺點：因小失大、心亂如麻
Frank(法蘭克)	自由無拘無束的人	優點：有貴人相助、但時間較晚 缺點：無
Gavin(法蘭克林)	自由的人	優點：無 缺點：心裡易產生迷惑
Geoff(傑佛)	神聖和平的意思	優點：無 缺點：出外有小人、做事有波折
George(喬治)	耕地的農夫	優點：出外可以得到名聲 缺點：心情不開朗、經常鬱鬱寡歡
Gordon(戈登)	英雄、強壯的人	優點：有創意想法 缺點：心事多、是非多、有波折阻礙
Haley(哈利)	有科學或發明天分的	優點：做事情易成功跟進步 缺點：易受到驚嚇、情緒不穩定
Hubert(哈伯特)	人格光明的意思	優點：出外可得名利 缺點：事情容易產生不好變化
Hunter(漢特)	以打獵爲樂的人	優點：無 缺點：心情煩悶
Ira(艾勒)	警覺性高的人	優點：心情能夠常保輕鬆愉快 缺點：無

Ives(艾維斯)	射箭技術高超的人	優點：利於功名、有賺錢的機會 缺點：出外容易遺失東西
Jack(傑克)	上帝仁慈的贈禮	優點：充滿責任感、直得信賴託付 缺點：無
James(詹姆士)	取而代之者的意思	優點：處理人際關係非常良好 缺點：投資理財容易衝動而損失
Jason(傑森)	具備豐富知識的人	優點：出外容易有貴人幫助 缺點：心事重重、做事情不牢靠
Jeffrey(傑佛瑞)	神聖的和平	優點：無 缺點：勞心勞力、出外易犯小人
Jim(吉姆)	取而代之者的意思	優點：無 缺點：工作方面容易事半功倍
Joe(喬)	上帝的賜與	優點：無 缺點：容易忘東忘西、損失財物
John(約翰)	上帝的贈禮	優點：人緣佳、容易得到朋友幫助 缺點：易情緒化、心亂如麻
Julian(朱利安)	頭髮柔軟的、年輕的意思	優點：事業有成、能夠出人頭地 缺點：不守信用、會有無妄之災
Kelly(凱利)	自然的風、戰士的意思	優點：做事情能夠一帆風順 缺點：心情容易受到影響而不安

Kevin(凱文)	很男性化的、出身背景不錯	優點：適合遠行出外 缺點：做事反覆無常
Leo(里奧)	獅子的意思	優點：做事仔細、肯用心經營 缺點：無
Lewis(路易斯)	在戰場上很出名的	優點：能夠逢凶化吉 缺點：無
Louis(路易士)	很有名氣的意思	優點：能夠逢凶化吉 缺點：憂愁滿面、心情不夠開朗
Magee(麥基)	容易發怒的人	優點：很會處理人際利益的糾紛 缺點：無
Mark(馬克)	有侵略性的人	優點：無 缺點：人多幻想、做事不切實際
Martin(馬丁)	好戰的、逞勇的、戰神的姓名	優點：無 缺點：阻礙難行、挫折不斷
Michael(麥克)	像上帝行儀的人	優點：利於合作或合夥事業 缺點：容易產生孤獨或留下缺憾
Moses(摩西)	從海中救人的人	優點：名聲顯著、有利於功名 缺點：事業僅能守成但開創不易
Myron(麥倫)	芳香的、甜味的	優點：人際關係良好 缺點：要經歷過多次失敗

Neil(尼爾)	勇敢的人、領袖、競賽冠軍的意思	優點：會有意外的成就 缺點：做事情有波折阻礙
Nelson(尼爾森)	兒子的意思	優點：有貴人幫助、能解決問題 缺點：講話容易得罪人
Newman(諾曼)	受歡迎的異鄉客	優點：努力奮鬥、事業可以成就 缺點：容易被利益給迷惑
Nick(尼克)	競賽勝利者	優點：有責任感、可以依賴 缺點：無
Oscar(奧斯卡)	神聖的矛	優點：無 缺點：好動無法靜下來、易生是非
Otis(奧迪斯)	聽覺很敏銳的人	優點：出外能逢凶化吉 缺點：無
Otto(奧特)	富有的、有錢的	優點：無 缺點：易與人失和、破壞人際和諧
Parker(派克)	看守公園的人	優點：天性樂觀、個性開朗 缺點：對他人容易起疑心而猜忌
Patrick(派翠克)	出身高貴世家的	優點：適合做企畫、很容易成功 缺點：容易錯失良機、要耐心等待
Paul(保羅)	矮小玲瓏的人	優點：處理事情很圓融 缺點：會遭他人嫉妒而受到打擊

Peter(彼得)	岩石或石頭的意思	優點：無 缺點：經歷苦難、心境較為複雜
Philip(菲力浦)	好打戰、崇尚武力的	優點：成就非凡、有意外的幫助 缺點：會三心二意、難以下決策
Quincy(昆西)	排行第五的	優點：無 缺點：與人意見不合、行事反覆無常
Quinton(昆頓)	排行第五的	優點：利於理財或儲蓄 缺點：意志容易消極、不求進取
Regan(雷根)	帝王的、國王的	優點：奮鬥可以成就、但需等待時機 缺點：出門容易有意外發生
Rex(雷克斯)	國王的意思	優點：事業開展順利、會有好消息 缺點：無
Richard(理查)	勇猛的、大膽的	優點：適合創業投資 缺點：無
Robert(羅勃特)	名聲響亮、輝煌的	優點：無 缺點：個性孤僻、與人相處不合
Robin(羅賓)	名聲響亮、輝煌的	優點：無 缺點：逞口舌之快、做事情太過衝動
Rock(洛克)	指岩石、強壯勇猛的人	優點：執行計畫容易成功 缺點：出外容易發生意外災害

Roy(羅伊)	氣色紅潤、很健康的人	優點：爲人處事公道、能心安理得 缺點：無
Rudolf(魯道夫)	著名的狼、澳洲通用語	優點：可以獲得意外之財或利益 缺點：做事情容易出問題而遭禍端
Rupert(魯伯特)	輝煌的名聲、知名度高的	優點：無 缺點：尋尋覓覓、無所依靠
Sam(山姆)	上帝的名字	優點：可以存錢、適合投資 缺點：爲人嚴肅、不易親近
Sandy(山迪)	人類的防禦者	優點：出外人緣佳、可得幫助 缺點：奔波勞碌才能有所成就
Simon(賽門)	仔細聆聽的意思	優點：人際關係良好、腦筋靈活 缺點：意外災害多、容易有危險
Steven(史帝文)	一頂王冠	優點：無 缺點：執行工作常心有餘而力不足
Tab(泰德)	卓越的、智慧的	優點：無 缺點：易遭受打擊或阻礙
Thomas(湯瑪士)	太陽之神、雙胞胎的意思	優點：善於協調人際關係 缺點：欠缺開創事業的企圖心
Tiffany(帝芙尼)	上帝的神聖形象	優點：可獲得額外幫助 缺點：處事不公正、易失人心
Tom(湯姆)	太陽之神	優點：活潑好動、充滿好奇心 缺點：容易遇到阻礙、心情鬱卒

Tony(湯尼)	值得讚美、受到尊重的	優點：可獲得財利、但須待時機 缺點：無
Ulysses(尤里西斯)	智勇雙全的	優點：人格高尚、重視承諾 缺點：做事一波三折、苦難不斷
Valentine(范倫鐵恩)	強健的、強壯的人	優點：做事情能得支持、順利成功 缺點：家庭容易起風波
Vic(維克)	勝利者、征服者	優點：容易遇到好機緣而成功 缺點：失敗後很難東山再起
William(威廉)	強而有力的戰士、保護者的意思	優點：有貴人提拔、事業有成 缺點：無
Wayne(韋恩)	建造馬車的人	優點：思慮清晰、做事穩健 缺點：心情不定、易情緒化
Webb(韋伯)	編織布料的人	優點：利於求取功名 缺點：做事情不守信用、易有爭執
Xavier(塞維爾)	新房子的主人	優點：容易遇到好事情 缺點：人際失和
Yale(耶魯)	邊陲地帶的	優點：家中經常發生喜事 缺點：無
York(約克)	養野豬的人	優點：可信賴、奮鬥有成 缺點：疑心病重、會猜忌他人
Zachary(札克利)	爲上帝心儀的人	優點：心情愉快、待人誠懇 缺點：做事猶豫不決、易失去時機

常見女性英文姓名簡介

英文姓名及翻譯	姓名原始涵義	姓名優缺點
Alice(艾麗絲)	誠實無欺的意思	優點：出外遇到好機緣、有貴人 缺點：容易與人爭吵、意見不合
Alma(艾瑪)	慷慨的、友善的、眞情的	優點：願意熱心助人 缺點：心情不穩定、易發脾氣
Amanda(艾曼達)	值得去愛的	優點：出外人際關係良好；異性緣佳 缺點：易發生意外災害
Amelia(艾蜜莉雅)	勤勞的、勞動的	優點：待人處事很和氣、好親近 缺點：容易猶豫不決、錯失良機
Amy(艾咪)	最有愛心的人	優點：無 缺點：憂愁牽掛、做事情反覆無常
Angela(安琪拉)	天使、報信息者	優點：工作順利、升遷有望 缺點：意外災害多、有無妄之災
Ann(安妮)	優雅的	優點：財運良好、可獲意外之財 缺點：做事不牢靠、容易出亂子
Antonia(安東妮亞)	備受尊崇的人	優點：無 缺點：囉嗦煩人、態度曖昧不明
Arlene(艾蓮娜)	一個誓約、一件信物	優點：事業順心、能有成就 缺點：易犯小人、遭來惡意中傷

Athena(雅典娜)	希臘神話中掌管智慧、技藝、戰爭的女神	優點：出外有貴人幫助 缺點：易受驚嚇、挫折較多
Barbara(芭芭拉)	外地來的、異鄉人的意思	優點：適合投資理財、可獲得利潤 缺點：做事操勞、付出甚多
Belle(貝拉)	美麗聰明的、顯得高貴的	優點：人際關係良好 缺點：三心二意、前途茫茫
Bertha(貝莎)	聰明美麗的、有光榮的人	優點：人緣不錯、可獲得支持 缺點：像無頭蒼蠅、辦事不仔細
Betty(貝蒂)	上帝就是誓約	優點：凡事能夠轉禍爲福 缺點：有口舌是非、易有爭吵
Blanche(布蘭姬)	純潔無瑕的	優點：心情開朗、充滿活力 缺點：很斤斤計較、不易忘卻瑣事
Camille(卡蜜拉)	好品性、高貴的	優點：求財可成、但要耐心等待 缺點：容易著急行動而失敗
Caroline(卡洛琳)	勇猛、強壯、善戰的	優點：工作細心、待人誠懇 缺點：凡事原地打轉、畏畏縮縮
Catherine(凱薩琳)	純潔的人	優點：事業有成就、工作能順利 缺點：心情較煩悶、情緒不佳
Cathy(凱絲)	純潔的人	優點：無 缺點：做事易有挫折、容易起風波

Charlotte(夏綠蒂)	女性化的	優點：穩定中發展、事業可成 缺點：態度悲觀消極、事半功倍
Christine(克麗絲汀)	基督的追隨者	優點：人際關係良好、可運用資源 缺點：憂愁牽掛、放不下心事
Claire(克萊兒)	明亮的、聰明的	優點：奮鬥可成 缺點：做事反覆、需花費較多時間
Crystal(克麗絲多)	乾淨的冰、透明般的靈魂	優點：無 缺點：做事沒有信心、缺乏鬥志
Cynthia(辛西亞)	月亮女神的稱號	優點：態度積極、不怕困難 缺點：意氣用事、常惹麻煩
Daisy(黛西)	雛菊花	優點：懂人情事故、處理問題圓融 缺點：無
Dana(戴娜)	聰明且純潔的	優點：做事謹慎、可以投資獲利 缺點：無
Darlene(黛蓮娜)	親愛的人	優點：事業有成、可守財富 缺點：多小人騷擾、名譽受損
Diana(黛安娜)	光亮如白晝	優點：求財可成、投資有利 缺點：性格高傲、與人意見不合
Donna(唐娜)	貴婦、淑女	優點：性格溫和、不會惹事生非 缺點：進退不定、有懶惰的現象

Dorothy(桃樂絲)	上帝的贈禮	優點：聰明伶俐、可順利求取功名 缺點：做事會遇到挫折失敗
Eileen(愛琳)	光亮的意思	優點：能夠逢凶化吉 缺點：家庭風波多、容易牽掛在心
Elizabeth(伊莉莎白)	上帝就是誓約	優點：可遇到好機緣、發財有希望 缺點：無
Ellen(愛倫)	明亮的火把	優點：頭腦精明、創意不絕 缺點：容易計較、與人不和
Elma(艾瑪)	對朋友富有同情心的人	優點：善於投資理財 缺點：心情易受打擊、意志消極
Emily(艾蜜莉)	勤勞奮鬥的人	優點：經常可以得到好處 缺點：從事冒險活動、容易有危險
Erica(伊麗卡)	永遠有權力的	優點：辛勤工作、有豐富的收穫 缺點：出外旅行易有意外發生
Eve(伊芙)	生命、賦予生靈之母	優點：各方面可以穩定發展 缺點：做事情阻礙多、須等待時機
Fanny(芬妮)	自由的人	優點：緊要關頭有貴人相助 缺點：出外奔波多、家庭易有變故
Florence(弗羅倫絲)	開花的、美麗的	優點：容易遇到好機緣、可得財利 缺點：工作上會有人事問題

Genevieve(珍妮芙)	金法碧眼的人	優點：會有良好的名聲、知名度高 缺點：心情不定、易發牢騷
Gill(姬兒)	少女	優點：無 缺點：做情不順利、阻礙很多
Grace(葛瑞絲)	優雅的	優點：有利於功名、求財 缺點：易遭到失敗的命運
Hannah(漢娜)	優雅高貴的	優點：工作能慢慢開展、業績良好 缺點：做事反覆、有口舌是非
Helen	光亮的、美如女神般	優點：能夠逢凶化吉、有驚無險 缺點：愛管閒事、是非糾紛多
Iris(艾麗絲)	彩虹女神	優點：凡事能逢凶化吉 缺點：感情婚姻不順、容易孤單寂寞
Ivy(艾薇)	神聖的食物	優點：感情婚姻順利、心情開朗 缺點：事業上會有阻礙、較晚發達
Isabel(依莎貝爾)	上帝的誓約	優點：所求願望多半能夠達成 缺點：感情孤獨、易發生缺憾
Jamie(潔咪)	取而代之者	優點：做事謹慎小心、可獲得財富 缺點：情緒不佳、脾氣暴躁
Jane(珍)	少女、慈悲的	優點：做事謹慎、待人和氣 缺點：易犯小人、工作不順

Jean(琴)	上帝是慈悲的	優點：爲人努力、奮鬥可成 缺點：意外災害多
Jennifer(珍妮佛)	施魔法的女人、妖艷的女人、迷惑人的女人	優點：無 缺點：人際失和、感情不順
Jenny(珍妮)	少女	優點：有貴人幫助 缺點：波折不斷、事多生變
Joan(瓊)	上帝的贈禮	優點：奮鬥易有成就 缺點：做事時機容易拖延、產生變化
Jodie(喬蒂)	被讚美的、非常文靜的	優點：近財順利、事業有成 缺點：心多疑惑、做事推三阻四
Judy(朱蒂)	被讚美的	優點：異性緣佳、感情順利 缺點：易犯小人、從中作梗
Julia(朱麗亞)	頭髮柔軟的	優點：適合做投資、財運不錯 缺點：風波不斷、挫折不斷
Juliet(茱麗葉)	頭髮柔軟的	優點：容易出名、有貴人幫助 缺點：空虛寂寞、缺乏知心好友
Karen(凱薩琳)	純潔的	優點：感情婚姻生活幸福美滿 缺點：出外易與人衝突而結怨
Kelly(凱麗)	女戰士	優點：做事情能夠順利、有額外助力 缺點：身心不容易安定下來

Kitty(吉蒂)	純潔無瑕的	優點：壞事變好事、能否極泰來 缺點：有口舌是非、與人衝突
Laura(蘿拉)	月桂樹	優點：適合理財投資、能夠獲利 缺點：無
Lee(李)	草地、庇護所	優點：財運佳、適合從事投資 缺點：無
Lena(麗娜)	寄宿、住處	優點：有貴人幫助、出外人緣佳 缺點：是非多、意外多
Linda(琳達)	美麗的人	優點：心情開朗、平易近人 缺點：無
Lisa(麗莎)	對神奉獻的	優點：做事情謹慎小心、能有好結果 缺點：財運不佳、經常寅吃卯糧
Louise(露薏絲)	著名的、女戰士	優點：易有好機緣、經常有幸運之事 缺點：無
Lucy(露西)	帶來光明跟智慧的人	優點：眼光獨到、能夠投資獲利 缺點：易有意外、出入不平安
Maggie(瑪姬)	大海裡的珍珠	優點：名聲能遠播、投資能獲利 缺點：無
Margaret(瑪格麗特)	大海裡的珍珠	優點：有貴人相助、能逢凶化吉 缺點：事業上阻礙重重、會有困難

Maria(瑪麗亞)	痛苦、悲傷	優點：名聲響亮、人際良好 缺點：奔波不定、辛苦勞碌
Marian(瑪麗安)	優雅動人的	優點：凡事先悲後喜、能轉禍爲福 缺點：心情經常波動、憂心忡忡
Marina(瑪蓮娜)	來自海洋的	優點：善於投資、態度謹慎小心 缺點：感情婚姻尋尋覓覓、情緒憂愁
Mary(瑪麗)	來自海洋的	優點：事業有成就、能奮鬥上進 缺點：無
May(玫)	少女、未婚女子	優點：做事情能得心應手 缺點：心情不穩定、情緒起伏大
Melissa(蒙麗莎)	蜂蜜	優點：善於打扮裝飾、氣質高貴典雅 缺點：容易亂花費、金錢守不住
Mercy(瑪西)	慈悲、同情	優點：心情能穩定、做事認眞富足 缺點：財運不佳、沒有額外進帳
Michelle(蜜雪兒)	紫苑花、美麗的	優點：有人暗中相助、出外異性緣佳 缺點：易受到驚嚇、心情起伏大
Mona(夢娜)	高貴的、獨特的、孤獨的	優點：適合做理財投資、知名度高 缺點：無
Monica(莫妮卡)	顧問	優點：辛勤努力、能有收穫 缺點：心情不穩定、經常擔憂不斷

Nancy(南西)	溫文儒雅	優點：做事精神專注、工作順利 缺點：容易猶豫不決、錯失良機
Nicole(妮可)	勝利者	優點：眼光獨到、投資能夠獲得利潤 缺點：與人意見不和、容易犯小人
Olive(奧麗芙)	崇尚和平者	優點：無 缺點：做事反覆、心情不定
Olivia(奧麗維亞)	崇尚和平者	優點：事情容易有額外助力 缺點：做事三心兩意、欠缺魄力
Page(珮姬)	未長大的小孩	優點：有貴人幫助、問題能順利解決 缺點：心情不佳、經常發脾氣或憂鬱
Pamela(潘蜜拉)	令人心疼的、喜歡惡作劇的小孩	優點：人際關係良好 缺點：憂愁掛心、做事情心不在焉
Pandora(潘朵拉)	指世界第一個女人的意思	優點：事情可以朝好的方向發展 缺點：經歷挫折多、心情沉重
Patricia(派翠西亞)	出身高貴的	優點：做人處事和氣、能辛勤工作 缺點：必須面臨沉重的打擊
Penny(潘妮)	沉默的編織者	優點：能夠看得開、心情輕鬆愉快 缺點：阻礙挫折多、出外沒有貴人
Queen(昆娜)	貴族、高貴的	優點：有貴人相助、事情能夠順利 缺點：心情不穩定、情緒起伏大

Rebecca(麗貝嘉)	擁有迷人的美	優點：工作勤奮、能獲得賞識 缺點：波折較多、需耐心等待時機
Rita(麗達)	珍珠、勇敢的、誠實的	優點：無 缺點：是非多、小人多、名譽易受損
Rose(羅絲)	花朵盛開的意思	優點：熱心公益、人際關係圓融 缺點：易受到打擊、壓力沉重
Ruby(露比)	指紅寶石	優點：善於打扮、外表亮麗 缺點：講話尖酸刻薄、易招小人
Sally(莎麗)	指公主	優點：事情能夠由壞轉變成好 缺點：風波阻礙多、心情不穩定
Samantha(莎曼莎)	專心一致的人、傾聽的人	優點：工作順利、能得到肯定 缺點：奔波辛苦、家庭事故多
Sandy(姍蒂)	人類的保衛者	優點：人緣甚佳、能結交朋友 缺點：感情不佳、經常牽掛心頭
Sara(莎拉)	指公主	優點：遇到好機緣、願望能成眞 缺點：心情不開朗、寂寞空虛多
Sherry(雪麗)	來自草地的	優點：奮鬥努力、會有人暗中幫助 缺點：事情有波折、進行得不順利
Sophia(蘇菲亞)	有智慧的人	優點：適合投資理財、與人合夥 缺點：感情不順利、人情困擾多

Susan(蘇姍)	一朵小百合	優點：奮鬥易有成就 缺點：易發生缺憾、情緒難撫平
Tiffany(蒂芙妮)	薄紗、上帝的形象	優點：工作順利、人際良好 缺點：自我主張強、易與人結怨
Venus(維納斯)	愛與美的女神、極美麗的女性	優點：無 缺點：性情多猜疑、人際關係多失和
Victoria(維多利亞)	獲得勝利的	優點：無 缺點：人際關係差、易失魂落魄
Vicky(維琪)	獲得勝利的	優點：眼光獨到、能夠投資獲利 缺點：孤獨寂寞、心靈空虛
Wendy(溫蒂)	具有冒險精神的女孩	優點：人際關係佳、個性溫和 缺點：波折多、阻礙多、煩惱多
Zoe(若伊)	生命、充滿生命力的	優點：意志堅韌、行動果決 缺點：無

二、英文姓名三才五格配置與算法

英文三才五格的算法，其實跟中國姓名大同小異，用姓氏跟名字來計算，只要知道英文字母（大寫）所代表的筆劃數，正確的取出天格、人格、地格、外格、總格的架構，就可以套用姓名學的理論來加以推斷論數。

英文字母筆劃查表

A、三劃	B、二劃	C、一劃	D、二劃	E、三劃	F、三劃	G、三劃	H、三劃
I、一劃	J、二劃	K、三劃	L、一劃	M、二劃	N、三劃	O、一劃	P、二劃
Q、二劃	R、三劃	S、一劃	T、二劃	U、一劃	V、一劃	W、一劃	X、二劃
Y、二劃	Z、一劃						

三、英文姓名學案例

例一：王雷根

英文姓名為Wang Reagan　中文姓名：王雷根

步驟一：轉換成大寫WANG REAGAN

步驟二：計算筆劃跟安排三才五格

天格10劃水

人格6劃土

地格18劃金

W	1
A	3
N	3
G	3
R	3
E	3
A	3
G	3
A	3
N	3

外格7劃＋外格15劃＝22劃木

天格：由W加到G為10劃水　人格：G加R為6劃土
地格：由R加到N為18劃金　總格：由W到N全部相加為28劃金
外格：由W加到N為7劃土，由E加到N為15劃，兩者相加為22劃木
步驟三：套入三才五格的架構來推斷
此姓名的格局為：
人格剋天格、人格生地格、外格剋人格、總格剋人格、地格生天格、地格剋外格、地格剋總格、總格生天格、外格剋天格、外格生總格。
步驟四：查閱相關資料、如前述六大姓名理論、或者陳哲毅姓名學相關書籍。

例二：林愛迪生

英文姓名為 Lin Edison 中文姓名：林愛迪生
步驟一：轉換成大寫 LIN EDISON
步驟二：計算筆劃跟安排三才五格

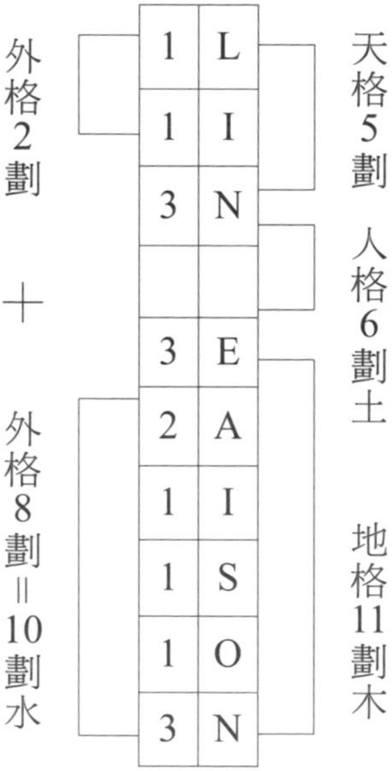

天格：由L加到N為5劃土　人格：N加E為6劃土

地格：由E加到N為11劃木　總格：由L到N全部相加為16劃土

外格：由L加到I為2劃，由A加到N為8劃，兩者相加為10劃水

步驟三：套入三才五格的架構來推斷

此姓名的格局為：

天格生人格、地格剋人格、人格剋外格、人格生總格、地格剋天格、外格生地格、地格剋總格、地格剋天格、天格剋外格、總格剋外格。

步驟四：查閱相關資料、如前述六大姓名理論、或者陳哲毅姓名學相關書籍。

例三：楊愛麗絲

英文姓名為 Yang Alice 中文姓名：楊愛麗絲

步驟一：轉換成大寫 YANG ALICE

步驟二：計算筆劃跟安排三才五格

天格5劃　人格6劃土　地格9劃木

Y	2
A	3
N	3
G	3
A	3
L	1
I	1
C	1
E	3

外格8劃 ＋ 外格6劃＝14劃火

天格：由Y加到G為11劃木　人格：G加A為6劃土

地格：由A加到E為9劃水　總格：由Y到E全部相加為20劃水

外格：由Y加到N為8劃金，由A加到E為6劃，兩者相加為14劃火

步驟三：套入三才五格的架構來推斷

此姓名的格局為：

天格剋人格、人格剋地格、人格生外格、人格剋總格、地格生天格、外格生地格、地格生總格、總格生天格、外格剋天格、外格生總格。

步驟四：查閱相關資料、如前述六大姓名理論、或者陳哲毅姓名學相關書籍。

例四：陳珍妮

英文姓名為 Chen Jenny 中文姓名：陳珍妮

步驟一：轉換成大寫 CHEN JENNY

步驟二：計算筆劃跟安排三才五格

天格10劃　人格5劃土　地格11劃木

C	1
H	3
E	3
N	3
J	2
E	3
N	3
N	3
Y	2

外格7劃　＋　外格11劃＝18劃金

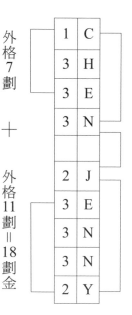

天格：由C加到N為10劃水　人格：N加J為5劃土
地格：由J加到Y為11劃木　總格：由C到Y全部相加為23劃火
外格：由C加到E為7劃，由E加到Y為11劃，兩者相加為18劃金
步驟三：套入三才五格的架構來推斷
此姓名的格局為：
人格剋天格、地格剋人格、人格生外格、總格生人格、天格生地格、外格剋地格、地格生總格、天格剋總格、外格生天格、總格剋外格。
步驟四：查閱相關資料、如前述六大姓名理論、或者陳哲毅姓名學相關書籍。

拾貳

日文姓名學

一、日文姓名學簡介

日本姓名學最早的起源，其實就是熊崎式發明的八十一劃數，他參考了中國蔡九峰的著作，並將易經中的概念翻譯為五行生剋、定三才五格，用於姓名之上來推斷人生的運勢起伏，然後再由白惠文傳入台灣，成為廣泛流行的姓名學，尤其是「五行順生為佳、相剋為差」跟「姓名筆劃逢四必凶」的理論，幾乎成為不可牴觸的禁忌。但隨著近年來生肖姓名學、九宮姓名學的興起，筆劃姓名學的熱潮稍退，但仍然是大家最為熟知的姓名理論。這裡介紹的日文姓名學，是以漢字為主要，以日文的算法為輔，一樣套入三才五格的理論，做不同層次的解析，來幫助大家瞭解算法，跟日文姓名學的基本概念。

二、日文姓名取用參考（藝人）

男子姓名		女子姓名	
千業涼平	二宮和也	千田愛紗	千　秋
大野智	小山慶一郎	大黑摩季	大塚愛
小川哲也	小田和正	小松未步	小柳由紀
小田和正	小池撤平	小野麗莎	山口百惠
小林桂	小室哲哉	川本眞琴	川島茉樹代
三宅建	中丸雄一	工藤靜香	上原多香子
中島卓偉	今井翼	中山亞微梨	中山美穗
內博貴	森田生田	中島千晶	中島美雪
平井堅	玉置浩二	中島美嘉	中森明菜
生田斗眞	田口淳之介	五島千佳	今井繪理子
伊崎右典	伊崎央登	元千歲	內田有紀
光永亮太	西川貴敎	友阪理惠	古谷仁美
尾崎豐	村上信五	加護亞依	市井紗耶香

杉原康弘	良知眞次	玉置成實	田中麗奈
赤西仁	和山義仁	矢井田瞳	石川梨華
剛田准一	河村隆一	吉田亞紀子	吉澤瞳
松本潤	近藤眞彥	宇多田光	安室奈美惠
長野博	長賴智也	安倍夏美	安達祐實
屋良朝幸	相葉雅紀	安藤希	米希亞
宮成俊太	桑田佳佑	佐藤梢	佐藤麻衣
神威樂斗	堂本光一	剛田有希子	岩崎宏美
堂本剛	鳥羽潤	林明日香	松田聖子
森田剛	新堂敦士	松任谷由實	松浦亞彌
福山雅治	續方龍一	松隆子	知念里奈
增山裕紀	德永英明	阿嘉奈津	前田亞季
橘慶太	錦戶亮	後藤眞希	持田眞樹
龜梨和也	鍵本輝	持田香織	柳井愛子
藤井郁彌	寶井秀人	相川七瀨	倉木麻衣
櫻井翔	武田鐵矢	島袋寬子	柴崎幸

三、日文姓名筆劃算法

日文範例解法

(一)複姓雙名

	小	3	
	室	9	12木
	哲	11	20水
木12	哉	9	20水
			32木

天格：3+9=12劃木　人格：9+11=20劃水　地格：11+9=20劃水

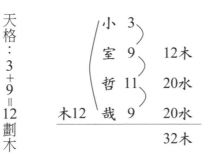

外格：3＋9＝12劃木　總格：3＋9＋11＋9＝32劃木

姓名格局簡易解釋：

人格生天格、人格比和地格、人格生外格、人格生總格、地格生天格、地格生外格、地格生總格、天格比和外格、外格生總格、天格生總格。若要深入的分析姓名，請參考前述六派姓名學相關資料，以及陳哲毅直斷式姓名學、比較式姓名學。

㈡複姓雙名

	堂	11		
	本	5	16	土
	光	6	11	木
木12	一	1	7	金
			23	火

天格：11＋5＝16劃土　人格：5＋6＝11劃木　地格：6＋1＝7劃金

外格：11＋1＝12劃木　總格：11＋5＋6＋1＝23劃火

姓名格局解釋：

人格剋天格、地格剋人格、人格生外格、人格生總格、天格生地格、地格剋外格、總格剋地格、外格剋天格、總格生天格、外格生總格。若要深入的分析姓名，請參考前述六派姓名學相關資料，以及陳哲毅直斷式姓名學、比較式姓名學。

㈢複姓單名

	三	3	
	宅	6	9 水
	健	11	17 金
火4		1	12 木
			21 木

天格：3＋6＝9劃水　人格：6＋11＝17劃金　地格：11＋1＝12劃木

外格：3＋1＝4劃火　總格：3＋6＋11＝20劃水

姓名格局解釋：

人格生天格、外格剋人格、人格剋地格、天格生地格、天格剋外格、地格生外格、天格生總格、人格剋總格、總格生地格、總格剋外格。若要深入的分析姓名，請參考前述六派姓名學相關資料，以及陳哲毅直斷式姓名學、比較式姓名學。

㈣單複姓雙名

	工	3	
	藤	22	25 土
	靜	16	38 金
木12	香	9	25 土
			50 水

天格：3＋22＝25劃土　人格：22＋16＝38劃　地格：16＋9＝25劃土

外格：3＋9＝12劃木　總格：3＋22＋16＋9＝50劃水

姓名格局解釋：

天格生人格、地格生人格、人格剋外格、天格生地格、外格剋天格、外格剋地格、天格剋總格、人格生總格、地格剋總格、總格生外格。若要深入的分析姓名，請參考前述六派姓名學相關資料，以及陳哲毅直斷式姓名學、比較式姓名學。

(五) 多複姓單名

	宇	6	
	多	5	17 金
木12	田	5	
	永	5	10 水
		1	6 土
			21 木

天格：6+5+6=17劃金　人格：5+5=10劃水　地格：5+1=6劃土

外格：6+5+1=12劃木　總格：6+5+5+5=21劃木

姓名格局解釋：

天格生人格、地格剋人格、人格生外格、地格生天格、天格剋外格、外格剋地格、天格剋總格、人格生總格、總格剋地格、總格生外格。若要深入的分析姓名，請參考前述六派姓名學相關資料，以及陳哲毅直斷式姓名學、比較式姓名學。

㈥單姓雙名

		1	
	米	6	7 金
	希	7	13 火
水9	亞	8	15 土
			21 木

天格：1＋7＝8劃金　人格：6＋7＝13劃火　地格：7＋8＝15劃土

外格：8＋1＝9劃水　總格：6＋7＋8＝21劃木

姓名格局解釋：

人格剋天格、人格生地格、外格剋人格、地格生天格、天格生外格、地格剋外格、天格剋總格、總格生人格、總格剋地格、外格生總格。若要深入的分析姓名，請參考前述六派姓名學相關資料，以及陳哲毅直斷式姓名學、比較式姓名學。

拾參

八字好壞天註定，唯有姓名來幫忙

前言

就八字學的理論來看，人的八字在呱呱落地的時候就以已經註定，而且一輩子都不會改變，也就是說八字是好就是好，是壞就是壞，但無論好壞都沒辦法用後天的方法再加以改變，貧富貴賤的階級都是如此，這就是一個人的宿命。但那是就以前的角度來觀察，就在很多父母親為了要讓孩子將來有所成就，而不依照原本順其自然的方式生產，用人為的方式來加以操作時間，還特地選擇跟「政商名流」相同八字，讓孩子能夠有個好的八字格局，將來能夠出人頭地，這原本無可厚非，不過人算不如天算，有些人還是常常會怨嘆，為什麼八字相同，命運卻不相同，到底是什麼緣故呢？其實最簡單的理由是，個人的八字本來就不是人生的全部，兩個人雖然八字相同，可是彼此的背景環境、成長過程、求學經歷、婚配嫁娶，一定都不盡相同，當然兩個人的命運也就大不相同。

當然有的人會問說，那麼八字不就失去準確度，幫孩子選擇良辰吉時不就白費工夫？

這個問題看你從哪個角度來看，如果說依照宿命的觀點來看，八字的命運若決定了，個人勢必只能照著趨勢度過人生，那麼個人活在世間的價值就沒有了，而且就事實的相同案例來判斷，也沒有人是完全一模一樣，所以說八字不代表全部，只代表推算福禍祿忌的方式罷了，是一個參考的標準。那麼八字是否對人生有所影響呢？答案當然是肯定的，用蓋房子來比喻的話，「八字」的天干地支就像是房子的基本材料，而「名字」就像設計藍圖，有材料不一定能蓋成好房子，可是沒材料一定不能蓋房子，而且要按照一定的規則來建築，不是說材料齊全就萬事俱備，還要好的設計藍圖來施工，不然會糟蹋了好材料。因此有好的八字需要配合適當的名字，才能飛黃騰達、更上一層樓，而較差的八字更是需要名字來補救，讓人生旅途不那麼坎坷，而怨嘆連連。因此良好的姓名的定義就是讓你把現有的基礎材料，建築出最適合的房子。

而且重要的是，先天的八字是無法改變的，但是後天的名字卻可以自由更換，掌控在自己手裡，因此不滿意自己的名字，可以重新改變更換，也可以改回原來的名字，沒有什麼太大的限制，姓名的改變對自己絕對有幫助，但重點在於名字三才五格的陰陽生剋的整體架構裡面，而不是單純的筆劃數，或是字形、字音、字義的關係，所以必須請教專業的姓名老師來更換姓名，才能達到開運轉變的效果，讓人生的旅程更加平順。

例一：蠟燭兩頭燒、辛苦不得閒

坤造民國三十二年五月九日午時

正印	癸未	正財	三辛未	四十三乙亥
七殺	庚午	傷官	十三壬申	五十三丙子
甲子	正印	二十三癸酉	六十三丁丑	
七殺	庚午	傷官	三十三甲戌	七十三戊寅

八字評斷

甲木日主生於夏月，正逢火旺木焚之際，最喜癸水通干為用，取「傷官配印格」主得權威之勢，印星得力，煞星虛浮無力，財來滋煞，一生必然有錢。

以她本身的八字來看，八字是天剋地沖而合少，乃為能者多勞之命格。這表示自己這一生當中，會有很多操心勞碌的事情，沒有辦法閒下來享福，在工作上會盡心盡力表現，但是太過於忙碌，恐怕需要做些休閒活動來調劑身心，或者多接近藝術宗教，來培養豁達的心情，或許能忙裡偷閒，減輕自己的壓力。

傷官得令來說是「傷官駕煞格」，這表示她凡事能逢凶化吉，正印透干可解厄制化，書云「眾煞猖狂，逢印可化」又云「有病方為貴，無傷不為奇，格中如去病，財祿兩相隨」七殺為病，印星為藥乃為貴顯，表示本身有幫夫運，能教養小孩，為持家的賢妻良母。但是八字裡面，甲木日主受庚金所剋，健康方面稍差，要注意腦神經衰弱，或者頭疼方面的疾病。

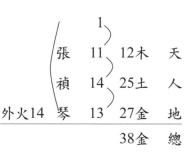

A.本名格局分析

還沒改名字之前，就她原本的格局來看，是天格剋人格、人格生地格、外格生人格、地格剋天格、外格剋地格、天格生外格。

		1		
	張	11	12木	天
	禎	14	25土	人
外火14	琴	13	27金	地
			38金	總

個性在家庭方面，格局是天格剋人格、人格生地格，表示自己很主動付出，很有責任感，常常閒不下來，而且管得太多太雜，常常花費相當的心力，可是不一定能做好事情，老公或子女有需要的話，還會為家人付出更多。事業財運方面，外格生人格、地格剋天格，雖然出外有點人緣，但自己好請求而被拖累，跟長官、老闆溝通上，自己比較不懂得包裝推銷，講話方面比較直接，若有衝突發生的話，表面上看起來會容忍，但若累積到相當程度，還是會將情緒爆發，造成有不可收拾的場面。錢財方面，外格剋總格，心裡想衝快，但卻很辛苦才能賺到。健康方面，由於姓名中地

格剋天格的緣故，經常性頭痛，失眠睡不著，使得精神狀況不佳，很容易胡思亂想，而有腦神經衰弱的現象。

B.更名後格局分析

		1		
	張	11	12木	天
	宜	8	19水	人
外金8	彤	7	15土	地
			26土	總

在改過名字之後，她的格局變成了人格生天格、地格剋人格、外格生人格、天格剋地格、地格生外格、外格剋天格。

個性在家庭方面，格局是人格生天格、地格剋人格，外格生人格，自己會比較不那麼操心勞累，能夠懂得看人家臉色，然後見機行事，做事情也比較細心，不會像之前一樣，什麼都要管要忙，卻理不出頭緒來。事業財運方面，地格生外格、天格剋地格，跟朋友的來往上，考慮得比較多，配偶比較有影響力，會尊重老公的意見，不會輕易承諾，而被拖累的機會減少，跟主管、老闆溝通上，自己變得能夠主動付出，盡心盡力在工作上，抱怨的機會減少，講話也比較委婉不那麼衝，相處氣氛很明顯的改善。健康方面，天格剋地格的緣故，頭痛的症狀減輕，甚至消失了，嚴重失眠的情況也改善不少，自己也比較容易靜下心來，思緒比較能夠清楚，不會再有疑神疑鬼的情況。

C.搭配八字整體比較

就此女姓八字來看，甲木日主應屬身弱，而且逢天沖地剋，為庚金剋甲木、子水沖午火，但是所走的時運很強，所遇到的助力多、貴人多，有不得不做的傾象，操心勞累就多，因此問題出在自己沒辦法休息，但不知道在忙什麼，想閒下來的話又經常擔心家裡的事情，因此心沒辦法靜下來，身體也很勞累。

搭配原本姓名來看，由於天格剋人格、人格生地格、外格生人格的關係，對家庭的付出很明顯的比較多，會比較囉嗦樣樣都想管，但是自己卻不夠細心，所以做得越多漏洞越多，以致於遭人嫌棄，但加上地格剋天格、外格剋地格、天格生外格，自己的脾氣很衝，比較不能忍耐被批評，別人的建議不一定能聽進去，所以這個姓名搭配八字來看，不是很理想，會加強操心勞累的程度，而且內心想法太過主觀強勢。

改過名字之後來搭配，變成人格生天格、地格剋人格、外格生人格，對家庭一樣付出，可是細膩度增加，懂得看情況來應對處理，辦事情妥當許多，摩擦衝突的機會就少，而天格剋地格、地格生外格、外格剋天格，自己的脾氣會比較收斂，而且比較不會那麼斤斤計較，凡事比較能看開，做事情會比較甘願。所以這個名字搭配八字來看，會比較適合，能增加本身的細膩程度，而降低出批漏的情況，作風也比較不會那麼強勢，想法不那麼極端，操心勞累的情況就減少。

例二：出外女大姊、交友要謹慎

坤造民國四十七年三月七日戌時

七殺　戊戌　七殺　七乙卯　四十七辛亥

偏財　丙辰　七殺　十七甲寅　五十七庚戌

壬申　偏印　二十七癸丑　六十七巳酉

偏印　庚戌　七殺　三十七壬子　七十七戊申

八字評斷

壬水日主生於季春，正逢春風得意之時，土星過旺，日主反弱，辰戌相沖，表示年輕時運勢不佳，波折較多，但庚金偏印透干為「煞印相生格」，代表有貴人相助，能獲得支助，自己能掌握權威，是標準的職場女強人，要過中、晚年以後，事業才能順暢。

以她本身的八字來看，七殺年月透干逢沖，在年輕的時候，容易交友不慎，惹上是非，尤其是男女感情方面，容易遇人不淑。但中、晚年以後，由於七殺猖狂，一印可化，七殺逢印變夫人，經過歷練之後，反倒能受人尊重敬仰。

壬申日主為「金神日」金神入火鄉，在判斷方面能果決迅速，但作風稍嫌強勢。八字裡面偏財逢沖，和父親的互動關係較少，親情緣分顯得較薄，又女命帶魁罡，為人聰明好學，個性剛毅果斷，是個獨立有主見的女性。但由於七殺偏重理想，有時候反倒不能現實考量，自己獨斷能力強，喜歡獨立經營生意事業。整體來看喜金水之運以發榮，忌行土運。

A. 本名格局分析

		1	
天	12木	11	范
人	23火	12	婷
地	27金	15	瑩	外土16
總	38金		

還沒改名字之前，就她原本的格局來看，天格生人格、人格剋地格、人格生外格、地格剋天格、外格生地格、天格剋外格。

個性在家庭方面，姓名當中天格生人格、人格剋地格、人格生外格，小時後父母通常很溺愛，有被寵壞的味道，做什麼事情都不考慮後果，硬要逞強去做，主觀意識強烈，旁邊的人都沒辦法影響，經常被朋友拖著走而吃上虧，結婚後，跟老公爭執的機會多，家庭氣氛不和諧。事業財運方面，人格剋地格、外格生地格、地格剋天格，出外對朋友不錯，很活潑好動，所以頗有人緣，但是做決定的時候太過衝動，很容易掉入陷阱當中，尤其是男女感情方面。跟老闆、主管的溝通上，若跟自己想法相左的話，會敢當面反駁，而且容易堅持己見，造成彼此尷尬的局面，貴人運就減弱不少。健康方面，自己頭部容易受傷，加上個性比較急躁，愛冒險求刺激，出外很容易有意外災害發生，經常有血光之災的現象。

B.更名後格局分析

		1		
天	12木	11	范	
人	25土	14	瑜	
地	26土	12	琇	外火13
總	37金			

在改過名字之後，她的格局變成了天格剋人格、人格生地格、外格生人格、天格剋地格、外格生地格、天格生外格。

個性在家庭方面，天格剋人格、人格生地格、外格生人格，自己不像之前那麼固執己見，跟家人的相處上，口氣會比較溫和，懂得替人家著想，事情在做決定時，人家的建議會聽得進去，懂得適時反省，跟老公的關係也變得親密，可以放下身段跟老公溝通商量。事業財運方面，人格生地格、天格剋地格、外格生地格，在朋友交往上，會比較有所以選擇，也不那麼好面子充排場，懂得自我節制有分寸，錢財比較容易守得住。跟老闆、主管的溝通上，不會在當面反駁意見，口氣也比較婉轉，會先評估情況之後，事後再跟主管討論，表達自己的想法。健康方面，自己的脾氣不像以前那麼暴躁，開快車或喝悶酒的機會就少，意外災害就減少，也懂得找人訴說心裡的話，懂得找人幫忙，就不容易出問題。

C.搭配八字整體比較

就此女姓八字來看，壬水日主應屬身強，剋我者官殺多，自己的負擔會比較重，相對的在感情上會比較有波折，不容易安定下來，但事業上由於有貴人相助，自己又很果決，能擔當重任，會比較理想，但對於婚配上較為不利。

搭配原本姓名來看，天格生人格、人格剋地格、人格生外格、地格剋天格、外格生地格、天格剋外格，自己的膽量會比較大，而且脾氣會比較強勢，對朋友非常的照顧，但是往往沒有考慮到自身的情況，很容易因為重義氣而吃虧，感情上也是如此，付出總大於回饋。而且事業心重，照顧家庭的機會就少，出外交際應酬多，錢財相對的也存不住。因此搭配八字來看，不是很理想，會增加衝動的機會，突顯自己的意氣用事，在判斷上比較不明理，而且對家庭的照顧上來看，責任感少了許多，跟配偶的相處也較差。

改過名字之後來搭配，天格剋人格、人格生地格、外格生人格、天格剋地格、外格生地格、天格生外格。自己在脾氣上不會那麼強勢，而且懂得替家裡操心勞累，凡事做決定前會先考慮仔細，不會輕易答應承諾，對朋友的態度會比較被動，到處去交際應酬的機會就少，因為有時間可以冷靜思考，判斷上會比較周全。這個名字搭配八字來看，會比較適合，能夠減少自己主觀意識，比較能夠替他人著想，付出在家人身上的時間多，跟配偶相處上會比較親密，家庭氣氛比較和諧。

拾肆

直斷式姓名學之吉格畫數配合

二畫之姓

姓氏： 丁力刀刁匕卜乃

姓名之吉格畫數配合

18 [1 2 10 17] 3 12 27 / 29	9 [1 2 10 8] 3 12 18 / 20	6 [1 2 16 5] 3 8 21 / 23	6 [1 2 6 5] 3 8 11 / 13
19 [1 2 10 18] 3 12 28 / 30	8 [1 2 10 7] 3 12 17 / 19	16 [1 2 16 15] 3 18 31 / 33	16 [1 2 6 15] 3 8 21 / 23
18 [1 2 20 17] 3 22 37 / 39	9 [1 2 20 8] 3 22 28 / 30	17 [1 2 16 16] 3 18 32 / 34	17 [1 2 6 16] 3 8 22 / 24
19 [1 2 20 18] 3 22 38 / 40	8 [1 2 20 7] 3 22 27 / 29	14 [1 2 14 13] 3 16 27 / 29	13 [1 2 14 12] 3 6 26 / 28

※取名要訣①凶數不是凶、吉數難言為吉、吉數中有生無化為大凶、吉數中有生恐不富也無貴、吉數中過多恐藏凶、凶數中有制為不貴則富、凶數中有生有制不富也來貴。

（再配合八字喜忌）

畫數	三畫之姓			
姓氏	于干弓子万 土川女上山 大丈勺千士			
姓名之吉格畫數配合	7 [1, 3, 5, 6] 4, 8, 11 總 14	17 [1, 3, 25, 16] 4, 28, 41 總 44	22 [1, 3, 20, 21] 4, 23, 41 總 44	10 [1, 3, 18, 9] 4, 21, 27 總 30
	7 [1, 3, 15, 6] 4, 18, 21 總 24	12 [1, 3, 10, 11] 4, 13, 21 總 24	14 [1, 3, 12, 13] 4, 15, 25 總 28	20 [1, 3, 18, 19] 4, 21, 37 總 40
	17 [1, 3, 15, 16] 4, 18, 31 總 34	12 [1, 3, 20, 11] 4, 23, 31 總 34	14 [1, 3, 22, 13] 4, 25, 35 總 38	13 [1, 3, 10, 12] 4, 13, 22 總 25
	7 [1, 3, 25, 6] 4, 28, 31 總 34	22 [1, 3, 10, 21] 4, 13, 31 總 34	24 [1, 3, 22, 23] 4, 25, 45 總 48	13 [1, 3, 20, 12] 4, 23, 32 總 35

※取名要訣②五行變化之關係，都喜用相生來構成，其實經筆者研究結論，相生多不是喜，多剋不是剋，有生無剋才不利，被生多無化才大凶，有剋無生凶中一定藏吉，要應用全局演化，否則只有徒增困惱或不吉。（要再配合八字喜忌）

畫數	四畫之姓			
姓氏	孔戈毛方卞 巴勾任牛水 犬尤文尹元 支公仇			
姓名之吉格畫數配合	15 [1, 4, 12, 14] 5, 16, 26 30	13 [1, 4, 10, 12] 5, 14, 22 26	8 [1, 4, 6, 7] 5, 10, 13 17	20 [1, 4, 20, 19] 5, 24, 39 43
	15 [1, 4, 13, 14] 5, 17, 27 31	14 [1, 4, 10, 13] 5, 14, 23 27	8 [1, 4, 16, 7] 5, 20, 23 27	20 [1, 4, 10, 19] 5, 14, 29 33
	6 [1, 4, 13, 5] 5, 17, 18 22	13 [1, 4, 20, 12] 5, 24, 32 36	18 [1, 4, 16, 17] 5, 20, 33 37	15 [1, 4, 22, 14] 5, 26, 36 40
	16 [1, 4, 13, 15] 5, 17, 28 32	14 [1, 4, 20, 13] 5, 24, 33 37	18 [1, 4, 6, 17] 5, 10, 23 27	16 [1, 4, 23, 15] 5, 27, 38 42

※取名要訣①凶數不是凶、吉數難言為吉、吉數中有生無化為大凶、吉數中有生恐不富也無貴、吉數中過多恐藏凶、凶數中有制為不貴則富、凶數中有生有制不富也來貴。

（再配合八字喜忌）

畫數	五畫之姓			
姓氏	王丘包冉古　卡石井平左　皮甘田申台　史司白由永			
姓名之吉格畫數配合	7 [1 5 12 6] 6 17 18 — 23	5 [1 5 20 4] 6 25 24 — 29	4 [1 5 10 3] 6 15 13 — 18	9 [1 5 5 8] 6 10 13 — 18
	7 [1 5 22 6] 6 27 28 — 33	5 [1 5 10 4] 6 15 14 — 19	14 [1 5 10 13] 6 15 23 — 28	9 [1 5 15 8] 6 20 23 — 28
	17 [1 5 12 16] 6 17 28 — 33	15 [1 5 20 14] 6 25 34 — 39	14 [1 5 20 13] 6 25 33 — 38	19 [1 5 15 18] 6 20 33 — 38
	17 [1 5 22 16] 6 27 38 — 43	15 [1 5 10 14] 6 15 24 — 29	4 [1 5 20 3] 6 25 23 — 28	13 [1 5 18 12] 6 23 30 — 35

※取名要訣②五行變化之關係，都喜用相生來構成，其實經筆者研究結論，相生多不是喜，多剋不是剋，有生無剋才不利，被生多無化才大凶，有剋無生凶中一定藏吉，要應用全局演化，否則只有徒增困惱或不吉。（要再配合八字喜忌）

六畫之姓				畫數
匡朱朴年米 羊安曲西臣 任伍吉牟衣 多				姓氏
11 [1 6 16 10] 7 22 26 32	10 [1 6 6 9] 7 12 15 21	17 [1 6 12 16] 7 18 28 34	9 [1 6 4 8] 7 10 12 18	姓名之吉格畫數配合
21 [1 6 16 20] 7 22 36 42	10 [1 6 16 9] 7 22 25 31	27 [1 6 12 26] 7 18 38 44	19 [1 6 14 18] 7 20 32 38	
11 [1 6 6 10] 7 12 16 22	20 [1 6 6 19] 7 12 25 31	18 [1 6 13 17] 7 19 30 36	13 [1 6 10 12] 7 16 22 28	
21 [1 6 6 20] 7 12 26 32	20 [1 6 16 19] 7 22 35 41	19 [1 6 14 18] 7 20 32 38	13 [1 6 20 12] 7 26 32 38	

※取名要訣①凶數不是凶、吉數難言為吉、吉數中有生無化為大凶、吉數中有生恐不富也無貴、吉數中過多恐藏凶、凶數中有制為不貴則富、凶數中有生有制不富也來貴。

（再配合八字喜忌）

畫數	七畫之姓			
姓氏	冷利余邵何 岑巫成宋完 孚呂吳谷李 江池杜束車 兵貝辛			
姓名之吉格畫數配合	1, 7, 5, 10 8, 12, 15 11 22	1, 7, 15, 20 8, 22, 35 21 42	1, 7, 8, 23 8, 15, 31 24 38	1, 7, 20, 5 8, 27, 25 6 32
	1, 7, 15, 10 8, 22, 25 11 32	1, 7, 8, 14 8, 15, 22 15 29	1, 7, 12, 18 8, 19, 30 19 37	1, 7, 20, 6 8, 27, 26 7 33
	1, 7, 5, 20 8, 12, 25 21 32	1, 7, 8, 13 8, 15, 21 14 28	1, 7, 12, 8 8, 19, 20 9 27	1, 7, 14, 8 8, 21, 22 9 29
	1, 7, 4, 8 8, 11, 12 9 19	1, 7, 18, 14 8, 25, 32 15 39	1, 7, 22, 18 8, 29, 40 19 47	1, 7, 14, 18 8, 21, 32 19 39

※取名要訣②五行變化之關係，都喜用相生來構成，其實經筆者研究結論，相生多不是喜，多剋不是剋，有生無剋才不利，被生多無化才大凶，有剋無生凶中一定藏吉，要應用全局演化，否則只有徒增困惱或不吉。（要再配合八字喜忌）

畫數	八畫之姓			
姓氏	周沙明於東 易岳武果屈 季官金房林 汪沈艾狄卓 來宗孟尚			
姓名之吉格畫數配合	14 [1, 8, 20, 13] 9 / 28 / 33 = 41	22 [1, 8, 6, 21] 9 / 14 / 27 = 35	8 [1, 8, 20, 7] 9 / 28 / 27 = 35	13 [1, 8, 6, 12] 9 / 14 / 18 = 26
	8 [1, 8, 10, 7] 9 / 18 / 17 = 25	22 [1, 8, 16, 21] 9 / 24 / 37 = 45	18 [1, 8, 20, 17] 9 / 28 / 37 = 45	13 [1, 8, 16, 12] 9 / 24 / 28 = 36
	18 [1, 8, 10, 17] 9 / 18 / 27 = 35	19 [1, 8, 12, 18] 9 / 20 / 30 = 38	12 [1, 8, 6, 11] 9 / 14 / 17 = 25	23 [1, 8, 6, 22] 9 / 14 / 28 = 36
	18 [1, 8, 20, 17] 9 / 28 / 37 = 45	19 [1, 8, 22, 18] 9 / 30 / 40 = 48	12 [1, 8, 16, 11] 9 / 24 / 27 = 35	23 [1, 8, 16, 22] 9 / 24 / 38 = 46

※取名要訣①凶數不是凶、吉數難言為吉、吉數中有生無化為大凶、吉數中有生恐不富也無貴、吉數中過多恐藏凶、凶數中有制為不貴則富、凶數中有生有制不富也來貴。

（再配合八字喜忌）

畫數	九畫之姓			
姓氏	南哈秦姚姜 保俞侯柯柳 柴段宣封帥 韋紀查施禹 計風			
姓名之吉格畫數配合	1 10 9 14 3 5 7 2 16	1 10 9 24 23 15 37 22 46	1 10 9 27 7 18 24 6 33	1 10 9 23 11 14 24 10 33
	1 10 9 14 13 5 17 12 26	1 10 9 31 11 22 32 10 41	1 10 9 21 21 12 32 20 41	1 10 9 23 21 14 34 20 43
	1 10 9 14 23 5 27 22 36	1 10 9 29 19 20 38 18 47	1 10 9 31 21 22 42 20 51	1 10 9 25 17 18 34 16 43
	1 10 9 24 13 15 27 12 36	1 10 9 27 6 18 23 5 32	1 10 9 13 11 4 14 10 23	1 10 9 27 27 18 44 26 53

※取名要訣②五行變化之關係，都喜用相生來構成，其實經筆者研究結論，相生多不是喜，多剋不是剋，有生無剋才不利，被生多無化才大凶，有剋無生凶中一定藏吉，要應用全局演化，否則只有徒增困惱或不吉。（要再配合八字喜忌）

畫數	十畫之姓			
姓氏	唐孫容師留 晏晁時栗徐 恭烏皋花祖 秦袁高洪倪 席凌夏宮殷 晉奚馬祝翁 耿涂			
姓名之吉格畫數配合	15 [1, 10, 12, 14] 11, 22, 26 36	14 [1, 10, 6, 13] 11, 16, 19 29	25 [1, 10, 16, 24] 11, 26, 40 50	23 [1, 10, 14, 22] 11, 24, 36 46
	5 [1, 10, 12, 4] 11, 22, 16 26	14 [1, 10, 16, 13] 11, 26, 29 39	15 [1, 10, 6, 14] 11, 16, 20 30	13 [1, 10, 24, 12] 11, 34, 36 46
	15 [1, 10, 22, 14] 11, 32, 36 46	24 [1, 10, 16, 23] 11, 26, 39 49	25 [1, 10, 6, 24] 11, 16, 30 40	13 [1, 10, 4, 12] 11, 14, 16 26
	25 [1, 10, 22, 24] 11, 32, 46 56	15 [1, 10, 16, 14] 11, 26, 30 40	13 [1, 10, 14, 12] 11, 24, 26 36	23 [1, 10, 24, 22] 11, 34, 46 56

※取名要訣①凶數不是凶、吉數難言為吉、吉數中有生無化為大凶、吉數中有生恐不富也無貴、吉數中過多恐藏凶、凶數中有制為不貴則富、凶數中有生有制不富也來貴。

（再配合八字喜忌）

數畫	十一畫之姓			
姓氏	乾參區商國 畢崔常梅戚 康張邢那苗 范符胡麥鹿 曹英許梁章 婁海粘尉			
姓名之吉格畫數配合	13 [1, 11, 14, 12] 12, 25, 26 — 37	5 [1, 11, 5, 4] 12, 16, 9 — 20	25 [1, 11, 15, 24] 12, 26, 39 — 50	9 [1, 11, 8, 8] 12, 19, 16 — 27
	23 [1, 11, 14, 22] 12, 25, 36 — 47	15 [1, 11, 15, 14] 12, 26, 29 — 40	11 [1, 11, 20, 10] 12, 21, 30 — 41	9 [1, 11, 18, 8] 12, 29, 26 — 37
	13 [1, 11, 24, 12] 12, 35, 36 — 47	5 [1, 11, 15, 4] 12, 26, 19 — 30	11 [1, 11, 10, 10] 12, 21, 20 — 31	19 [1, 11, 18, 18] 12, 29, 36 — 47
	23 [1, 11, 24, 22] 12, 35, 46 — 57	15 [1, 11, 5, 14] 12, 16, 19 — 30	21 [1, 11, 20, 20] 12, 31, 40 — 51	10 [1, 11, 10, 9] 12, 21, 19 — 30

※取名要訣②五行變化之關係，都喜用相生來構成，其實經筆者研究結論，相生多不是喜，多剋不是剋，有生無剋才不利，被生多無化才大凶，有剋無生凶中一定藏吉，要應用全局演化，否則只有徒增困惱或不吉。（要再配合八字喜忌）

數畫	十二畫之姓			
姓氏	堯彭屠欽曾　斐買費荊虞　覃盛童粟辜　邱邵阮馮黃　黑雲項焦傅　程賀郃祁單　喬甯舒			
姓名之吉格畫數配合	1, 12, 14, 14 / 13, 26, 28 / 15 / 40	1, 12, 23, 5 / 13, 35, 28 / 6 / 40	1, 12, 6, 15 / 13, 18, 21 / 16 / 33	1, 12, 6, 16 / 13, 18, 22 / 17 / 34
	1, 12, 14, 4 / 13, 26, 18 / 5 / 30	1, 12, 23, 14 / 13, 35, 37 / 15 / 49	1, 12, 16, 5 / 13, 28, 21 / 6 / 33	1, 12, 10, 17 / 13, 22, 27 / 18 / 39
	1, 12, 13, 5 / 13, 25, 18 / 6 / 30	1, 12, 6, 5 / 13, 18, 11 / 6 / 23	1, 12, 16, 16 / 13, 28, 32 / 17 / 44	1, 12, 20, 17 / 13, 32, 37 / 18 / 49
	1, 12, 13, 15 / 13, 25, 28 / 16 / 40	1, 12, 16, 15 / 13, 28, 31 / 16 / 43	1, 12, 16, 6 / 13, 28, 22 / 7 / 34	1, 12, 10, 21 / 13, 22, 31 / 22 / 43

※取名要訣①凶數不是凶、吉數難言為吉、吉數中有生無化為大凶、吉數中有生恐不富也無貴、吉數中過多恐藏凶、凶數中有制為不貴則富、凶數中有生有制不富也來貴。

（再配合八字喜忌）

數畫	十三畫之姓			
姓氏	塗楊楚游雷 靳農莊莫詹 解虞賈裘路 湯郁			
姓名之吉格畫數配合	7 [1 13 5 6] 14 18 11 24	15 [1 13 12 14] 14 25 26 39	25 [1 13 12 24] 14 25 36 49	11 [1 13 18 10] 14 31 28 41
	7 [1 13 15 6] 14 28 21 34	15 [1 13 22 14] 14 35 36 49	20 [1 13 18 19] 14 31 37 50	21 [1 13 18 20] 14 31 38 51
	17 [1 13 15 16] 14 28 31 44	5 [1 13 12 4] 14 25 16 29	12 [1 13 10 11] 14 23 21 34	12 [1 13 20 11] 14 33 31 44
	17 [1 13 25 16] 14 38 41 54	5 [1 13 22 4] 14 35 26 39	13 [1 13 10 12] 14 23 22 35	13 [1 13 20 12] 14 33 32 45

※取名要訣②五行變化之關係，都喜用相生來構成，其實經筆者研究結論，相生多不是喜，多剋不是剋，有生無剋才不利，被生多無化才大凶，有剋無生凶中一定藏吉，要應用全局演化，否則只有徒增困惱或不吉。（要再配合八字喜忌）

數畫	十四畫之姓
姓氏	廖熊甄臺華 裴趙連郎溫 郝齊翟滕郜 榮管端聞銀 寧壽賓

姓名之吉格畫數配合

9 [1, 14, 6, 8] 15, 20, 14 — 28	8 [1, 14, 16, 7] 15, 30, 23 — 37	16 [1, 14, 22, 15] 15, 36, 37 — 51	10 [1, 14, 20, 9] 15, 34, 29 — 43
9 [1, 14, 16, 8] 15, 30, 24 — 38	18 [1, 14, 16, 17] 15, 30, 33 — 47	6 [1, 14, 12, 5] 15, 26, 17 — 31	20 [1, 14, 20, 19] 15, 34, 39 — 53
19 [1, 14, 16, 18] 15, 30, 34 — 48	18 [1, 14, 6, 17] 15, 20, 23 — 37	6 [1, 14, 22, 5] 15, 36, 27 — 41	14 [1, 14, 20, 13] 15, 34, 33 — 47
8 [1, 14, 6, 7] 15, 20, 13 — 27	16 [1, 14, 12, 15] 15, 26, 27 — 41	26 [1, 14, 22, 25] 15, 36, 47 — 61	24 [1, 14, 20, 23] 15, 34, 43 — 57

※取名要訣①凶數不是凶、吉數難言為吉、吉數中有生無化為大凶、吉數中有生恐不富也無貴、吉數中過多恐藏凶、凶數中有制為不貴則富、凶數中有生有制不富也來貴。

（再配合八字喜忌）

數畫	十五畫之姓			
姓氏	墨樂童郭黎 劉葉歐萬葛 魯樊樓厲談 鞏練標			
姓名之吉格畫數配合	17 [1, 15, 12, 16] 16, 27, 28 43	15 [1, 15, 10, 14] 16, 25, 24 39	24 [1, 15, 20, 23] 16, 35, 43 58	23 [1, 15, 18, 22] 16, 33, 40 55
	7 [1, 15, 12, 6] 16, 27, 18 33	15 [1, 15, 20, 14] 16, 35, 34 49	4 [1, 15, 20, 3] 16, 35, 23 38	9 [1, 15, 15, 8] 16, 30, 23 38
	7 [1, 15, 22, 6] 16, 37, 28 43	5 [1, 15, 20, 4] 16, 35, 24 39	4 [1, 15, 10, 3] 16, 25, 13 28	19 [1, 15, 15, 18] 16, 30, 33 48
	17 [1, 15, 22, 16] 16, 37, 38 53	14 [1, 15, 10, 13] 16, 25, 23 38	13 [1, 15, 18, 12] 16, 33, 30 45	19 [1, 15, 5, 18] 16, 20, 23 38

※取名要訣②五行變化之關係，都喜用相生來構成，其實經筆者研究結論，相生多不是喜，多剋不是剋，有生無剋才不利，被生多無化才大凶，有剋無生凶中一定藏吉，要應用全局演化，否則只有徒增困惱或不吉。（要再配合八字喜忌）

畫數	十六畫之姓			
姓氏	衛陳陸霍賴 龍陶潘盧錢 駱穆鄂閻鮑			
姓名之吉格畫數配合	8 [1 16 13 7] 17 29 20 36	9 [1 16 14 8] 17 30 22 38	10 [1 16 16 9] 17 32 25 41	21 [1 16 6 20] 17 22 26 42
	8 [1 16 23 7] 17 39 30 46	19 [1 16 14 18] 17 30 32 48	20 [1 16 16 19] 17 32 35 51	11 [1 16 6 10] 17 22 16 32
	18 [1 16 13 17] 17 29 30 46	19 [1 16 4 18] 17 20 22 38	11 [1 16 16 10] 17 32 26 42	16 [1 16 20 15] 17 36 35 51
	9 [1 16 24 8] 17 40 32 48	10 [1 16 6 9] 17 22 15 31	21 [1 16 16 20] 17 32 36 52	13 [1 16 20 12] 17 36 32 48

※取名要訣①凶數不是凶、吉數難言為吉、吉數中有生無化為大凶、吉數中有生恐不富也無貴、吉數中過多恐藏凶、凶數中有制為不貴則富、凶數中有生有制不富也來貴。

（再配合八字喜忌）

畫數	十七畫之姓			
姓氏	蔡蔣韓鄒鄔 謝鍾應繆陽 隋勵翼			
姓名之吉格畫數配合	15 [1 17 18 14] 18 35 32 — 49	19 [1 17 22 18] 18 39 40 — 57	21 [1 17 5 20] 18 22 25 — 42	11 [1 17 21 10] 18 38 31 — 48
	15 [1 17 8 14] 18 25 22 — 39	11 [1 17 5 10] 18 22 15 — 32	5 [1 17 18 4] 18 35 22 — 39	19 [1 17 22 18] 18 39 40 — 57
	17 [1 17 20 16] 18 37 36 — 53	11 [1 17 15 10] 18 32 25 — 42	7 [1 17 20 6] 18 37 26 — 43	21 [1 17 21 20] 18 38 41 — 58
	19 [1 17 12 18] 18 29 30 — 47	21 [1 17 15 20] 18 32 35 — 52	11 [1 17 11 10] 18 28 21 — 38	9 [1 17 12 8] 18 29 20 — 37

※取名要訣②五行變化之關係，都喜用相生來構成，其實經筆者研究結論，相生多不是喜，多剋不是剋，有生無剋才不利，被生多無化才大凶，有剋無生凶中一定藏吉，要應用全局演化，否則只有徒增困惱或不吉。（要再配合八字喜忌）

畫數	十八畫之姓
姓氏	魏簡蕭顏戴 闕儲鄞聶豐 睢董璩

姓名之吉格畫數配合

外格	筆畫	天格・人格・地格	總格
12	1・18・6・11	19・24・17	35
13	1・18・6・12	19・24・18	36
11	1・18・14・10	19・32・24	42
24	1・18・20・23	19・38・43	61
12	1・18・16・11	19・34・27	45
13	1・18・16・12	19・34・28	46
21	1・18・14・20	19・32・34	52
8	1・18・20・7	19・38・27	45
22	1・18・16・21	19・34・37	55
23	1・18・16・22	19・34・38	56
21	1・18・4・20	19・22・24	42
18	1・18・20・17	19・38・37	45
22	1・18・6・21	19・24・27	45
11	1・18・4・10	19・22・14	32
14	1・18・20・13	19・38・33	51
18	1・18・10・17	19・28・27	45

※取名要訣①凶數不是凶、吉數難言為吉、吉數中有生無化為大凶、吉數中有生恐不富也無貴、吉數中過多恐藏凶、凶數中有制為不貴則富、凶數中有生有制不富也來貴。

（再配合八字喜忌）

畫數	十九畫之姓			
姓氏	龐譙鄧關薄 鄭薛譚			
姓名之吉格畫數配合	13 [1 19 5 12] 20 24 17 36	11 [1 19 4 10] 20 23 14 33	17 [1 19 18 16] 20 37 34 53	11 [1 19 12 10] 20 31 22 41
	23 [1 19 5 22] 20 24 27 46	21 [1 19 4 20] 20 23 24 43	7 [1 19 18 6] 20 37 24 43	11 [1 19 22 10] 20 41 32 51
	13 [1 19 15 12] 20 34 27 46	11 [1 19 14 10] 20 33 24 43	9 [1 19 10 8] 20 29 18 37	21 [1 19 22 20] 20 41 42 61
	23 [1 19 15 22] 20 34 37 56	21 [1 19 14 20] 20 33 34 53	19 [1 19 10 18] 20 29 28 47	21 [1 19 12 20] 20 31 32 51

※取名要訣②五行變化之關係，都喜用相生來構成，其實經筆者研究結論，相生多不是喜，多剋不是剋，有生無剋才不利，被生多無化才大凶，有剋無生凶中一定藏吉，要應用全局演化，否則只有徒增困惱或不吉。（要再配合八字喜忌）

畫數	廿畫之姓			
姓氏	竇繼羅嚴藍 鐘闞釋爐			
姓名之吉格畫數配合	15 [1, 20, 6, 14] 21, 26, 20 40	24 [1, 20, 6, 23] 21, 26, 29 49	25 [1, 20, 16, 24] 21, 36, 40 60	10 [1, 20, 10, 9] 21, 30, 19 39
	15 [1, 20, 16, 14] 21, 36, 30 50	24 [1, 20, 16, 23] 21, 36, 39 59	16 [1, 20, 20, 15] 21, 40, 35 55	15 [1, 20, 12, 14] 21, 32, 26 46
	14 [1, 20, 6, 13] 21, 26, 19 39	5 [1, 20, 6, 4] 21, 26, 10 30	16 [1, 20, 10, 15] 21, 30, 25 45	15 [1, 20, 22, 14] 21, 42, 36 56
	14 [1, 20, 16, 13] 21, 36, 29 49	25 [1, 20, 6, 24] 21, 26, 30 50	6 [1, 20, 20, 5] 21, 40, 25 45	5 [1, 20, 12, 4] 21, 32, 16 36

※取名要訣①凶數不是凶、吉數難言為吉、吉數中有生無化為大凶、吉數中有生恐不富也無貴、吉數中過多恐藏凶、凶數中有制為不貴則富、凶數中有生有制不富也來貴。

（再配合八字喜忌）

畫數	廿一畫之姓			
姓氏	顧饒鐵續			
姓名之吉格畫數配合	5 [1, 21, 11, 4] 22, 32, 15 36	23 [1, 21, 14, 22] 22, 35, 36 57	15 [1, 21, 15, 14] 22, 36, 29 50	9 [1, 21, 18, 8] 22, 39, 26 47
	15 [1, 21, 11, 14] 22, 32, 25 46	13 [1, 21, 4, 12] 22, 25, 16 37	15 [1, 21, 5, 14] 22, 26, 19 40	19 [1, 21, 18, 18] 22, 39, 36 57
	25 [1, 21, 11, 24] 22, 32, 35 56	23 [1, 21, 4, 22] 22, 25, 26 47	25 [1, 21, 15, 24] 22, 36, 39 60	11 [1, 21, 10, 10] 22, 31, 20 41
	13 [1, 21, 14, 12] 22, 35, 26 47	5 [1, 21, 5, 4] 22, 26, 9 30	9 [1, 21, 8, 8] 22, 29, 16 37	11 [1, 21, 20, 10] 22, 41, 30 51

※取名要訣②五行變化之關係，都喜用相生來構成，其實經筆者研究結論，相生多不是喜，多剋不是剋，有生無剋才不利，被生多無化才大凶，有剋無生凶中一定藏吉，要應用全局演化，否則只有徒增困惱或不吉。（要再配合八字喜忌）

畫數	廿二畫之姓			
姓氏	藺蘇龔邊			
姓名之吉格畫數配合	15 [1, 22, 4, 14] 23, 26, 18 — 40	6 [1, 22, 16, 5] 23, 38, 21 — 43	18 [1, 22, 10, 17] 23, 32, 27 — 49	6 [1, 22, 6, 5] 23, 28, 11 — 33
	25 [1, 22, 14, 24] 23, 36, 38 — 60	16 [1, 22, 6, 15] 23, 28, 21 — 43	18 [1, 22, 20, 17] 23, 42, 37 — 59	12 [1, 22, 10, 11] 23, 32, 21 — 43
	15 [1, 22, 14, 14] 23, 36, 28 — 50	16 [1, 22, 16, 15] 23, 38, 31 — 53	17 [1, 22, 6, 16] 23, 28, 22 — 44	12 [1, 22, 20, 11] 23, 42, 31 — 53
	15 [1, 22, 24, 14] 23, 46, 38 — 60	7 [1, 22, 16, 6] 23, 38, 22 — 44	17 [1, 22, 16, 16] 23, 38, 32 — 54	22 [1, 22, 20, 21] 23, 42, 41 — 63

※取名要訣①凶數不是凶、吉數難言為吉、吉數中有生無化為大凶、吉數中有生恐不富也無貴、吉數中過多恐藏凶、凶數中有制為不貴則富、凶數中有生有制不富也來貴。

（再配合八字喜忌）

畫數	廿三畫之姓			
姓氏	蘭欒顯			
姓名之吉格畫數配合	7 [1, 23, 5, 6] [24, 28, 11] 34	5 [1, 23, 12, 4] [24, 35, 16] 39	21 [1, 23, 8, 20] [24, 31, 28] 51	7 [1, 23, 5, 6] [24, 28, 11] 34
	15 [1, 23, 12, 14] [24, 35, 26] 49	12 [1, 23, 10, 11] [24, 33, 21] 44	21 [1, 23, 18, 20] [24, 41, 38] 61	17 [1, 23, 5, 16] [24, 28, 21] 44
	7 [1, 23, 15, 6] [24, 38, 21] 44	12 [1, 23, 20, 11] [24, 43, 31] 54	7 [1, 23, 15, 6] [24, 38, 21] 44	20 [1, 23, 18, 19] [24, 41, 37] 60
	15 [1, 23, 22, 14] [24, 45, 36] 59	22 [1, 23, 20, 21] [24, 43, 41] 64	17 [1, 23, 15, 16] [24, 38, 31] 54	20 [1, 23, 8, 19] [24, 31, 27] 50

※取名要訣②五行變化之關係，都喜用相生來構成，其實經筆者研究結論，相生多不是喜，多剋不是剋，有生無剋才不利，被生多無化才大凶，有剋無生凶中一定藏吉，要應用全局演化，否則只有徒增困惱或不吉。（要再配合八字喜忌）

拾伍

附錄

附錄(一)：正確筆劃數之說明

文字部首

- 扌（手），提手旁，以手字為四劃，例：提（13）、挑（10）、打（6）。
- 忄（心），立心旁，以心字為四劃。例：愉（13）、恬（10）、悅（11）。
- 氵（水），三點水，以水字為四劃。例：湘（13）、洪（10）、淨（12）、法（9）
- 犭（犬），秉犬旁，以犬字為四劃。例：猶（13）、狠（10）、猿（14）、猛（12）。
- 礻（示），半禮旁，以示字為五劃。例：禎（14）、祥（11）、祺（13）。
- 王（玉），玉字旁，以玉字為五劃。例：瑞（14）、珠（11）、理（7）、玲（10）
- 艹（艸），草字頭，以艸字為六劃。例：萬（15）、草（12）、芝（10）、蓉（16）。
- 衤（衣），半衣旁，以衣字為六劃。例：褐（15）、袱（11）、裕（13）、裴（14）。
- 月（肉），肉字旁，以肉字為六劃。例：腦（15）、脈（12）、育（10）、能（12）。

- 辶（辵），走馬旁，以辵字為六劃。例：遇（16）、送（13）、超（12）、起（10）。
- 阝（邑），右耳勾，以邑字為七劃。例：都（16）、郊（13）郭（15）、邵（12）。
- 阝（阜），左耳勾，以阜字為八劃。例：隊（17）、限（14）、陳（16）。

註：以上係以文字歸類為部首為準，如不歸列以上部首，則仍以形計算實有劃數，如「酒」字屬酉部，非「水」部，故仍為十劃，非十一劃，巡字屬「巛」部非「辵」部，故仍為七劃，而非十劃，照此則可得姓名學標準字劃數。

附錄(二)：劃數容易算誤之文字

1. 五劃數：世、卯、巧。
2. 六劃數：印、臣、系、亥。
3. 七劃數：成、延、辰、廷。
4. 八劃數：函、協、亞、武。
5. 九劃數：飛、革、韋、泰。
6. 十劃數：育、馬、修、泰、晟、酒、致。
7. 十一數：偉、胡、卿、貫、紫、梁、斌。
8. 十二數：博、勝、能、傑、淵、黃、盛。
9. 十三數：祿、鼎、裕、琴、路。
10. 十四數：壽、鳳、華、慈、碧、與、賓。
11. 十五數：增、賜、郵、樣、腳、趣、儀、寬、廣、養。

12.十六數：勳、達、龍、叡、錫、謁、遄、鄂、興、燕。
13.十七數：隆、鄉、鴻、陽、嶽、聯、懇、燦。
14.十八數：豐、環、戴、爵、襖、細、璧。
15.十九數：麗、寶、繩、贊、璿、攀、蟹。
16.二十數：瓊、瀚、臏、朧。

註：礻乃示；衤乃衣。上為五數，下為六數。

附錄(三)：百家姓字劃數參考表

一劃

金	木	水	火	土
	乙	一		

二劃

金	木	水	火	土
刀		丁	二	乃了人入力匕卜又几

三劃

金	刃
木	三
水	子
火	丸巳亍
土	土山己
	久乞也于亡凡千丈口士夕大女小川工巾干弓寸下上万

四劃

金	
木	四木
水	壬孔水
火	仇午太心日曰月火仃丹
土	丑牛犬
	不中之支斗予云元互井亢方文卞仁化仍允內切介今公分勿勻勾匹升友及反天夫父母以少尤尹幻引弔戶屯巴尺旡牙手止比毛气戈片斤氏爪欠

五劃

金	申白
木	甲卯禾本末札瓜
水	冬北仔孕永
火	丙尻宄宁町叮夗包旦
土	五仙出戊未玉生田由石王玎
	正他代付仗兄占右可句古司史只台召外央尼民巨目且皿冊左布市玄立穴它平半 弁弘弗必瓦甘用疋皮矛矢示刊幼奴奶斥氏令功加巧扎丘世丕□印

六劃

金	西百乩
木	朽朴机朸朾杌竹休朵米衣朱
水	冰次沍汁汀氿亥任好存字囝吁孖氽舟
火	光肖旯旭旨旬行灰伙件佣打危
土	圳圮圬圩圪地圯屾屹吐在圭吉寺庄戍牟羊老考至妃屾丟伍件伏再先异艮六
	亦充冲兕兆劣共刐刎刑列劦各合向后名夙多交吏宇安守宅州帆式戎收曳此死羽 而耳肉自臼血舌色虫企仳份仿伉伋伐伎优伿伔伶伀价伝仰仲伊伕曲臣匠囫匟同 因回吊吁吋吃如奸年弛聿牝舛犯扑扔扒忉每成

七劃

金	七伸辛酉兌赤伯皁
木	杆材杉村杖杈杓杠杌杙杅杇杕杚杋杜杞卵困匣秀秃利私杏体束余杗呆宋床
水	冶冷汥江汗汙汝汐池汛汍汊汕汋汌汒汏求孜尿孚孛吼汞孝廷呈妊佟
火	灼灴旰旳盯災炙忍忘忐忑志忒吙吘旱究昆但佇玎町疔彤究
土	坑均坊圻圾坎址坍坻坽坉坋岐岍屼岈岌岉岭岆岓岌岕岑妞吜吽壯男谷坐坒
	李杍汜灶位佚何估佐作伺低伴佛伶伻佝佈伂佁伭伳攸伽妣妓妨妤妍妏妧忏忖忙 我戒攻更步甫良見言足豆貝身吝劬劭托邑系串亨君吾吳吞呂克兵判別刡助努告 吟吭吸吹吵巠巫罕希宏完局尾序延弟形役甸妍

八劃

金	庚斧金佰帕帛呻姍
木	栖枘枸极杓杭枝杶松杻杷杯枚板林析枑枋枕杼枒和竺呷□兔艻委艾糾奓妹
水	冽洗沏汭汽汰沈沉沅沌沖沃汲汾汴沆汶沍沔沘沂汸汧汫沄沋汯沚汭沇沕沜
火	炖炓炆炊炕炒明昕昀昉旼昅昐炅狄朋服肌肪刖京卓奈宗忞忽忠念昏昆昂昌
土	八住佳佶侍侔佯卦味妹姓妯宙宕岳岸岱岢岦幸麦坼坤坩坷坭坳坱坵坽坡坪
	杻杵艽芋艾杲杳杰杺季 汻沁汩沓泡沐 炑林炄有 岬岶坦者弄佳岠 快忪忮忡忼忱依佼侃供使侈佻佩例侞侁姒妮姍姑始姁拇抗抆技折扶抒抵扱物牧 初衲狁征徂彼欣放於版所臥帖弨弦盲直妻妾卒夜穹宗宛宓宜空官定抵店府尚居 岡固帑弩或戔房知命侖舍長阜來忝武孟者並些事承奇奉表卷取受叔兒免兩其具 典刷殺刺效協

九劃

金	木	水	火	土	
酋皆晒皈拍庠	柯枴柑枸枯柵柝柏柳柿相柙柜枰枷柷枻柆种秕科妙竽竿芋芍芒芄芃芊粁枭	癸泳沿河況沼治波泊泫泓泯沾泑泱泛泠泙泼沴泇妹姝俘斿勃	炸炬烔炳炫炤炟炩炮映昨昭昫肘肝軌紂約紆紈紅恒怕怲九亭亮音南宣急思	垠城垵垟垌垗垏垞峙峒峖砂砒斫眅毗眗玫玟玩型室屋恄性拓禺畏界故封庠	酊 柊柄柦柾柚柘柮秋查茌芑香芧 法泥泖油泡泊泍泞泧沰泩籽厚 星旺昧肚紀泉肐 炭思峘峋峐垝垙坦垛玕玝研 俅俋俄俙俠侯侵信俊促便侶俟俑怩怔宜怜怛怋怐招祈姻姚姺咪哄咿後律食剋韋 狐則勁勇咢咸哉品契威姜姿客爰帝幽度建彥拜施段帥甚看省眉奕穿宦突冠奐美 耐郤咨虹要計貞門面革風飛首羿政盈禹盃盆為制勉勔

十劃

金	釗神酌針釜原釕釙釢倖
木	桉校栱格根桃桐桁栩秤租秩秘笈笏笀笑芽芥芹花芫芝芳芙芬芨芛芷芸冤柴
水	凌海活洪洲津洗洞派洛洌洳洺洙洮泚洝洟航舫衽殊孫庭衍
火	烜烚烙烔烆烘時股肱肺肥肪軒馬倓倡借倬夏宵宴庫恩恕息恣恙指晉晏晃晁
土	埋埆垸埔峨峽峻峪峰峮砡砧破砲砥畜畔畝珏玻珖珈玿玹玲珂珊珍耄耘耕耗
	釘配 核株桎桂柱桄桓栒栖梅桔桁秝芯芡烋芤枽 洵洸洹洁注洼洚洋泚染 烊烓炷紝紐娟 垶峷珋珀砧恚埒栽皇 倚倨俱候倥修借倪値倜俳倍俯俸倫倭恍恫恢恆恤恬恪袄祐祠祝祖祚秘祓衿挌拾 防訓討託唔哼唏唄唆徑卿差益效旅兼冥剛剖射員哥唐家宮容倉展師席弱恭扇貢 高旁衷殷真窌缺翁晦眠耽臭虔蚊矩衾鬼狩豹貢財隼素索翅乘拳瓶迂青姬秦敏

十一劃

金	木	水	火	土	
悅釧釣邪宿晈習愀釵釩釬酖鈙釤鈥釾	寅彬梳梭械梗梧梓梯桹桕晞移笥笞第符笠笙茄苒茆茉苴苓苡苯苙英苑苫苔	浩浚涉浮浦涌浴浪浡涴流涓涇涒浸浥浤浧浠浵紺終舷船舸舶雪魚悖悰	乾烺烽焌焀焐晞晚胗胚胞胖胎偲停惔娼婥婚勖朂辰冕曼唱庶烪悠悉烹焄鳥	埒埏埄堐埠埭堆堀培埴埼埕崆崎崛崍崢珮珥珧珞珓珙珩硉畦略副野動基堅	釷釘 桴梈桯框梓梩栓棖梃梐桔犁茂茁苧苞苗笙笛埜粕縏悄悁 涔涂浬涑涗 烇細紬絀紘紵紳胛眺販 珠珣啖埻埰堍堉啍崤硃崑累胃偲羚崧婈貫畢 健偶側偵從得徘悛悕悟悌袢祧紾紹組絆絁婉婕娓婄婦娸瀿設仿狹啟教救敘敕敗 欸欷欲敝族旋唯啄斜捕強張 勘務區參商問國閉寄窕寂鹿康庸尉將麥專爽率常彗彫戚毫毬眷祭翊翌處蛉袈袋 貨規近那鵲頃阡邢邡郁邦勒圇哲焉偽眾悛帶黍偉參狼

十二劃	
金	欽鈞鈔鈧鈣鈒鈍鈉鈐鈜鈃酤酣奠尊皖皓弼迫
木	森棋棧植棱棓棕棎椅椎棱稂稀筈策答筑筒等筆筏荒草茸茶荇茹茨棼荔荊茗
水	寒淪涪涴淌淶涪淀済淵淑淳淨淺淇淙添淬涵涿淼邶雰雱雯雲孱猛犉惇敦象
火	焱焙焺焯欻焮焜焙焰晶晰晬脈胴□脂胸胼軫軸軻軼軺馭悼惔閒景智暑普最
土	堙堸堪場堤堠嵃崿嵎嵋嵫硬硯硫班珺球現理琉琄琅珽凱剴喜單堯壺報堡童
	鈕鈦欽鈊 椁棹錐棍梃棚稅稃悸筍茜范荏莓荄茱荐茪荎焚粧粞悶間裁傑 淦涼淩混淞淅深淋淡淖淄涯淆渚淘涎粱 絧絩絞給絲旭絕統絡絓惔媮 崽堰堷堬碌碑琇羨 備傅倩復悰惋惟捲掃捨授捷捧阪阱阮邱邵邸袴視幀幃詒証詔評詠喨喭喳媛媚割 創博喬善窘窗寓尋幾扉敢斐斯欺欿疏登發短竣翕舒瞬蛤蛬斛貼賀貴買貿躰開閔 圍項須順瓶殘跚量迪絜無黑斌剩媚殖廋

十三劃

金	木	水	火	土	
鈸鉢鉑鉬鉍鉛鉈鈮鈒鈱鉆鈳鉛鉉鉦鈴鈽銃鉤鉗鉏酮酪猶迺賈猴	楙楝楨楣楞楔椿椹極楗楺楫楀楹楔概椿椹椲楓稚稗粳□茶莉莠莞荷莖楚筮	游港測湊湛渡湃渺渫渦渴湄渤渙渼渢湧湋滋湀溲湞渧湸湤湕湲綒艇郲零雯	煁煇煥煉煬煜煖煡暇暉暄暗暖脛脫睒暋意感愚想慈愍暈會煦照嬰嫈詢詣載	塙堪塎塊塘塚塢塏嵯嵱嵣碱碇碑碗琦琮琲琪琤琱琢畸註誠詩詳嵩僅債催勤	鉀鉌鉋鉅鈿鈾鈺鉞鉐鉒鉅 楒楷楢椿楠楊楏椯楸楅梢楟楂楦楷楎楡楜稕稜稔禁愀莽莊莫莘荸莩茫筠節筐筳 筌 湝湫湘湣渟湳渥湩湮湍渨渾湯渲湜湖湑渝盜渠滋 煒煙煤煃煨絺綠綎塋塱暌睚睦署 塛塒琥琳琛琰琨碄晼 傲傾僊傳傭傺衙御祺補裕揖揄媛嫆嫊媼嫁誨誇試跳路跡蜂蛾斟新雍歲殿僉睨督 矮禽監聘肆肅裘舅號虞蜀嗇解詹資退嗉郊阿附雉頌頓頒預飲飭飯鼎毽業裝戮嗣 圓奧廉愛毓耶程睪誨望

十四劃

金	銃銑鉫銫銜話銛鉻銬銘鉿銅銚銀銨銦銩銗銂銕鉽銆銙酷酺鈭鋈說
木	榛榕槁榶榑榤榐榷槐構槙榧榣稱菊華菜菩萊菱菸萃菀菌菲萮萱菽菘棻箇
水	溢溫溪源溝準溶滄滇溏溓滔滃溥淪艋豪閡陔郛霏僝福豪
火	熇熅熀熔煽熄瞑脾俯膝滕輡輑輕輔駔馺嫚嫜褌裧裮寧僭僚幃彰陃慇愿愬熒
土	墔墉墐墈嶁嶇嶍磁碩瑙瑗瑋瑀瑢瑞瑍斑琶琵琴端墅愧愷靺縸獃緇綾裬僖僥
	鋮銈銡鉞鉾銇鉣銖鉠銌銓銑鉌銖鉥銪鋂暢酵酴醁 榳橼榥榪榗榎槐榴榬榿榛榞槍稍菰莒萌菼萸菎著菲菫莎狄箐筋筵喏婼 清溢溽滉溍滏滓漆溱滐溎溼溧溜溰湟湋滂㳑潮溯詩 煌晴勝輇緂綽緄緒綿綾綸綩綬綺綰維緋綱綵綝綪禗榮犖暟睽睡 墀墁境墇嶂碴碠琿瑄瑚瑜塏嶄嶅塵壢廙匯 僑像僕情愫慆愷惶慎慊福種搖損搦搏搬褉禎禕幗猿獅犒誠誥誦誌誏喻旖旗嫗嫡 嫪嫦嫌嫣嫙娜蜜察寬實賓對廖與黎聚詔裳貌賑數散歉歌郗郜郡颯翟逑造速綮緊 兢嘗團圖爾監疏齊鼻幣罰熙舞

十五劃

金	銳錊鋤鋒鉛鋪鋇銲鉉鋏銻鋁鋦鋀鋃鋝鋙鋨鋘鋯銶鋎鋉鋞鋟鋓鋡醃醅醉醄奭
木	椿樛楛槭樀槫樠槮槶槻槦樞標樣樓樅槙稼稽稻稿樅葡蒂葉葛葺葳葯蒿萼葎
水	澟演漢漁漲滯滴滿漾漩滲漎漓漉溥漈漊滽漚漮魴魶魰魨郭霆霅睽穎頮
火	輝熯熰煸熝熠暲暷腰腦腸腹腩腱腳輘輬輤輪輥輗輟駒駘駙駏駖駋駗駚駔嘹
土	墝墦墣墥墫墱墠墟墡嶝嶢嶓嶠磑磄碾確瑭瑢瑤瑳瑱瑰瑣嫹嬏嬈嬉審廣廛摧
	鋕銲鋰銷鋗鉽鋠鋍鋌醇醂醀酲 槱槿樍樘樗槾樈槽樟梆稽稷葵萳葛葶葸萱敬萩萍募葷菠荷葫董萬惹範葦箝箔箠 篆逸逖閱糊 渃漳漕滸潙漸漫滵[illegible][illegible]滶漟漯滌震逵逖逞進郢諄窪 煐熼熛熞瑩輘緣緗緦槧 墩增嶒嶗嶙嶕瑪瑮瑢臻碧磔羯羰欽儂儀獄 儉儈僾愉慪慵慷慣摑摘褑褅褘諏調諒論宜諍誕嬋嬌嬉嬁嬇嫶緝緷緮緩線緘締編 練緬緯緯緞緲魄螘蝦蝸蝙劇剝劍彈慶敵敷毆歎毅皺盤窮窯鋪蝕衛賢質賞賣賦部 鴉院鞍鞏養廝豎軩翩頪踐踦噘噴勞墨虢愈慮魯颳誓盡獎

十六劃

金	錝鋹銑鋷錤錡錪錮鋼錦鋸錚錐錢錠鉼錣錸錧錈錸錧錏錼錔鋋鋺撳撙鍪諧遒
木	機橘橫橋橇樹樽橙橡樸榔橄橨橏橖樑穇穋積穆褫穄蓊蓎蒰蓑蒼蓁蓆蓉蒜蒿
水	潔澄濤潺澌激潰潑澸噴潰澒潭潏澐澑潤澌魺鮑鮎鮈儒學遊霓霏霎
火	燚燜燗燆燖熾燃燈燐燎嬨燏曊暻暲輳輹輯輎駢駮駣駧駱憬撚憮撫撮褟褲儘
土	墺壉壇嶮嶧嶬嶩嶰嶼磡磣磧碤瑛瑾璈璃瑽璀璇璆龍儔徵衡磬奮盧彊踾踹諯
	鍆錕錟錉錙錍錁錔錶錭鋌錂錊錞錳鍺錫錯錩錋醒醍醑醐鍯 橞橔檮橈橦樴橯樾橪蓀蒔蓐蒸蒐蓄蒨筇篁篤曆厲 潼澆達澔潓潦澇潽潧澋潪潠澕潾潗澖漪澍潘潢澎潮鋈霖霍霂鮇冀 燒燉熸熿燋燔曉曈曀暾暽燊熒縈熹駭駐駢輶輻輮縉緻縔縥緣諰曇憝 壈墇瑦錟諲磨耨糕 儕儤叡嘯噯嬛嬗嬙嬡諼縝縐縑縊縞縤縚縛縭鄉繁縏縣諷諫諱諶諮諤諴諺諦謀幨 擒撕撲憚憛憒憫憍憯憓褞褣褅踏蹄踴郾郿鄂鄣頰頭頤頵親勳默黔趧嶭遂道違運 遑遇陰豫圜興舉瞞翮融羲瞥歙器戰整龜窺蝗聯麭餐

十七劃

金	鍖鍼鍗鍏鍞鍎鍞鍔鍧鋾鍵鎡鍋鍑鍰鎂鍭鍍鍛鍜鍥鍬鍊鍤鍘醣醡醨鍪
木	檇桻檁檟檐橚檄榔樃檢檣檀檚槌檥㮦葻檅黃蔍蓰菜蔚蓮將蔔蕁蔘蔬蓼簂簇
水	激濃澱鴻澠濇澳潞濂澹澦澴灘濾濎濊濱澪澰遜遘霞䨚鮫鮦鮡鮥鮢鼤鼢孺
火	熽燱燠燦燭燨燰燬燴燭熲曙曖曦膝騁駺䮗騋騄騙駻騃駿轀輾陽隄憶應懇聰
土	壕磴磾磺磯礂磻礄磽璞璜璘璚璣璐嶺嶽壑獬懌擇擂隆隈隅陶禧螳螺豁谿趨
	鍾鍇鍺鏠鍡鍉鍑鉎鍒鍹鍕鍻鍱鎃甓 檡檉檍檑橿檜模橞橦橈樵蔓蔦蔊蓿慕暮蒲蒞蒗蓧蕧蕠蔑蒸懋簀箭檗罾罿罷遞 澤澼澡濋澯澥澮澣瀄澺澸湑澀潤灃鮑鮪鮮鮭鮚霙霜霈霐霄嬬 燡燥暱暯膗轃轅駩駾騂騄糈䜚醟懕縵繽嬅縪皤辥爵 壖壎嶸磼礁磽環璔轂儲羭繇罄牆遠遛遙 優償儆擒擁撿擅擔憸懊隃隬隊階郥鄔糟禪褶禨襁講謙謝謓謅謏謚謠諻嬭嬪緰總 績縴縗縱繈縿謬縷縲縩縮縹館餞瞵瞪瞰瞬購賺賽蹇贅螯韓韔齋襄嚎嚏歟斂闇闊 闌闈擊頮氈獨瞥矯翳聳臨跡鄉爺鬔罹蹈彌鞝殦禦縻龠懕勳黛黜點黝勴厲虧膚

十八劃

金	木	水	火	土	
鎖鎮鎌鎗鎔鎘鎊鎛鎬鎵鎢鎰醪醥醧醫醬覆雞竅蹜鞦癖皦	檻櫂櫅檬檷櫃檳穠穡穢糧蕢蕈蕬蕢蕎蕆蕃蕨蕁簥簣簞簧簋簰簦簨褡諾鵚髁	濠闊濕濡濟濢濱澶澀濮濩濫濬濔適違鮶魮鯀鯆懦擩竄鄠鵓鼥	爁膳膴膩膝膦駢騑騋騎騏騙轆轇轉輸顛撤擰獰嬣鞨鞮鞘繒繐織繚韙題違蹧	壙擤擣懤環璦璫璐璵璩蟥蟠蟢蟯謹蹟蹕翹謦釐闓旛嬏繙壘艟贄覲鄞隗顒巔	鎦鎧鎷鍠鍚鎴錆錯銷鋭鍪鎣鏊 櫷樋檮檯櫂檸檽穠糧蕪蕄蕧蕙蕊蕉蔫蕞蕈蕘蕫蕔蕤蕃蒴蕺蕓蔀簡簪馥闊廓 濰瀔濤瀚澈潲瀅漣濾瀀瀑濝濞濯濘鴻鯁鯉鯀霟霘霤颸颭 燦爆燾燻燼燿曜曛膨膰膵膮轉雛隍諭謂諝靛靜 璪璨璯環瑯礌礎璧繞嫤 覦懥懠擱擬擠擦擯禮襏襆獮獯踰蹡蹤蹢蹏蹻蹣蟬蟪謬謫謳歸瞿瞼瞻蟲聶豐闔闐 闕闗屩癜雛雜戳覷貙蹙蹩軀鬈瞶鵠斷歟翱鄙鄘鄜隕隘隔顏額顎夔觴黠嚕燾黟魏 榮織繕繙繢繑繐邀遭遮適雙叢鞭鞬餱餿颼脾

十九劃

金	鏐鏤鏃鏂鏘鍛鐲鏮鏑鏢鏞醭醱醢鶊蹲遵鄭願辭瓣覈繳鏧罄
木	櫟櫚櫞櫥穩穧薡蕗薁蘿蔆蕼薉薪蕖薔薙薤薟薨蕻檞蕭薝簷簫簾簸鶇譯繹繰
水	瀉濺瀊鯨鯫鯕鯙鶉遴遺遹霧霩霪霨灕獱獩豶
火	爊□曠臆膽臉膿臄膾膱騝騑䮾騣騢騧䯀鞴轎轔臀膺鵲懥蠍譜識譙譖鄦鄫蹭
土	壚壢礙璸璿璾璻疇禱廬獸璽壟蟷擅懭獷擴擷頢餽鼩疆□繹譆譊趫趬蹺蹯鄱
	鏔鐽鏗鏝鏡錨鏜鏍鑵錘醰醮臂鏊 櫑櫝櫓穩薈蕾薜薐薑薙薇蕔薣薯薏薅蕶薊懃檠蕩擎籀簰篳選懞糢 瀕灓瀆瀍濾瀝瀞瀗鯊瀏瀋澫濺瀦瀳瀯鯙鮭鯛鯪鯆鰡鯧鯤鯰霦霎 爌爈爍曞曠臃臊曄騥騤轇繶繪繯繸繡魈 □瓀璉纍遶遲陲殨犢魈壓勵 擻攄擾懫懂禰襜襛襖鄢鄯鄧鄲鄰際隙遼遵遷導蠉蟻蠊蟾蟺蹴蹻蹶蹼蹬譏譎證譚 瞫嚬嚥餼離難韜韞類顛麑麒贊覺勱癡簽繫翾翽㲉鬀麗艤氌鵻鏨獵蟹

廿劃

金	鏻鐙鐏鏷鐍鏺鐨鐀鐖鐌醴醵醲瓣譬
木	楝櫬櫪櫨薺薾舊藐藏薄藍籃簿纂礬譟懞糰糙
水	瀧瀕瀨還邂遽霪繻蠕襦蠔
火	爔曦曨臍臏轘轗轖騶騷騵懸黨贏餬饅聹鵑鶚騫
土	壤壞巉礦礫礪礩礥瓃瓊璱璡觸竇□饉壆礨隢墜攏罌
	鐠鐐鐔錋鐎鐕鐒鏸鍠鏶鐃鐘鐇鐓醷醰醛 櫳釋薵葵藎薴薰藉薹藃蕰蕑藪藜氋薦蓮篷籀籍籔籌鄴羅謨獲 瀝瀑瀠瀿瀘濛濩濨過鰆鰒鰋鰓鰍鰈霢艦 爐燧曚皪臑膵騴騮鶩蠑縺懨遯 礫瓅璥懲 嚴擾撻糯懞懷懶獺襤獻競覺觸闡闞嚷孃繼孀繽縫麵癢謙譫議躅嚶旟罌馨䛭黥黦 黨黧纆避邀鶩飄

廿一劃

金	木	水	火	土	
鑴鐻鐶鐮鐲鏽鐬鍰鐱錒鎚辯闢	櫻櫸欄欃攙藝薑万藥籙蠢饌蝶譁	瀰灡瀲瀼瀹邃邈邇露霰䨑襚	爝爙爛曞鵬騂驅驂驃驄𨏊轍轞轟鶯鶴騫轂顥鬘鬍鬋曩囀髏贐	瓏礱寵巋巍饒饎續纊儺儸趯譸躊躍顧寶癥羸礞	鐸鐺鐳鐿鐰醺醹檽檖穫矱藕藝蕢薾藞蘲薸羆瀸瀺灀濿鰭鰑鯖鰉霹驊驆騽騾鷙纍 儷攘擺殲譽邇獮囁蠡覽躇躋饋饑險隩隮鄹鸓黯纊纆魔譅屬蠟

廿二劃

金	木	水	火	土	
鐵鑑鑇鑈鑌鑗鏾鍚鐷鏵鑏鏈鑒皭	權檷穰懵蘼蘊藺蔭蘄蘋薌虇蘅藩藿藹蘇藤蘆藼蘗蘩藡薘籚籟龢	灃瀛霽霰霾鰻鱈鰾鰷鰹鱆艨蠓	朧臚騰朦臞驎驓驔驕驍驐驏蠁嚮鷩鷓鷗孎羸髯	龔聾襲疊巔巒艫酈韁礵礤礪瓔壤攜讄譒讀窿襱	籠籛灌轕轠轢躒躓躔蹦囊擿攝襯邊邁鬢贖顫懼𠑣纑鑪艫懿韣隬隮隱隰儻儼癬癭 彎孿鷙饃

廿三劃

金	木	水	火	土	
鑕鑯鑢鐷	櫹欐欑欏蘿蘭蘘蘠蘀藻薳籤籜欒纔麟	灘灑灖瀟灃霸霩鱘鱔鱗韅	曬驗驌驛轣轤鷲讌戁體	巏壧巖	鑥鑠蘚蘗鱒鬟顯纖纓戀曫黴儽麟攢攞襪蠛巇蠣糲聽

廿四劃

金	木	水	火	土	
鑫鑨鑪鑘鑊鐩鐹釀	薑蘶籚欏歡羈闤蘳囈	灌靈靂靄鱧	爟驟贛驖驊	瓚礸隴	矗衢鬵鬢鷺讖讓豔酆釂

特別收錄

姓名流年卦取法大公開

姓名卦象導讀

要由姓名知道流年的吉凶，像是財運、愛情、功名、健康、事業方面，如今年有沒有機會賺錢，做生意會不會虧損，或者是有沒有希望升遷，考試會不會順利，感情有好的對象出現嗎?或者是何時適合結婚，連身體健康的好壞，都能利用姓名取出卦象，再配合流年的變化，結果好壞將一目了然，並且可以作為參考依據，提前規劃未來發展，達到知命而造命的目的。既然這麼方便簡易，那麼首先就要知道姓名卦象的起法，以及流年該如何變化，才能夠操作使用。

壹、什麼是占卜跟卦象

由易經的內容來看，就是教人家占卜的書，所謂占卜就是利用方法，取出六十四種卦象，藉由卦象的卦辭、爻辭，或爻位的位置，或五行的生剋，或其他判斷方式，來知道問題的答案，或將來趨勢的預測。一般來說，占卜方式有先天八卦跟後天八卦兩種，雖然起卦方式不同，但卦象卻是同樣，都是以六十四卦為主，只是兩者八卦代表的數字不同而已。而六十四卦的形成，也就是八卦的組合，八卦是由三個爻所構成，而爻分做陽爻跟陰爻，陽爻就是「⚊」，陰爻就是「⚋」。八卦分別是：

乾卦	兌卦	離卦	震卦

乾爲天	兌爲澤	離爲火	震爲雷
巽卦	坎卦	艮卦	坤卦

巽爲風	坎爲水	艮爲山	坤爲地

而兩兩卦象的組合，分做上卦、下卦的組合，就剛好有六十四組卦象。

六十四卦圖示

乾為天	澤天夬	火天大有	雷天大壯
天澤履	兌為澤	火澤睽	雷澤歸妹
天火同人	澤火革	離為火	雷火豐
天雷旡妄	澤雷隨	火雷噬嗑	震為雷
天風姤	澤風大過	火風鼎	雷風恒
天水訟	澤水困	火水未濟	雷水解
天山遯	澤山咸	火山旅	澤山小過
天地否	澤地萃	火地晉	雷地豫

風天小畜	水天需	山天大畜	地天泰
風澤中孚	水澤節	山澤損	地澤臨
風火家人	水火既濟	山火賁	地火明夷
風雷益	水雷屯	山雷頤	地雷復
巽為風	水風井	山風蠱	地風升
風水渙	坎為水	山水蒙	地水師
風山漸	水山蹇	艮為山	地山謙
風地觀	水地比	山地剝	坤為地

一、先天八卦的卦象取法

先天八卦的取法，是用數字來代表卦象，再利用數字的組合來占卜，像梅花心易就是以先天八卦為主，來取出六十四種卦象。

先天八卦的代表數字

卦象	乾卦	兌卦	離卦	震卦	巽卦	坎卦	艮卦	坤卦
數字	1	2	3	4	5	6	7	8

利用八卦代表數字來取卦，像是門牌號碼、電話號碼、汽車號碼、各種的數字顯示。用先天八卦的話，也就是乾1、兌2、離3、震4、巽5、坎6、艮7、坤8的順序。

取卦過程及方法如下：

一、隨便說出某個數字，或翻書來得出數字，但是不能夠特意，必須要隨機取樣要連續說兩個數字，或是翻兩次書頁。

二、第一個數字就當作上卦，第二個數字就當作下卦，數字若大於八的話，就必須要除以八，用餘數來得出卦象。

先天八卦取卦象步驟如下：

步驟一：

六十四卦由上卦、下卦組成，要分別取出上卦跟下卦，隨機取出兩組數字，第一次當作上卦、第二次當作下卦。

步驟二：

上卦的取法，就是將數字除以八，得到的餘數為何，就代表是什麼卦象。

步驟三：

下卦的取法，就是將數字除以八，得到的餘數為何，就代表是什麼卦象。

步驟四：

將上卦、下卦組合，就得到一個六十四卦。

步驟五：

將上卦數字加下卦數字，總和除以六求動爻，動爻的部分，若是陰爻就變陽爻，若是陽爻就變陰爻，就能得到最終卦象。

案例一：

假設有一A先生，利用先天八卦的占卜方式，想占問事業的好壞？手邊剛好有一本書，就隨手翻了兩個數字，第一次翻是第43頁，第二次翻是第25頁，就可以用數字來起卦，就能得到一個卦象，由卦象知道結果如何。

步驟一：

第一次翻書：第43頁，數字等於43

第二次翻書：第25頁，數字等於25

步驟二：

《上卦》就是第一次翻書的數除以8，等於 43÷8=5…3 先天卦序當中，3等於離卦，因此上卦等於「離卦」。

步驟三：

《下卦》就是第二次翻書的數除以8，等於 25÷8=3…1 先天卦序當中，1等於乾卦，因此下卦等於「乾卦」。

步驟四：

《上卦》跟《下卦》組合，等於「火天大有卦」。

步驟五：

43+52=95 95÷6=15…5 動5爻，火天大有卦動五爻，就變成「乾卦」。

案例二：

假設有一小姐，利用先天八卦的占卜方式，想占問感情的好壞?手邊剛好有一本書，就隨手翻了兩個數字，第一次翻是第28頁，第二次翻是第39頁，就可以用數字來起卦，就能得到一個卦象，由卦象知道結果如何。

步驟一：

第一次翻書：第28頁，等於28

第二次翻書：第39頁，等於39

步驟二：

《上卦》就是第一次翻書的數除以8，等於28÷8=3…4先天卦序當中，4等於震卦，因此上卦等於「震卦」。

步驟三：

《下卦》就是第二次翻書的數除以8，等於39÷8=4…7先天卦序當中，7等於艮卦，因此下卦等於「艮卦」。

步驟四：

《上卦》跟《下卦》組合，等於「雷山小過卦」。

步驟五：

28+39=67 67÷6=11…1動1爻雷山小過卦動一爻，就變成「雷火豐卦」。

二、後天八卦的卦象取法

先天八卦的取法，也是用數字來代表卦象，再利用數字的組合來占卜，像姓名卦就是以後天八卦為主，來取出六十四種卦象。

後天八卦代表數字

卦象	坎卦	坤卦	震卦	巽卦	中宮卦	乾卦	兌卦	艮卦	離卦
數字	1	2	3	4	5	6	7	8	9

卦象坎卦坤卦震卦巽卦中宮卦乾卦兌卦艮卦離卦數字123456789

要特別注意的是，後天八卦不同的地方，是在於中宮的位置，中宮原本沒有卦象，但是為了方便起卦，所以數字5還是有代表卦象，因此在卜卦的時候，若是關於男性的話，就以中宮代表二坤卦，反之，若是關於女性的話，就以中宮卦代表八艮卦，所以有「中宮卦、男寄坤卦、女寄艮卦」的說法。而步驟跟先天八卦一樣，只有數字的計算過程不同。

案例一：

假設有一A先生，利用後天八卦的占卜方式，想占問事業的好壞？手邊剛好有一本書，就隨手翻了兩個數字，第一次翻是第33頁，第二次翻是第41頁，就可以用數字來起卦，就能得到一個卦象，由卦象知道結果如何。

步驟一：

第一次翻書：第30頁，數字等於33

第二次翻書：第41頁，數字等於41

步驟二：

《上卦》就是第一次翻書的數除以9，等於33÷9=3…6後天卦序當中，6等於坎卦，因此上卦等於「坎卦」。

步驟三：

《下卦》就是第二次翻書的數除以9，等於41÷9=4…5後天卦序當中，5等於中宮卦，若是男性的話，所以下卦就變為「坤卦」。

步驟四：

《上卦》跟《下卦》組合，等於「水地比卦」。

步驟五：

41+33=74 74÷6=12…2動2爻水地比卦動2爻，就變成「坎卦」。

案例二：

假設有一B小姐，利用後天八卦的占卜方式，想占問感情的好壞？手邊剛好有一本書，就隨手翻了兩個數字，第一次翻是第23頁，第二次翻是第47頁，就可以用數字來起卦，就能得到一個卦象，由卦象知道結果如何。

步驟一：

第一次翻書：第23頁，數字等於23

第二次翻書：第47頁，數字等於47

步驟二：

《上卦》就是第一次翻書的數除以9，等於23÷9=2…5

後天卦序當中，5等於中宮卦，若是女性的話，所以下卦就變為「艮卦」。

步驟三：

《下卦》就是第二次翻書的數除以9，等於47÷9=5…2

後天卦序當中，2等於兌卦，因此上卦等於「兌卦」。

步驟四：

《上卦》跟《下卦》組合，等於「山澤損卦」。

步驟五：

23+47=70　70÷6=11…4 動4爻山澤損卦動4爻，就變成「火澤睽卦」。

貳、姓名卦象起法

要學姓名卦象的起法，首先要了解八卦的符號，以及所代表的數字，因為卦象是由姓名筆劃所產生，所以知道筆劃數後，對照所表示的八卦符號，就可以得出卦象。因為名字是後天所命名的，因此可以任意變更，所以就用後天八卦取卦，跟一般的梅花占卜，或其他占卜所使用的先天八卦不同。而後天八卦的數字排列，是「坎代表一」、「坤代表二」、「震代表三」、「巽代表四」、「乾代表六」、「兌代表七」、「坤代表八」，而缺少的數字五，若是男性的話，就歸類於二坤，若是女性的話，就歸類於八艮。

用後天八卦來起姓名卦象表

代表卦	名字筆劃數	代表卦	名字筆劃數
坎水卦	1、10、19	乾金卦	6、15、23
坤土卦	2、5（男）、11、14（男）、20	兌金卦	7、16、24
震木卦	3、12、21	艮土卦	5（女）、8、14（女）、17、25
巽木卦	4、13、22	離火卦	9、18、26

附註：數字5、14的代表，會因為男女命而不同，男性是坤卦、女性是艮卦。

每個人用自己姓名來起卦，總共可以取出三個卦，每個卦各管三十年，一共掌管九十年。而姓名卦象的起法，是把名字第一個字當上卦，名字第二個字當下卦，也就是第一個字的筆劃數除九，得餘數查表，第二個字筆劃數除以九，得餘數查表，就可以得出第一個卦象，再由第一個卦象來推演第二個卦象跟第三個卦象。

案例一：男性

許
大【3】→上卦
偉【11】→下卦

步驟一：

查出姓名第一個字「大」的筆劃數，得出筆劃數為「3」，因為3沒有超過9，所以直接查後天八卦表，知道「3」為「震卦」。

☳

步驟二：

查出姓名第二個字「偉」的筆劃數，得出筆劃數為「11」，因為「11」超過9，所以11要先除以9求餘數，11÷9餘數2，查後天八卦表，知道「2」為「坤卦」。

☷

步驟三：

第一個姓名卦就是《上卦》跟《下卦》的組合，等於「雷地豫卦」。

外卦 ☳　內卦 ☷

步驟四：

由「雷地豫卦」求第二個姓名卦，必須要求出動爻，動爻就是第一個名字筆劃數加第二個名字筆劃數，相加總和在除以6求餘數。

也就是3+11=14　14÷6=2…2　動二爻雷地豫卦動二爻，就變成「雷水解卦」。

「雷水解卦」就是第二個姓名卦。

外卦 ☳　內卦 ☵

步驟五：

由「雷水解卦」求第三個姓名卦，第三個姓名卦就是「雷水解卦」的互卦，互卦的下卦是二、三、四爻，而上卦是三、四、五爻。

步驟六：

由雷水解卦的三、四、五爻，得出上卦為「坎卦」。

由雷水解卦的二、三、四爻，得出下卦為「離卦」。

步驟七：

第三個姓名卦就是《上卦》跟《下卦》的組合，等於「水火既濟卦」。

外卦 ☵　內卦 ☲

姓名卦結果：第一個姓名卦為「雷地豫卦」。

第二個姓名卦為「雷水解卦」。

第三個姓名卦為「水火既濟卦」。

案例二：女性

林
天　【4】　→　上卦
慧　【12】　→　下卦

步驟一：

查出姓名第一個字「天」的筆劃數，得出筆劃數為「4」，因為4沒有超過9，所以直接查後天八卦表，知道「4」為「巽卦」。

☴

步驟二：

查出姓名第二個字「慧」的筆劃數，得出筆劃數為「12」，因為「12」超過9，所以以12要先除以9求餘數，12÷9餘數3，查後天八卦表，知道「3」為「震卦」。

☳

步驟三：

第一個姓名卦就是《上卦》跟《下卦》的組合，等於「風雷益卦」。

外卦 ☴ 內卦 ☳

步驟四：

由「風雷益卦」求第二個姓名卦，必須要求出動爻，動爻就是第一個名字筆劃數加第二個名字筆劃數，相加總和在除以6求餘數。也就是4+12=16 16÷6=2…4 動四爻風雷益卦動四爻，就變成「天雷无妄卦」

「天雷无妄卦」就是第二個姓名卦。

外卦 ☰ 內卦 ☳

步驟五：

由「天雷无妄卦」求第三個姓名卦，第三個姓名卦就是「天雷无妄卦」的互卦，互卦的下卦是二、三、四爻，而上卦是三、四、五爻。

步驟六：

由天雷无妄卦的三、四、五爻，得出上卦為「巽卦」。

由天雷无妄卦的二、三、四爻，得出下卦為「艮卦」。

步驟七：

第三個姓名卦就是《上卦》跟《下卦》的組合，等於「風山漸卦」。

外卦 ☴ 內卦 ☶

姓名卦結果：第一個姓名卦為「風雷益卦」。

第二個姓名卦為「天雷无妄卦」。

第三個姓名卦為「風山漸卦」。

案例三：男性

林
宏　【7】 → 上卦
源　【14】 → 下卦

步驟一：

查出姓名第一個字「宏」的筆劃數，得出筆劃數為「7」，因為7沒有超過9，所以直接查後天八卦表，知道「7」為「兌卦」。

☱

步驟二：

查出姓名第二個字「源」的筆劃數，得出筆劃數為「14」，因為「14」超過9，所以14要先除以9求餘數，14÷9餘數5，查後天八卦表，知道「5」為「中宮卦」，若是男性的話，中宮卦就變成「坤卦」。

☷

步驟三：

第一個姓名卦就是《上卦》跟《下卦》的組合，等於「澤地萃卦」。

外卦 ☱ 內卦 ☷

步驟四：

由「澤地萃卦」求第二個姓名卦，必須要求出動爻，動爻就是第一個名字筆劃數加第二個名字筆劃數，相加總和在除以6求餘數。

也就是 7+14=21 21÷6=3…3 動三爻澤地萃卦動三爻，就變成「澤山咸卦」，「澤山咸卦」就是第二個姓名卦。

外卦 ☱ 內卦 ☶

步驟五：

由「澤山咸卦」求第三個姓名卦，第三個姓名卦就是「澤山咸卦」的互卦，互卦的上卦是三、四、五爻，而下卦是二、三、四爻。

步驟六：

由澤山咸卦的三、四、五爻，得出上卦為「乾卦」。

由澤山咸卦的二、三、四爻，得出下卦為「巽卦」。

步驟七：

第三個姓名卦就是《上卦》跟《下卦》的組合，等於「天風姤卦」。

外卦 ☰ 內卦 ☴

姓名卦結果：第一個姓名卦為「雷地豫卦」。

第二個姓名卦為「澤山咸卦」。

第三個姓名卦為「天風姤卦」。

案例四：女性

陳

淑【12】→ 上卦

萍【14】→ 下卦

步驟一：

查出姓名第一個字「淑」的筆劃數，得出筆劃數為「12」，因為12超過9，所以12要先除以9求餘數，12÷9餘數3，所以直接查後天八卦表，知道「3」為「震卦」。

☳

步驟二：

查出姓名第二個字「萍」的筆劃數，得出筆劃數為「14」，因為「14」超過9，所以以14要先除以9求餘數，14÷9餘數5，查後天八卦表，知道「5」為「中宮卦」，若是女性的話，中宮卦就變成「艮卦」。

☶

步驟三：

第一個姓名卦就是《上卦》跟《下卦》的組合，等於「雷山小過卦」。

外卦 ☳ 內卦 ☶

步驟四：

由「雷山小過卦」求第二個姓名卦，必須要求出動爻，動爻就是第一個名字筆劃數加第二個名字筆劃數，相加總和在除以6求餘數。也就是12+14=26 26÷6=4…3 動二爻雷山小過卦動二爻，就變成「雷風恆卦」，「雷風恆卦」就是第二個姓名卦。

外卦 ☳ 內卦 ☴

步驟五：

由「雷風恆卦」求第三個姓名卦，第三個姓名卦就是「雷山恆卦」的互卦，互卦的上卦是三、四、五爻，而下卦是二、三、四爻。

步驟六：

由雷山恆卦的三、四、五爻，得出上卦為「兌卦」。由雷風恆卦的二、三、四爻，得出下卦為「乾卦」。

步驟七：第三個姓名卦就是《上卦》跟《下卦》的組合，等於「澤天夬卦」。

外卦 ☱ 內卦 ☰

姓名卦結果：第一個姓名卦為「雷山小過卦」。

第二個姓名卦為「雷風恆卦」。

第三個姓名卦為「澤天夬卦」。

參、卦象流年算法

知道姓名卦象的起法後，接下來就要排每一爻的流年，才能知道自己的流年運勢如何。而流年的排法，是以「安世應」、「排納甲」為主要依據，並且利用五行的生剋得出相對應的六親，六親分別是「父母」、「兄弟」、「妻財」、「官鬼」、「子孫」，就可以知道運勢如何。所謂「安世應」，就是找出世爻、應爻，以世爻作為流年或大運的起點，而「排納甲」是得出天干地支，就知道幾歲開始起運，若世爻為陽爻就是向上卦(上爻)順升發展，反之，世爻為陰爻就是向下卦（初爻）逆降發展。其中安「世應」爻有口訣，就是：「天同二世天變五，地同四世地變初，人同遊魂人變歸，本宮六世三是應」。意思是，易卦共有六爻，其中包含天地人三才，初爻、二爻為地(爻)，三爻、四爻為人(爻)，五爻、六爻為天爻。

若是得出一個姓名卦，天爻部分同為陰爻或同為陽爻，其他爻不相同，那麼就知道世爻在二爻，而應爻就是五爻。而天爻部分不同，其他爻同為陰爻或為陽爻，那麼就知道世爻在五爻，而應爻是二爻。

若是地爻部分同為陰爻或同為陽爻，其他爻不相同，那麼就知道世爻在四爻，應爻在一爻。而地支部分不相同，其他爻同為陰爻或陽爻，那麼世爻就在一爻，應爻就在四爻。

若是人爻部分相同，同為陰爻或同為陽爻，其他不同為歸魂卦，就知道世爻在四爻，應爻在一爻，而人爻不相同，其他爻相同為遊魂卦，那麼世爻就在三爻，應爻在六爻。本宮卦就是八純卦，上下卦都一樣，那麼世爻就在六爻，應爻在三爻。若是上下卦為相對卦，像是乾跟坤、兌跟艮、離跟坎、震跟巽，那麼世爻就在三爻，應爻在六爻。

六十四卦世爻位置表

世爻	應爻	六十四卦
一爻	四爻	姤卦、豫卦、節卦、賁卦、復卦、小畜、旅卦、困卦
二爻	五爻	遯卦、解卦、屯卦、大畜、臨卦、益卦、鼎卦、萃卦
三爻	六爻	咸卦、未濟卦、家人卦、泰卦、損卦、既濟卦、恒卦、否卦、大有卦、隨卦、師卦、漸卦、比卦、蠱卦、同人卦、歸妹卦
四爻	一爻	觀卦、升卦、革卦、睽卦、大壯卦、無妄卦、蒙卦、蹇卦、晉卦、大過卦、明夷卦、中孚卦、需卦、頤卦、訟卦、小過卦
五爻	二爻	剝卦、井卦、豐卦、履卦、夬卦、噬嗑卦、渙卦、謙卦
六爻	三爻	乾卦、震卦、坎卦、艮卦、坤卦、巽卦、離卦、兌卦

納甲的方式是固定的，每一卦每一爻都有固定干支，只要能藉助口訣就能推演，口訣是：「乾金甲子外壬午，坤土乙未外癸丑，艮土丙辰外丙戌，兌金丁巳外丁亥，坎水戊寅外戊申，離火己卯外己酉，震木庚子外庚午，巽木辛丑外辛未」。這口訣又叫做六親納甲法，意思是乾卦下卦初爻算起為甲了，依序二爻為甲寅，三爻為甲辰，而外卦四爻算起為壬午、依序五爻為壬申，六爻為壬戌。其他卦則以此類推，就可以順利排出納甲干支。

納甲對照表

爻位	六爻	五爻	四爻	三爻	二爻	初爻
乾卦	⚊	⚊	⚊	⚊	⚊	⚊
	外卦			內卦		
天干	壬	壬	壬	甲	甲	甲
地支	戌	申	午	辰	寅	子
納甲	壬戌	壬申	壬午	甲辰	甲寅	甲子

爻位	六爻	五爻	四爻	三爻	二爻	初爻
震卦	⚋	⚋	⚊	⚋	⚋	⚊
	外卦			內卦		
天干	庚	庚	庚	庚	庚	庚
地支	戌	申	午	辰	寅	子
納甲	庚戌	庚申	庚午	庚辰	庚寅	庚子

初爻	二爻	三爻	四爻	五爻	六爻	爻位
⚋	⚊	⚋	⚋	⚊	⚋	坎卦
內卦			外卦			
戊	戊	戊	戊	戊	戊	天干
寅	辰	午	申	戌	子	地支
戊寅	戊辰	戊午	戊申	戊戌	戊子	納甲

初爻	二爻	三爻	四爻	五爻	六爻	爻位
⚋	⚋	⚋	⚋	⚋	⚋	坤卦
內卦			外卦			
乙	乙	乙	癸	癸	癸	天干
未	巳	卯	丑	亥	酉	地支
乙未	乙巳	乙卯	癸丑	癸亥	癸酉	納甲

初爻	二爻	三爻	四爻	五爻	六爻	爻位
⚋	⚋	⚊	⚋	⚋	⚊	艮卦
內卦			外卦			
丙	丙	丙	丙	丙	丙	天干
辰	午	申	戌	子	寅	地支
丙辰	丙午	丙申	丙戌	丙子	丙寅	納甲

初爻	二爻	三爻	四爻	五爻	六爻	爻位
⚋	⚊	⚊	⚋	⚊	⚊	巽卦
內卦			外卦			
辛	辛	辛	辛	辛	辛	天干
丑	亥	酉	未	巳	卯	地支
辛丑	辛亥	辛酉	辛未	辛巳	辛卯	納甲

爻位	離卦		天干	地支	納甲
六爻	▅▅▅	外卦	己	巳	己巳
五爻	▅ ▅		己	未	己未
四爻	▅▅▅		己	酉	己酉
三爻	▅▅▅	內卦	己	亥	己亥
二爻	▅ ▅		己	丑	己丑
初爻	▅▅▅		己	卯	己卯

爻位	兌卦		天干	地支	納甲
六爻	▅ ▅	外卦	丁	未	丁未
五爻	▅▅▅		丁	酉	丁酉
四爻	▅▅▅		丁	亥	丁亥
三爻	▅ ▅	內卦	丁	丑	丁丑
二爻	▅▅▅		丁	卯	丁卯
初爻	▅▅▅		丁	巳	丁巳

為了求出六親關係，就必須要求卦性五行，才能跟每爻發生生剋，進而推算出六親關係。卦性五行的速求法也有口訣，口訣就是：「一二三六外卦宮，四五遊魂內變更，遊魂本卦是內宮」。每一個卦是六爻組成，下卦就是內卦，上卦就是外卦，若是世爻在一、二、三、六爻者，卦宮在外的卦，就是其五行屬性，例如火水未濟卦，世爻在三爻，那麼外卦為上卦，也就是離卦，離卦代表火，所以卦性五行就是屬火。若是世爻在四爻、五爻的話，那麼就要將內卦，也就是下卦整個做變爻得出錯卦，就可以得出五行屬性，例如天水訟卦，世爻在四爻，內卦就是下卦為坎卦，坎卦整個變爻，錯卦就是離卦，因

為離代表火，所以卦性五行就是屬火。

姓名六十四卦五行對照表

五行屬木	震卦、豫卦、解卦、恆卦、升卦、井卦、大過卦、隨卦、巽卦、小畜、家人、益卦、無妄卦、噬嗑、頤卦、蠱卦
五行屬火	離卦、旅卦、鼎卦、未濟卦、蒙卦、渙卦、訟卦、同人卦
五行屬土	艮卦、賁卦、大畜、損卦、睽卦、履卦、中孚卦、漸卦、坤卦、復卦、臨卦、泰卦、大壯、夬卦、需卦、比卦
五行屬金	乾卦、姤卦、遯卦、否卦、觀卦、剝卦、晉卦、大有卦、兌卦、困卦、萃卦、咸卦、蹇卦、謙卦、小過卦、歸妹卦
五行屬水	坎卦、節卦、屯卦、既濟卦、革卦、豐卦、明夷卦、師卦

依照河圖洛書的方位，一六共宗水，二七同道火，三八為朋木，四九為友金，五十中央土。因此流年大運的起法，就是以世爻跟應爻為主，將世爻天干的代表數，與應爻天干的代表數相加，就知道幾歲起大運流年的。假設世爻天干為乙，應爻天干為庚，也就是乙為3，庚為4，兩者相加為7，哪麼就是7歲起大運流年，每爻掌管5年，依陰爻、陽爻逆推或順推即可。

天干歲運數表

天干	甲乙	丙丁	戊己	庚辛	壬癸
歲運數	3	2	5	4	1

求出三個姓名卦象之後，用一個姓名卦作為起運，假設是是四歲起運，一卦掌管三十年，哪麼四到三十三歲的流年，就是用第一個姓名卦做參考，以每個卦世爻的位置做起點，若剛好是陽的話，就往上爻順推，若是陰爻的話，就往下爻逆推。而第二個姓名卦，就掌管三十四歲到六十三歲，第三個姓名卦，就掌管六十四歲到九十三歲。而世爻起流年大運，每一爻主五年運，六爻總共三十歲，而何時起流年，就以第一個姓名卦為主要依據。

案例一：男性

許
大 【3】 → 上卦
偉 【11】 → 下卦

姓名卦結果：第一個姓名卦為「雷地豫卦」。
第二個姓名卦為「雷水解卦」。
第三個姓名卦為「水火既濟卦」。

步驟一：

用姓名來求出三個姓名卦，將卦依序象排列好，並且利用查表找出世爻、應爻的位置。

第一個姓名卦：雷地豫卦

外卦 ☳ 應爻　內卦 ☷ 世爻

第二個姓名卦：雷水解卦

外卦 ☳ 應爻　內卦 ☵ 世爻

第三個姓名卦：水火既濟卦

外卦 ☵ 應爻　內卦 ☲ 世爻

步驟二：

以第一個卦象為主，然後利用納甲圖，分別將內卦、外卦，排列出每一爻的天干地支。

1. 外卦是坤卦，所以查八卦納甲表，得出震卦的外卦的天干地支。

⚋ 六爻庚戌外卦 ⚋ 五爻庚深 ⚊ 四爻庚午

2. 內卦是坤卦，所以查八卦納甲表，得出坤卦的內卦的天干地支。

⚋ 三爻乙卯內卦 ⚋ 二爻乙巳 ⚋ 初爻乙未

3. 合起來變成雷地豫卦

⚋ 六爻庚戌外卦 ⚋ 五爻庚申 ⚊ 應爻　四爻庚午

內卦　▬ ▬ 三爻乙卯內卦
　　　▬ ▬ 二爻乙巳
　　　▬ ▬ 世爻　初爻乙未

步驟三：

納入天干地支後，找出世爻與應爻的天干部分，以世爻為起點，查天干歲運表取出流年歲數，若世爻為陽爻就往上爻順推，若世爻為陰爻就往下逆推。

世爻天干為「乙」，所以代表數是「3」，應爻天干為「庚」，所以代表數是「4」，兩者數字相加為3+4=7　就是7歲起運，世爻為陰爻，所以往下爻逆推流年歲運，每一爻掌管五年。一個姓名卦掌管三十年，所以由七歲到三十六歲。第二個姓名卦則不用在重新取流年歲運，直接由世爻推算即可，一樣是陽爻就順推，陰爻就逆推。

第一個姓名卦：雷地豫卦

外卦　▬ ▬ 六爻庚戌12歲～16歲外卦
　　　▬ ▬ 五爻庚申17歲～21歲

內卦

⚊ 應爻　四爻庚午22歲～26歲
⚋ 三爻乙卯27歲～31歲
⚋ 二爻乙巳32歲～36歲
⚋ 世爻　初爻乙未7歲起運～11歲（陰爻逆推）←

第二個姓名卦：雷水解卦

外卦

⚋ 六爻庚午57～歲61歲
⚋ 應爻　五爻庚申52歲～56歲
⚊ 四爻庚戌47歲～51歲

內卦

⚋ 三爻戊午42歲～46歲
⚊ 世爻　二爻戊辰37歲～41歲（陽爻順推）→
⚋ 初爻戊寅62歲～66歲

第三個姓名卦：水火既濟卦

外卦

⚋ 應爻　六爻庚午82歲起運～86歲

▅▅▅　五爻庚申77歲起運～81歲

▅ ▅　四爻庚戌72歲起運～76歲

內卦　▅▅▅　世爻　三爻戊午67歲起運～71歲（陽爻順推）→

▅ ▅　二爻戊辰92歲起運～96歲

▅▅▅　初爻戊寅87歲起運～91歲

步驟四：

利用納甲得出每爻「地支五行」與「姓名卦五行」，彼此五行的生剋關係，來得出每爻的六親關係。

以姓名卦五行為主，若是姓名卦五行生地支五行，就稱為「我生為子孫」。以姓名卦五行為主，若是姓名卦五行剋地支五行，就稱為「我剋為妻財」。以姓名卦五行為主，若是姓名卦五行同地支五行，就稱為「同我為兄弟」。以姓名卦五行為主，若是地支五行生姓名卦五行，就稱為「生我為父母」。以姓名卦五行為主，若是地支五行剋姓名卦五行，就稱為「剋我為官鬼」。

第一個姓名卦：雷地豫卦，五行屬「木」

外卦	⚋	六爻庚戌	木剋戌土所以是，我剋為「妻財」
	⚋	五爻庚申	申金剋木所以是，剋我為「官鬼」
	⚊	應爻　四爻庚午	木生午火所以是，我剋為「子孫」
內卦	⚋	三爻乙卯	木同卯木所以是，同我為「兄弟」
	⚋	二爻乙巳	木生巳火所以是，我生為「子孫」
	⚋	世爻　初爻乙未	木剋未土所以是，我剋為「妻財」

第一個姓名卦：雷水解卦，五行屬「木」

外卦	⚋	六爻庚戌	木剋戌土所以是，我剋為「妻財」
	⚋	五爻庚申	申金剋木所以是，剋我為「官鬼」
	⚊	應爻　四爻庚午	木生午火所以是，我剋為「子孫」
內卦	⚋	三爻戊午	木生午火所以是，我生為「子孫」
	⚊	二爻戊辰	木剋辰土所以是，我剋為「妻財」
	⚋	世爻　初爻戊寅	木同寅木所以是，同我為「兄弟」

第三個姓名卦：水火既濟卦，五行屬「水」

外卦	▅ ▅	應爻　六爻庚午	水剋午火所以是，我剋為「妻財」
	▅▅▅	五爻庚申	申金生水所以是，生我為「父母」
	▅ ▅	四爻庚戌	戌土剋水所以是，剋我為「官鬼」
內卦	▅▅▅	世爻　三爻戊午	水剋午火所以是，我剋為「妻財」
	▅ ▅	二爻戊辰	辰土剋水所以是，剋我為「官鬼」
	▅▅▅	初爻戊寅	水生寅木所以是，我生為「子孫」

步驟五：

找出想知道的流年歲運位置，參考六親關係就知道結果。若是男性問感情婚姻的好壞，或是有沒有紅鸞星動，就可以看是否走到「妻財爻」、「子孫爻」，若是女性問感情婚姻好壞，或是有沒有紅鸞星動，就可以看是否走到「官鬼爻」、「妻財爻」。若是問功名的話，可以看「官鬼爻」、「父母爻」，若是問財運的話，可以看「子孫爻」、「妻財爻」。若是問健康的話，可以看「官鬼爻」，若是問是否損失金錢財物，可以看

「兄弟爻」、「父母爻」。

案例二：女性

劉			
佳	【8】	→	上卦
玲	【10】	→	下卦

姓名卦結果：第一個姓名卦為「山天大畜卦」。
第二個姓名卦為「地天泰卦」。
第三個姓名卦為「雷澤歸妹卦」。

步驟一：

用姓名來求出三個姓名卦，將卦依序象排列好，並且利用查表找出世爻、應爻的位置。

第一個姓名卦：山天大畜卦

外卦　內卦

應爻　世爻

第二個姓名卦：地天泰卦

外卦　內卦

應爻　世爻

第三個姓名卦：雷澤歸妹卦

外卦 ━ ━ 應爻
━ ━
━━━
內卦 ━ ━
━━━ 世爻
━━━

步驟二：以第一個卦象為主，然後利用納甲圖，分別將內卦、外卦，排列出每一爻的天干地支。

1. 外卦是艮卦，所以查八卦納甲表，得出艮卦的外卦的天干地支。

外卦 ━━━ 六爻丙寅

⚋ 五爻丙子

⚋ 四爻丙戌

2.內卦是乾卦，所以查八卦納甲表，得出乾卦的內卦的天干地支。

內卦
⚊ 三爻甲辰
⚊ 二爻甲寅
⚊ 初爻甲子

3.合起來變成山天大畜卦

外卦
⚊ 六爻丙寅
⚋ 應爻　五爻丙子
⚋ 四爻丙戌

內卦
⚊ 三爻甲辰
⚊ 世爻　二爻甲寅
⚊ 初爻甲子

步驟三：

納入天干地支後，找出世爻與應爻的天干部分，以世爻為起點，查天干歲運表取出流年歲數，若世爻為陽爻就往上爻順推，若世爻為陰爻就往下逆推。

世爻天干為「甲」，所以代表數是「3」，應爻天干為「丙」，所以代表數是「2」，兩者數字相加為3+2=5就是5歲起運，世爻為陽爻，所以往上爻逆推流年歲運，每一爻掌管五年。一個姓名卦掌管三十年，所以由五歲到三十四歲。第二個姓名卦則不用在重新取流年歲運，直接由世爻推算即可，一樣是陽爻就順推，陰爻就逆推。

第一個姓名卦：雷地豫卦

外卦 六爻丙寅25歲～29歲

應爻　五爻丙子20歲～24歲

四爻丙戌15歲～19歲

內卦 三爻甲辰10歲～14歲

世爻　二爻甲寅5歲起運～9歲（陽爻順推）→

⚊ 初爻甲子30歲~34歲

第二個姓名卦：地天泰卦

外卦 ⚋ 應爻　六爻癸酉50歲外卦54歲

⚋ 五爻癸亥45歲外卦49歲

⚋ 四爻癸丑40歲外卦44歲

內卦 ⚊ 世爻　三爻甲辰　35歲~39歲（陽爻順推）→

⚊ 二爻甲寅60歲~64歲

⚊ 初爻甲子55歲~59歲

第三個姓名卦：雷澤歸妹卦

外卦 ⚋ 應爻　六爻庚戌80歲起運~84歲

⚋ 五爻庚申85歲起運~89歲

⚊ 四爻庚午90歲起運~94歲

內卦 ⚋ 世爻　三爻丁丑65歲起運~9歲(陰爻逆推)←

⚊ 二爻丁卯70歲起運~74歲

⚊ 初爻丁巳75歲起運~79歲

步驟四：

利用納甲得出每爻「地支五行」與「姓名卦五行」，彼此五行的生剋關係，來得出每爻的六親關係。

以姓名卦五行為主，若是姓名卦五行生地支五行，就稱為「我生為子孫」。

以姓名卦五行為主，若是姓名卦五行剋地支五行，就稱為「我剋為妻財」。

以姓名卦五行為主，若是姓名卦五行同地支五行，就稱為「同我為兄弟」。

以姓名卦五行為主，若是地支五行生姓名卦五行，就稱為「生我為父母」。

以姓名卦五行為主，若是地支五行剋姓名卦五行，就稱為「剋我為官鬼」。

第一個姓名卦：山天大畜卦，五行屬「土」

外卦 ⚊ 六爻丙寅　寅木剋土所以是，剋我為「官鬼」

⚋ 應爻　五爻丙子　土剋子水所以是，我剋為「妻財」

內卦
▅▅ ▅▅ 四爻丙戌 土同戌土所以是，同我為「兄弟」
▅▅▅▅▅ 三爻甲辰 土同辰土所以是，同我為「兄弟」
▅▅▅▅▅ 世爻 二爻甲寅 寅木剋土所以是，剋我為「官鬼」
▅▅▅▅▅ 初爻甲子 土剋子水所以是，我剋為「妻財」

第二個姓名卦：地天泰卦，五行屬「土」

外卦
▅▅ ▅▅ 應爻 六爻癸酉 土生酉金所以是，我生為「子孫」
▅▅ ▅▅ 五爻癸亥 土剋亥水所以是，我剋為「妻財」
▅▅ ▅▅ 四爻癸丑 土同丑土所以是，同我為「兄弟」

內卦
▅▅▅▅▅ 世爻 三爻甲辰 土同辰土
▅▅▅▅▅ 二爻甲寅 寅木剋土所以是，剋我為「官鬼」
▅▅▅▅▅ 初爻甲子 土剋子水所以是，我剋為「妻財」

第三個姓名卦：雷澤歸妹卦，五行屬「水」

外卦
▅▅ ▅▅ 應爻 六爻庚戌 戌土剋水所以是，剋我為「官鬼」
▅▅ ▅▅ 五爻庚申 申金生水所以是，生我為「父母」

▅▅▅ 四爻庚午　水剋午火所以是，我剋為「妻財」

內卦

▅ ▅ 世爻　三爻丁丑　丑土剋水所以是，剋我為「官鬼」

▅▅▅ 二爻丁卯　水生卯木所以是，我生為「子孫」

▅▅▅ 初爻丁巳　水剋巳火所以是，我剋為「妻財」

步驟五：

找出想知道的流年歲運位置，參考六親關係就知道結果。若是男性問感情婚姻的好壞，或是有沒有紅鸞星動，就可以看是否走到「妻財爻」、「子孫爻」，若是女性問感情婚姻好壞，或是有沒有紅鸞星動，就可以看是否走到「官鬼爻」、「妻財爻」。若是問功名的話，可以看「官鬼爻」、「父母爻」，若是問財運的話，可以看「子孫爻」、「妻財爻」。若是問健康的話，可以看「官鬼爻」，若是問是否損失金錢財物，可以看「兄弟爻」、「父母爻」。

肆、姓名流年卦象案例探討

直斷式姓名學，除了原本三才五格的生剋關係，可以看出人的性格與特質，還可以藉由筆劃來取姓名卦，就知道流年的運勢如何，這又叫做「易卦姓名推命學」。而且姓名為後天所命名，因此可以隨時更改，筆劃一但有變化，姓名卦也就有所不同。而取卦的方法是以後天八卦為主。

通常名字第一個字筆劃除以九，餘數為上卦，第二個字筆劃除以九，於數為下卦，而兩個字筆劃相加除以六，餘數就得出變爻。若是姓名為複姓，那麼就必須特別注意，以複姓兩個字筆劃相加除以九，餘數為上卦，而名字兩個字相加除以九，餘數為下卦，姓名四個字相加除以六，餘數就為變爻。若是姓名為單名，那麼以姓氏筆劃除以九，餘數為上卦，而名字筆劃除以九，餘數為下卦，姓名兩個字筆劃相加除以六，餘數就是變爻。

女命流年官鬼爻，身披婚紗步紅毯　六親干支合卦性五行的生剋，會形成六親的關係，也就是「子孫」、「官鬼」、「妻財」、「兄弟」、「父母」等等。若是女性流年落在官鬼爻，就代表紅鸞星動，婚事將近了，而男性若流年落在妻財爻，也就是姻緣到來，有機會完成終身大事。該爻的地支通常也就是結婚月份，或是對方的生肖，假設以寅月來舉例，寅就是農曆一月份，寅代表老虎，對方的生肖可能就是屬虎。

而姓名除了六親關係，也可以配合六獸來看，六獸依序就是「青龍」、「朱雀」、「勾陳」、「騰蛇」、「白虎」、「玄武」，順序是固定而不變動的，由初爻向上爻來順推。通常是以姓氏筆劃數，也就是個位數的部分來決定。一般來說，青龍表示喜訊，朱雀是口舌是非，勾陳表示阻礙，騰蛇會招惹靈異，白虎有血光災禍，玄武帶有桃花，也容易出現盜賊。當然如果會取「用神」跟「空亡」，加入擇日的觀念，那麼準確率將會更高。

一、個位數是1、2，那麼一爻就是起「青龍」、二爻就是朱雀…，六爻就是玄武。

二、個位數是3、4，那麼一爻就是起「朱雀」、二爻就是勾陳…，六爻就是青龍。

三、個位數若是5，那麼一爻就是起「勾陳」、二爻就是騰蛇…，六爻就是朱雀。

四、個位數若是6，那麼一爻就是起「騰蛇」、二爻就是朱雀…，六爻就是勾陳。

五、個位數是7、8，那麼一爻就是起「白虎」、二爻就是玄武…，六爻就是騰蛇。

六、個位數是9、0，那麼一爻就是起「玄武」、二爻就是青龍…，六爻就是白虎。

卜卦的用神很重要，也就是要問什麼目的，就有相對應的爻，萬一結果不理想，也可以知道何時能撥雲見日，像是男問姻緣、財富，就要看妻財爻，女要問姻緣，就要看官鬼爻，男女功名看父母爻，醫療疾病、健康方面，就要看子孫爻，是否破財就要看兄弟爻。而各爻之間也有生剋關係，如妻財爻剋父母爻，父母爻剋子孫爻，子孫爻剋官鬼爻，官鬼爻剋兄弟爻，兄弟爻剋妻財爻。子孫爻為妻財爻根源，妻財爻為官鬼爻根源，官鬼爻為父母爻根源，父母爻為兄弟爻根源，兄弟爻為子孫爻根源。

若占問結果不理想，還是有方法可以補救，第一是求地支六合，像是子丑合、寅亥合、卯戌合、辰酉合，午未何等等，看六爻之中，哪一爻可以合化。第二是推算流年，看多久會遇到吉星歲運。而卜卦出現空亡的話，會有「吉會減吉、凶會減凶」的情況，空亡都是看卜卦日的天干地支，由日干推算至癸為止，甲乙所落的地支，就是空亡的地方。如占卜為辛酉日，繼續推算為壬戌、癸亥、甲子、乙丑⋯。甲子跟乙丑的地支就是空亡部分，那麼卦爻裡面如果有子、丑，該爻就變成空亡爻，如果是吉爻就減吉、凶爻就減凶。但是姓名卦的空亡，是以世爻的干支為主，若是世爻干支為辛卯，同樣推算至甲、乙天干，那麼就是壬辰、癸巳、甲午、乙未⋯，午、未就變成空亡的部分，若姓名卦裡有午、未地支的爻位，就變成空亡爻的位置，吉凶就立刻受到影響。

一、從名字流年卦象看感情婚姻

案例一：

李明煌先生今年23歲，現在就讀於研究所，還沒有談過戀愛，最近看上了一個對象，彼此也還滿聊的來，所以想追求對方，但又害怕被拒絕，加上課業的壓力，讓他不知道該如何是好，希望能夠解決目前的困境。

李

明　【8】　→　上卦

煌　【14】　→　下卦

利用李明煌的姓名，來起姓名流年卦，利用姓名卦的步驟，得出的結果如下：

第一個姓名卦：剝卦，五行屬「金」

外卦
▅▅▅ 六爻丙寅　妻財30歲～34歲
▅ ▅ 世爻　五爻丙子　子孫5歲～9歲（陽爻逆推）←
▅ ▅ 四爻丙戌　父母10歲～14歲

內卦
▅ ▅ 三爻乙卯　妻財15歲～19歲
▅ ▅ 應爻　二爻乙巳　官鬼20歲～24歲
▅ ▅ 初爻乙未　父母25歲～29歲

姓名流年卦解答：

李明煌先生的姓名卦流年，目前是23歲，所以是走第二爻20歲～24歲，而六親關係來看是「官鬼爻」。就「官鬼爻」來看，李明煌的流年運勢，應該在事業方面會有不錯的發展，但是身體健康要注意，對於目前的感情與課業的選擇，建議應該以課業為重，不要輕易踏入感情，彼此當好朋友就可以了，若要認真投入感情，恐怕最後會感情、課業兩頭空，因為官鬼爻在此也象徵第三者，表示感情將容易出現競爭者，或是被人家給破壞。因此若想要談戀愛或結婚，應該在第六爻30～34歲，運勢走妻財爻的時候，結果會比較理想。

案例二：

江文琴小姐今年26歲，目前從事教育業，由於工作穩定，也到了適婚年齡，現在沒有交往對象，想知道什麼時候有機會找到對象，以及對象的條件好不好，若有對象的話，哪什麼時候結婚比較適合。

江
文【4】→上卦
琴【13】→下卦

利用江文琴小姐的姓名，來起姓名流年卦，利用姓名卦的步驟，得出的結果如下：

第一個姓名卦：巽卦，五行屬「木」

外卦
▬▬▬ 世爻 六爻辛卯 兄弟8歲～12歲（陽爻順推）→
▬▬▬ 五爻辛巳 子孫33歲～37歲
▬ ▬ 四爻辛未 妻財28歲～22歲

內卦
▬▬▬ 應爻 三爻辛酉 官鬼23歲～27歲
▬▬▬ 二爻辛亥 父母18歲～22歲
▬ ▬ 初爻辛丑 妻財13歲～17歲

姓名流年卦解答：

江文琴小姐的姓名卦流年，目前是26歲，所以是走第三爻23歲～27歲，而六親關係來看是「官鬼爻」。就「官鬼爻」來看，江小姐的流年運勢不錯，也許暫時沒有對象，但本身的異性緣不錯，有機會找到理想對象，只要能主動一點，就容易發現身邊的好對象。而對方的條件來看，能對自己有幫助，是個很好幫手。問什麼時候結婚的話，目前

23歲～27歲就有機會結婚，若是覺得太早，那麼下一爻28歲～22歲為「妻財爻」，表示財運不錯，經濟情況穩定，也很適合結婚。

案例三：

許淳鳳姐今年31歲，目前已經結婚，也有養育小孩，但先生經常在外地工作，很少會回家一趟，彼此的感情生活，因為時空環境的因素，逐漸地變冷淡，而且丈夫好像有外遇的情況，自己非常的擔心，所以要利用姓名卦，占問是否能挽回丈夫的心思，並維持這段婚姻。

許

淳【12】→上卦

鳳【14】→下卦

利用許淳鳳小姐的姓名，來起姓名流年卦，利用姓名卦的步驟，得出的結果如下：

第一個姓名卦：雷山小過卦，五行屬「金」

外卦
▬ ▬ 六爻庚戌　父母16歲～20歲
▬ ▬ 五爻庚申　兄弟11歲～15歲
▬▬▬ 世爻　四爻庚午　官鬼6歲起運～10歲（陽爻順推）→

內卦
▬▬▬ 三爻丙申　兄弟31歲～35歲
▬ ▬ 二爻丙午　官鬼26歲～30歲
▬ ▬ 應爻　初爻丙辰　父母21歲～25歲

第二個姓名卦：雷風恆卦，五行屬「木」

外卦
▬ ▬ 應爻　六爻庚戌　妻財51歲～55歲
▬ ▬ 五爻庚申　官鬼46歲～50歲
▬▬▬ 四爻庚午　子孫41歲～45歲

內卦
▬▬▬ 世爻　三爻辛酉　官鬼36歲～40歲（陽爻順推）→
▬▬▬ 二爻辛亥　父母61歲～65歲

初爻辛丑　妻財56歲～60歲

姓名流年卦解答：

許淳鳳小姐的姓名卦流年，目前是31歲，所以是走第一個姓卦的三爻31歲～35歲，而六親關係來看是「兄弟爻」。就「兄弟爻」來看，許小姐的流年運勢不佳，會有破財的現象，家中的經濟問題會出現情況，導致夫妻的感情不合睦，加上彼此相處時間少，所以會有冷淡的情況。必須要等到36歲～40歲，走官鬼爻的時候，感情會比較順利。如果要更加仔細的判斷，可以在配上六獸關係。

二、從名字流年卦象看財運

案例一：

丘泰傑先生今年43歲，原本是個上班族，但因為志向不合，在存了一筆錢之後，想要轉換工作跑道，對經商買賣有濃厚興趣，所以想個人開店創業，但由於環境不景氣，又是不熟悉產業，所以想知道目前適不適合行動，或是有哪些要注意的地方。

丘			
泰	【9】	→	上卦
傑	【12】	→	下卦

利用丘泰傑的姓名，來起姓名流年卦，利用姓名卦的步驟，得出的結果如下：

第一個姓名卦：火風噬嗑卦，五行屬「木」

外卦
▬▬▬ 六爻己巳　子孫19歲～13歲
▬ ▬ 應爻　五爻己未　妻財24歲～28歲
▬▬▬ 四爻己酉　官鬼29歲～33歲

內卦
▬ ▬ 三爻庚辰　妻財34歲～38歲
▬ ▬ 世爻　二爻庚寅　兄弟9歲～13歲（陰爻逆推）←
▬▬▬ 初爻庚子　父母14歲～18歲

第二個姓名卦象：火水未濟卦，五行屬「火」

外卦
▬▬▬ 應爻　六爻己巳　兄弟54歲8歲
▬ ▬ 五爻己未　子孫59歲～63歲
▬▬▬ 四爻己酉　妻財64歲～68歲

內卦
▬ ▬ 世爻　三爻戊午　兄弟39歲～43歲（陰爻逆推）←
▬▬▬ 二爻戊辰　子孫44歲～48歲

初爻戊寅　父母48歲～53歲

姓名流年卦解答：

因為丘泰傑先生今年43歲，已經走完第一姓名卦的歲運，必須要利用動爻求出第二個姓名卦歲運，才能知道結果如何。就目前的姓名卦來看，39～43歲走兄弟爻，兄弟爻不適合求財，雖然人際關係不錯，但結果通常不好，所以不適合在此出來創業，特別是經商做生意，剛開始前景可期，但經過一段時間後，將逐漸往下坡走，最後就失敗收場。第二個姓名卦來看，34～38歲是走子孫爻，所以也不適合經商買賣，容易賺得少、虧的多，而且較欠缺貴人。因此建議行動暫緩，不要隨便換工作，若真的想嘗試做生意，可以在48～53歲，走父母爻的時候，做些小本生意，或是額外投資，比較能夠賺到錢，也容易有貴人相助。

案例二：

李正毅先生今年33歲，從事經商買賣的生意，目前有幾家店面，生意也還算穩定，不過卻憂心未來發展，想提早前往大陸來投資，替將來做較長遠規劃，不知道現在要不要採取行動，或是什麼時候投資會比較適合。

李
正【5】→上卦
毅【15】→下卦

利用李正毅的姓名，來起姓名流年卦，利用姓名卦的步驟，得出的結果如下：

第一個姓名卦：地天泰卦，五行屬「土」

外卦 ▅ ▅ 應爻　六爻癸酉　子孫19歲～23歲
▅ ▅ 五爻癸亥　妻財14歲～18歲
▅ ▅ 四爻癸丑　兄弟9歲～13歲
內卦 ▅▅▅ 世爻　三爻甲辰　兄弟4歲～8歲（陽爻順推）→

━━━ 二爻甲寅　官鬼29歲～33歲

━━━ 初爻甲子　妻財24歲～28歲

第二個姓名卦象：地火明夷，五行屬「水」

外卦

━ ━ 六爻癸酉　父母54歲～58歲

━ ━ 五爻癸亥　兄弟59歲～63歲

━ ━ 世爻　四爻癸丑　官鬼34歲～38歲（陰爻逆推）←

內卦

━━━ 三爻己亥　兄弟39歲～43歲

━ ━ 二爻己丑　官鬼44歲～48歲

━━━ 應爻　初爻己卯　子孫49歲～53歲

姓名流年卦解答：

因為李正毅先生，今年剛好33歲，第一個姓名卦的歲運已經走完，必須要利用動爻求出第二個姓名卦，才有辦法知道情況。就李先生目前來看，29歲～33歲走的是「官鬼爻」，表示企圖心旺盛，工作非常的認真，很重視事業發展，所以會急著想擴展生意，運勢也還算不錯。而34歲～38歲時，也還是走「官鬼爻」，因此若想擴大生意，或前往大陸發展，應該可以順利進行，只是相對的身體健康要注意，會比較勞碌一點，而39～43歲走「兄弟爻」，生意就必須要保守，凡事要謹慎考慮，不要貪圖利益，以避免上當吃虧，要預防破財的發生。

案例三：

鄭明輝先生今年60歲，原本是公務人員，有著固定的收入，但因為身體健康不佳的關係，又資歷與年限將至，所以就提前申請退休，退休後拿到一筆退休金，想說去參加投資，順便賺點利息錢，替將來老年生活打算，但不知道適不適合投資，還是會遭遇到什麼問題，所以想要藉由姓名卦，尋求一個參考建議。

鄭
明【8】→ 上卦
輝【15】→ 下卦

利用李正毅的姓名，來起姓名流年卦，利用姓名卦的步驟，得出的結果如下：

第一個姓名卦：山澤損卦，五行屬「土」

外卦

▅▅▅ 應爻 六爻丙寅 官鬼19歲～23歲

▅ ▅ 五爻丙子 妻財24歲～28歲

▅ ▅ 四爻丙戌 兄弟29歲～33歲

內卦

▅ ▅ 世爻 三爻丁丑 兄弟4歲～8歲（陰爻逆推）←

▅▅▅ 二爻丁卯 官鬼9歲～13歲

▅▅▅ 初爻丁巳 父母14歲～18歲

第二個姓名卦象：風澤中孚卦，五行屬「土」

外卦
━━━ 六爻辛卯　官鬼54歲～58歲
━━━ 五爻辛巳　父母59歲～63歲
━ ━ 世爻　四爻辛未　兄弟34歲～38歲（陰爻逆推）←

內卦
━ ━ 三爻己亥　兄弟39歲～43歲
━━━ 二爻己丑　官鬼44歲～48歲
━━━ 」應爻　初爻己卯　子孫49歲～53歲

第三個姓名卦象：山雷頤卦，五行屬「木」

外卦「
━━━ 六爻丙寅　兄弟84歲～88歲
━ ━ 五爻丙子　父母89歲～93歲
━ ━ 世爻　四爻丙戌　妻財64歲～68歲（陰爻逆推）←

內卦
━ ━ 三爻庚辰　妻財69歲～73歲
━ ━ 二爻庚寅　兄弟74歲～78歲

應爻　初爻庚子　父母79歲～83歲

姓名流年卦解答：

因為鄭明輝正毅先生，在60歲退休之後，目前是走第二個姓名卦的五爻，也是最後一爻，所以還必須推第三個姓名卦，來看將來發展如何。就現在趨勢而言，生活會比較安定，有較多外來助力，所以很容易想計劃行動，但是在投資理財方面，情況還不是很明朗，要多留意、多比較，先靜觀其變一陣子，再按部就班執行，而下一個流年運勢，剛好走到妻財爻，所以有賺錢的可能，但是身體方面就要注意，要避免過度操勞，健康才不會出毛病。

三、從名字流年卦象看功名

案例一：

米國嶽先生今年30歲，研究所畢業之後，已經工作一段時間，現在覺得景氣不好，想要有安穩的工作，以及固定的收入，因此想要考公務人員，或是國家考試的檢定，對自己的前途較有利，但不曉得目前情況，是不是能順利錄取，或有哪些可以去做，來增加自己的考運。

米

國【11】→上卦

嶽【17】→下卦

利用米國嶽的姓名，來起姓名流年卦，利用姓名卦的步驟，得出的結果如下：

第一個姓名卦：地山謙卦，五行屬「金」

外卦　▅▅ ▅▅　六爻癸酉　父母28歲～32歲

　　　▅▅ ▅▅　世爻　五爻癸亥　兄弟3歲～7歲（陰爻逆推）←

　　　▅▅ ▅▅　四爻癸丑　子孫8歲～12歲

內卦　▅▅▅▅▅　三爻丙申　兄弟13歲～17歲

　　　▅▅ ▅▅　應爻　二爻丙午　官鬼18歲～22歲

　　　▅▅ ▅▅　初爻丙辰　父母23歲～27歲

第二個姓名卦：雷山小過卦，五行屬「金」

外卦　▅▅ ▅▅　六爻庚戌　父母43歲～47歲

　　　▅▅ ▅▅　五爻庚申　兄弟38歲～42歲

　　　▅▅▅▅▅　世爻　四爻庚午　子孫33歲～37歲（陽爻順推）→

內卦　▅▅▅▅▅　三爻丙申　兄弟58歲～52歲

▅▅ ▅▅ 二爻丙午　官鬼53歲～57歲

▅▅ ▅▅ 應爻　初爻丙辰　父母48歲～52歲

姓名流年卦解答：

米國嶽先生今年30歲，就流年運勢來看，23～27歲、28～32歲，都是走「父母爻」，所以很適合唸書升學，而且能得到幫助，像是父母的支持，師長的教導，或良好的環境，因此無論是升學考試，或是學習技術、培養專長，都有不錯的成績，因此這個時期，考試多半會過關，大可以放心去考。但要注意的是，33歲～37歲，走的是子孫爻，就不太適合唸書，考運上也不理想，所以要趕緊規劃，在32歲前就應試，比較有機會成功，以及遇到貴人，不然33歲之後，週遭環境恐怕改變，對自己有不利的影響，應試就沒那麼順遂了。

案例二：

劉志良先生今年22歲，現在還是學生身分，由於即將要畢業，不知道該要繼續升學，還事先投入職場工作，因此顯得很煩惱，又父母親想送他出國深造，自己也覺得滿不錯的，希望透過姓名流年卦的參考，找出較理想的選擇。

劉
志【7】→上卦
良【8】→下卦

利用劉志良的姓名，來起姓名流年卦，利用姓名卦的步驟，得出的結果如下：

第一個姓名卦：澤山咸卦，五行屬「金」

外卦
▅ ▅ 應爻　六爻丁未　父母19歲～23歲
▅▅▅ 五爻丁酉　兄弟14歲～18歲
▅▅▅ 四爻丁亥　子孫9歲～13歲

內卦
▅▅▅ 世爻　三爻丙申　兄弟4歲～18歲（陽爻順推）→

二爻丙午　官鬼29歲～33歲

初爻丙辰　父母24歲～28歲

姓名流年卦解答：

劉志良先生今年22歲，就流年運勢來看，19～23歲是走「父母爻」，所以能夠專心，讀書能自動自發，加上師長主動指導，考試的成績很好，讓家人非常放心，很適合繼續升學，不應該輕易放棄學業，而是否能出國念書，看接下來24歲～28歲，同樣也是走「父母爻」，因此也很適合繼續唸書，在陌生的環境中，將有貴人出現來幫助，因此出國的計劃是可以考慮的。劉先生無論要不要出國，都應該以升學作為優先考量，比直接去工作要理想，也可以奠定將來事業上更深厚的基礎。

四、從名字流年卦象看健康

案例一：

陳宜秀小姐今年39歲，現在是職業婦女，工作非常的忙碌，還要管大小家務事，以及位先生跟小孩的問題操煩，最近覺得非常勞累，健康也亮起了紅燈，醫生也說若不適當休息，恐怕會釀成大病，後果相當的嚴重，因此想利用姓名流年卦，看健康的情形如何。

陳
宜【8】→上卦
秀【7】→下卦

利用陳宜秀的姓名，來起姓名流年卦，利用姓名卦的步驟，得出的結果如下：

第一個姓名卦：山地剝卦，五行屬「金」

外卦	⚊		六爻丙寅　妻財30歲～34歲
	⚋	世爻	五爻丙子　子孫5歲～19歲（陰爻逆推）←
	⚋		四爻丙戌　父母10歲～14歲
內卦	⚋		三爻乙卯　妻財15歲～19歲
	⚋	應爻	二爻乙巳　官鬼20歲～24歲
	⚋		初爻乙未　父母25歲～29歲

第二個姓名卦：艮卦，五行屬「土」

外卦	⚊	世爻	六爻丙寅　官鬼35歲～39歲（陽爻順推）→
	⚋		五爻丙子　妻財60歲～64歲
	⚋		四爻丙戌　兄弟55歲～59歲
內卦	⚊	應爻	三爻丙申　子孫50歲～54歲

▅▅ ▅▅ 二爻丙午　父母45歲～49歲
▅▅ ▅▅ 初爻丙辰　兄弟40歲～44歲

姓名流年卦解答：

陳宜秀小姐世職業婦女，還要操煩家務事，加上先生跟小孩的問題，確實是非常的忙碌，而剛好35歲～39歲走「官鬼爻」，在事業上非常忙碌，希望能有所成就，只是蠟燭兩頭燒，自然身體無法負擔，休息的時間太少，飲食也容易不正常。而再來40～49歲比較不會哪麼忙碌，壓力稍微能夠減輕，只是在錢財的部分，跟人來往必須要注意，才能避免吃虧的現象。

案例二：

廖文吉先生今年40歲，是個水泥工人，每天早出晚歸，工作相當的辛勞，休息的時間很少，加上喜歡抽煙、喝酒，飲食不正常，睡眠不規律，健康早已亮起紅燈，最近感覺身體不適，到醫院檢查時，發現已經有了肝癌，必須要開刀治療，因此想問結果如何，是不是有康復的可能。

廖
文【4】→上卦
吉【6】→下卦

利用廖文吉的姓名，來起姓名流年卦，利用姓名卦的步驟，得出的結果如下：

第一個姓名卦：風天小蓄卦，五行屬「木」

外卦
▅▅▅ 六爻辛卯　兄弟32歲~36歲
▅▅▅ 五爻辛巳　子孫27歲~31歲
▅ ▅ 應爻　四爻辛未　妻財22歲~26歲

內卦
▅▅▅ 三爻甲辰　妻財17歲~11歲
▅▅▅ 二爻甲寅　兄弟12歲~16歲

▅▅▅ 世爻　初爻甲子　父母7歲～11歲（陽爻順推）→

第二個姓名卦：乾卦，五行屬「金」

外卦　▅▅▅ 世爻　六爻壬戌　官鬼37歲～41歲（陽爻順推）→

▅▅▅ 五爻壬申　妻財62歲～66歲

▅▅▅ 四爻壬午　兄弟57歲～61歲

內卦　▅▅▅ 應爻　三爻甲辰　子孫52歲～56歲

▅▅▅ 二爻甲寅　父母47歲～51歲

▅▅▅ 初爻甲子　兄弟42歲～46歲

姓名流年卦解答：

廖文吉先生，是因為積勞成疾，加上抽菸嗜酒，生活又不按照規律，所以才產生了肝癌。就現在的姓名卦運勢，是走37～41歲官鬼爻，健康情況不是說很理想，生病受傷、開刀手術的機率很高，所以現在的情況，是必須要去治療的。而就官鬼爻的歲運來看，要41歲後才結束，目前的運勢仍不理想，要注意病情持續惡化，不應該在繼續操勞，或生活作息不規律，在醫生的治療，自我的調養下，或許有痊癒的希望，但現在病情仍會拖延一陣子。

五、姓名卦配六獸與空亡

案例一：

林峰平今年二十七歲，問婚姻感情，利用姓名卦起流年，並且配上六親、六獸，加上空亡的斷法，來看實際的情況如何？

林			
峰	【10】	→	上卦
平	【5】	→	下卦

利用林峰平的姓名，來起姓名流年卦，利用姓名卦的步驟，得出的結果如下：

第一個姓名卦：山地剝卦，五行屬「土」

外卦	▬ ▬	應爻　六爻戊子　妻財23歲～27歲
	▬▬▬	五爻戊戌　兄弟28歲～32歲
	▬ ▬	四爻戊申　子孫10歲～14歲
內卦	▬ ▬	世爻　三爻乙卯　官鬼8歲～12歲（陰爻逆推）←
	▬ ▬	二爻乙巳　父母13歲～17歲
	▬ ▬	初爻乙未　兄弟18歲～22歲

姓名卦求出來後，接著就配上六獸，用姓氏的個位數筆劃來決定，由一爻作為起點，向上爻依序排出六獸，六獸依序是青龍、朱雀、勾陳、騰蛇、白虎、玄武。

一、個位數是1、2，那麼一爻就是起「青龍」、二爻就是朱雀…，六爻就是玄武。

二、個位數是3、4，那麼一爻就是起「朱雀」、二爻就是勾陳…，六爻就是青龍。

三、個位數若是5，那麼一爻就是起「勾陳」、二爻就是騰蛇…，六爻就是朱雀。

四、個位數若是6，那麼一爻就是起「騰蛇」、二爻就是朱雀…，六爻就是勾陳。

五、個位數是7、8，那麼一爻就是起「白虎」、二爻就是玄武…，六爻就是騰蛇。

六、個位數是9、0，那麼一爻就是起「玄武」、二爻就是青龍…，六爻就是白虎。

而林峰平的姓氏筆劃數為8，所以六獸就是一爻起白虎。配上六獸關係後，接著要找出是否有空亡的位置，而空亡是用世爻的干支，依序推算至甲、乙天干，就知道什麼地支變成空亡。在此世爻是乙卯，順推為丙辰、丁巳、戊午、己未、庚申、辛酉、壬戌、癸亥、甲子、乙丑…，那麼子、丑地支就變成空亡。

姓名卦：山地剝卦，五行屬「土」

外卦	▬ ▬	應爻	六爻戊子	妻財	騰蛇23歲~27歲（空亡）
	▬▬▬	五爻戊戌	兄弟	勾陳28歲~32歲	
	▬ ▬	四爻戊申	子孫	朱雀33歲~37歲	
內卦	▬ ▬	世爻	三爻乙卯	官鬼	青龍8歲~12歲（陰爻逆推）←
	▬ ▬	二爻乙巳	父母	玄武13歲~17歲	
	▬ ▬	初爻乙未	兄弟	白虎18歲~22歲	

姓名流年卦解答：

照林峰平的姓名卦，目前大運走到妻財爻，因為我剋為妻財，所以會有想結婚的念頭，對感情會很重視，而且經濟上也很努力爭取，算是不錯的運勢。但是配合六獸及空亡來論斷，六獸走到騰蛇時，會有較多的阻擾，加上子、丑為空亡，戊子爻變成空亡爻，所以力量會被削減，同樣的感情婚姻就沒那麼順利，行動上不是很積極。必須要走到子孫爻，我生為子孫，六獸為朱雀爻，才有可能順及婚嫁。

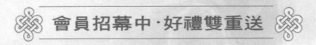

國家圖書館出版品預行編目資料

大師教你學姓名學／陳哲毅著.
－－初版－－ 台北市：知青頻道 出版；
紅螞蟻圖書發行，2007〔民 96〕
面　　公分，－－(大師系列：5)
ISBN 978-986-6905-72-8 (精裝)

1.姓名學
293.3　　　　96016005

大師系列 05
大師教你學姓名學
作　　者／陳哲毅
發 行 人／賴秀珍
總 編 輯／何南輝
特約編輯／林芊玲
美術編輯／林美琪
出　　版／知青頻道出版有限公司
發　　行／紅螞蟻圖書有限公司
地　　址／台北市內湖區舊宗路二段121巷19號（紅螞蟻資訊大樓）
網　　站／ www.e-redant.com
郵撥帳號／1604621-1　紅螞蟻圖書有限公司
電　　話／(02)2795-3656（代表號）
傳　　真／(02)2795-4100
登 記 證／局版北市業字第796號
法律顧問／許晏賓律師
印 刷 廠／卡樂彩色製版印刷有限公司
出版日期／2007年 9月　第一版第一刷
2015年 4月　　　第二刷（500本）

定價 399 元　港幣 133 元

ISBN 978-986-6905-72-8　　Printed in Taiwan

NEW TOPIK

新韓檢 初級 應考祕笈

複習手冊

미리보기 使用說明

必考單字

聽力 1-4

어디　哪裡　代詞

은행이 **어디**에 있어요?
銀行在哪裡?

가방　包包　名詞

제 **가방** 안에는 책과 공책이 있어요.
我的包裡有書和筆記本。

공원　公園　名詞

저는 친구와 **공원**에서 자전거를 타요.
我和朋友在公園騎自行車。

單字
中文翻譯
詞性

必考文法

聽力 7-10

A-(으)ㄴ	用於以「A-(으)ㄴ+N(名詞)」的形態修飾後面的名詞時。「있다・없다」用作「-는」的形態。 예 예쁜 옷을 샀습니다. 我買了漂亮的衣服。 맛있는 음식을 먹었어요. 我吃了好吃的食物。
V-(으)ㅂ시다	用於向聽者發出一起做某事的邀請時。 예 오늘 시간 있으면 우리 같이 운동합시다. 今天有時間的話,我們一起去運動吧。
V-(으)ㄹ까요?	1. 用於詢問聽者是否願意一起做某事。 예 가: 같이 식당에 갈까요? 一起去餐廳怎麼樣? 나: 네, 좋아요. 같이 갑시다. 好,好的。一起去吧。 2. 用於詢問對方對自己的提議有什麼看法時。

解說
例句

※ 這是讓大家可隨身攜帶學習〈必考單字〉跟〈必考文法〉的複習手冊。

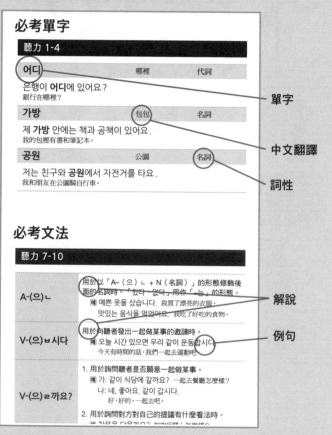

차례 目次

必考單字

必考文法

必考單字

聽力 1-4

어디	哪裡	代詞

은행이 **어디**에 있어요?
銀行在哪裡?

가방	包包	名詞

제 **가방** 안에는 책과 공책이 있어요.
我的包裡有書和筆記本。

공원	公園	名詞

저는 친구와 **공원**에서 자전거를 타요.
我和朋友在公園騎自行車。

시장	市場	名詞

시장에서 과일을 사요.
在市場買水果。

식당	餐廳	名詞

학교 앞 **식당**은 맛있어요.
學校前面的餐廳很好吃。

아침	早上	名詞

저는 **아침** 7 시에 일어나요.
我早上 7 點起床。

오전	上午	名詞

저는 **오전**에 수업이 있어요.
我上午有課。

운동	運動	名詞

'축구, 수영, 테니스'는 모두 **운동**이에요.
「踢足球、游泳、網球」都是運動。

일주일	一個星期	名詞

일주일 동안 여행을 갔다 왔어요.
去旅行了一個星期。

주말	週末	名詞

이번 **주말**에 부산 여행을 가요.
這週末去釜山旅行。

책상	書桌	名詞

책상에서 공부를 해요.
在書桌上學習。

친구	朋友	名詞

제 **친구**는 한국 사람이에요.
我的朋友是韓國人。

학교	學校	名詞

오늘은 일요일이라서 **학교**에 안 가요.
今天是星期日，所以不去學校。

무슨	什麼	冠詞

무슨 음식을 좋아해요?
你喜歡什麼食物？

아주	非常	副詞

제 동생은 공부를 **아주** 잘해요.
我弟弟（妹妹）很會念書。

얼마나	多少，多久	副詞

한국어를 **얼마나** 공부했어요?
你學韓語多久了？

가다	去	動詞

저는 매일 학교에 **가요**.
我每天去學校。

공부하다	學習	動詞

저는 한국어를 열심히 **공부해요**.
我努力學習韓語。

좋아하다	喜歡	動詞

저는 축구를 **좋아해요**.
我喜歡足球。

마시다	喝	動詞

운동을 한 후에 물을 **마셔요**.
運動完之後喝水。

만나다	見面	動詞

학교 앞에서 친구하고 **만날** 거예요.
我會在學校門口和朋友見面。

먹다	吃	動詞

아침에 밥을 **먹었어요**.
我早上吃飯了。

배우다	學	動詞

저는 한국에서 한국어를 **배워요**.
我在韓國學韓語。

사다	買	動詞

시장에서 사과를 **사요**.
在市場買蘋果。

여행하다	旅行	動詞

주말에 제주도를 **여행했어요**.
我週末去濟州島旅行了。

많다	多	形容詞

공항에 사람이 **많아요**.
機場人很多。

맛없다	不好吃、不好喝	形容詞

음식이 **맛없어서** 조금만 먹었어요.
因為食物不好吃，所以我只吃了一點。

맛있다	好吃、好喝	形容詞

음식이 **맛있어서** 많이 먹었어요.
因為食物很好吃，所以我吃了很多。

비싸다	貴	形容詞

사과 값이 **비싸요**.
蘋果價錢很貴。

싸다	便宜	形容詞

학교 식당은 음식이 **싸요**.
學校餐廳的餐點很便宜。

예쁘다	漂亮	形容詞

꽃이 **예뻐요**.
花很漂亮。

작다	小	形容詞

동생은 손이 **작아요**.
弟弟（妹妹）的手很小。

크다	大	形容詞

수박은 사과보다 **커요**.
西瓜比蘋果大。

어제	昨天	名詞／副詞

어제는 토요일이고 오늘은 일요일이에요.
昨天是星期六，今天是星期日。

聽力 5-6

다음	下一個	名詞

이번 주말은 바쁘니까 **다음** 주말에 만나요.
這周很忙，所以下周再見面。

연락	聯繫	名詞

부모님께 전화로 **연락**을 해요.
我用電話跟父母聯繫。

요즘	最近	名詞

요즘 저는 한국어를 배워요.
我最近在學韓語。

전화	電話	名詞

친구에게 **전화**를 해요.
打電話給朋友。

집	家	名詞

내일은 **집**에서 쉴 거예요.
我明天會在家休息。

처음	第一次	名詞

우리는 한국에서 **처음** 만났어요.
我們是在韓國第一次見面的。

너무	非常	副詞

밥을 많이 먹어서 배가 **너무** 불러요.
我吃了很多飯,所以很飽。

다시	重新	副詞

제주도는 정말 아름다워요. 내년에 **다시** 가고 싶어요.
濟州島真的很美。我想明年再去一次。

또	再、又	副詞

어제 입은 옷을 오늘 **또** 입어요.
我今天又穿了昨天穿的衣服。

도와주다	給予幫助	動詞

친구가 이사를 해서 제가 친구를 **도와줬어요**.
朋友搬家,我幫助了他。

들어오다	進來	動詞

동생이 제 방에 **들어와요**.
弟弟進來我的房間。

받다	接、接受	動詞

친구의 전화를 제가 **받았어요**.
我接了朋友的電話。

부탁하다	拜託、請求	動詞

친구에게 도움을 **부탁해요**.
我拜託朋友幫助我。

알다	知道、認識	動詞

저는 민수 씨를 **알아요**.
我認識民秀。

오다	來	動詞

친구가 우리 집에 **와요**.
朋友來我家。

축하하다	祝賀、恭喜	動詞

결혼을 **축하해요**.
祝賀你結婚。

고맙다	謝謝、感謝	形容詞

도와줘서 **고마워요**.
謝謝你幫助我。

괜찮다	沒關係	形容詞

가 : 늦게 와서 미안해요. ／ 나 : **괜찮아요**.
가: 很抱歉我來晚了。／ 나: 沒關係。

미안하다	對不起、抱歉	形容詞

전화를 못 받아서 **미안해요**.
對不起，我沒有接到電話。

바쁘다	忙碌	形容詞

할 일이 많아서 **바빠요**.
有很多事要做，很忙。

반갑다	高興、榮幸	形容詞

만나서 **반가워요**.
很高興見到你。

죄송하다	對不起、抱歉	形容詞

약속 시간에 늦어서 **죄송해요**.
對不起，我約會遲到了。

감사하다	謝謝、感謝	動詞／形容詞

도와주셔서 **감사해요**.
謝謝你幫助我。

聽力 7-10

우리	我們	代詞

우리 네 명은 한국대학교 학생이에요.
我們四個人是韓國大學的學生。

낮	白天	名詞

저는 **낮**에 한국어를 배우고 저녁에 아르바이트를 해요.
我白天學韓語，晚上打工。

비행기	飛機	名詞

비행기를 타고 여행을 가요.
坐飛機去旅行。

시간	時間	名詞

시간을 몰라서 시계를 봐요.
因為不知道時間，所以看手錶。

얼마	多少錢、多少	名詞

사과 하나에 **얼마**예요?
蘋果一顆多少錢？

음식	食物、餐點	名詞

저는 한국 **음식**을 좋아해요.
我喜歡韓國食物（韓國料理）。

의사	醫師	名詞

의사는 병원에서 일해요.
醫生在醫院工作。

책	書	名詞

도서관에서 **책**을 읽어요.
在圖書館讀書。

편지	信	名詞

부모님께 **편지**를 써요.
寫信給父母。

표	票	名詞

기차 **표** 한 장 주세요.
請給我一張火車票。

다른	其他	冠詞

저는 사과만 좋아해요. **다른** 과일은 좋아하지 않아요.
我只喜歡蘋果。不喜歡其他水果。

꼭	一定	副詞

내일 시험이 아침 9시니까 **꼭** 9시 전에 와야 해요.
明天早上 9 點考試，所以 9 點之前一定要來。

많이	多	副詞

밥을 **많이** 먹어서 배가 불러요.
吃了很多飯，所以很飽。

빨리	快	副詞

바빠서 밥을 **빨리** 먹었어요.
因為很忙，所以吃飯吃很快。

아직	還、尚未	副詞

밤 10시인데 **아직** 회사에서 일해요.
已經晚上 10 點了，還在公司工作。

가져오다	帶來	動詞

저는 수업 시간에 사전을 **가져와요**.
我上課的時候帶字典。

나가다	出去	動詞

아버지는 매일 아침 7시에 집에서 **나가요**.
爸爸每天早上 7 點出門。

나오다	出來	動詞

오늘 아침 9시 집에서 **나왔어요**.
我今天早上 9 點從家裡出來的。

도착하다	到達	動詞

이 버스를 타면 30분 후에 **도착해요**.
如果坐這班公車，30 分鐘就到了。

드리다	給（尊待語）	動詞

오늘은 어머니 생신이라서 어머니께 선물을 **드릴** 거예요.
今天是母親的生日，所以送禮物給她。

바꾸다	換	動詞

옷이 작아서 큰 옷으로 **바꿨어요**.
這件衣服有點小，所以換成大件的。

보내다	寄	動詞

고향에 계신 부모님께 편지를 **보냈어요**.
我寄信給在家鄉的父母。

시작하다	開始	動詞

한국어 수업은 9시에 **시작해요**.
韓語課 9 點開始。

찾다	尋找	動詞

잃어버린 지갑을 **찾았어요**.
我找到丟失的錢包。

타다	乘坐、騎	動詞

지하철을 **타고** 학교에 가요.
我坐地鐵去學校。

맵다	辣	形容詞

한국의 김치는 맛있지만 **매워요**.
韓國辛奇很好吃，但是很辣。

무섭다	害怕	形容詞

밤에 혼자 집에 있으면 **무서워요**.
晚上自己在家很害怕。

아프다	疼、痛	形容詞

배가 **아파서** 병원에 가요.
肚子痛所以去醫院。

재미있다	有趣	形容詞

생일 파티가 정말 **재미있었어요**.
生日派對真的很有趣。

좋다	好	形容詞

운동이 건강에 **좋아요**.
運動有益健康。

짧다	短	形容詞

저는 **짧은** 치마를 좋아해요.
我喜歡短裙。

언제	什麼時候	代詞/副詞

민수 씨, **언제** 학교에 가요?
民秀，你什麼時候去學校？

내일	明天	名詞/副詞

오늘은 금요일이고 **내일**은 토요일이에요.
今天是星期五，明天是星期六。

먼저	先	名詞/副詞

밥을 먹기 전에 **먼저** 손을 씻어요.
吃飯前先洗手。

지금	現在	名詞/副詞

지금 저는 한국어를 공부하고 있어요.
我現在正在學習韓語。

聽力 11-14

가족 家、家庭 名詞

우리 **가족**은 아버지, 어머니, 저, 동생 4명이에요.
我家有爸爸、媽媽、我和弟弟四個人。

건강 健康 名詞

이 음식은 **건강**에 좋으니까 많이 드세요.
這種食物有益健康，所以多吃一點。

계획 計劃 名詞

방학에 여행을 하고 싶어서 요즘 **계획**을 세우고 있어요.
放假的時候我想去旅行，所以正在計劃。

고향 故鄉、老家 名詞

저는 방학 때 **고향**에 돌아가요.
我放假的時候會回老家。

기분 心情 名詞

시험을 잘 못 봐서 **기분**이 안 좋아요.
我考試沒考好，心情不好。

나이 年紀、年齡 名詞

나는 아내보다 **나이**가 어려요.
我的年紀比我妻子小。

날짜 日期、日子 名詞

결혼식 **날짜**를 알려 주세요.
請告訴我你婚禮的日期。

사진	照片	名詞

여행을 가서 **사진**을 찍었어요.
我去旅行然後拍了照片。

생일	生日	名詞

생일을 축하해요.
祝你生日快樂。

선물	禮物	名詞

친구에게 생일 **선물**을 주었어요.
我送給朋友生日禮物。

쇼핑	購物	名詞

백화점에서 **쇼핑**을 해요.
在百貨公司購物。

신발	鞋子	名詞

구두, 운동화, 등산화는 모두 **신발**이에요.
皮鞋、運動鞋、登山鞋都是鞋子。

옷	衣服	名詞

백화점에서 **옷**을 샀어요.
在百貨公司買了衣服。

직업	職業	名詞

우리 형의 **직업**은 선생님이에요.
我哥哥的職業是老師。

휴일	休息日	名詞

저는 **휴일**마다 공원에서 운동을 해요.
我一到休息日就去公園做運動。

둘(두) 兩、二 冠詞

하나(한), **둘(두)**, 셋(세), 넷(네), 다섯, 여섯, 일곱, 여덟, 아홉, 열
一、二、三、四、五、六、七、八、九、十

별로 不太 副詞

오늘은 **별로** 덥지 않아요.
今天不太熱。

정말 真的 副詞

삼계탕이 **정말** 맛있어요.
蔘雞湯真的很好吃。

하지만 但是 副詞

저는 듣기를 잘 해요. **하지만** 쓰기를 잘 못 해요.
我聽力很好，但是寫作不太好。

일하다 工作 動詞

저는 병원에서 **일해요**.
我在醫院工作。

읽다 讀、看 動詞

저는 매일 신문을 **읽어요**.
我每天看報紙。

지나다 過、度過 動詞

봄이 **지나고** 여름이 왔어요.
春天過去了，夏天來了。

태어나다 出生 動詞

저는 서울에서 **태어났어요**.
我出生在首爾。

갈다 一樣 形容詞

저와 제 친구는 20 살이에요. 우리는 나이가 **같아요**.
我和朋友都是 20 歲。我們年齡一樣。

재미없다 無趣 形容詞

이 영화는 **재미없어요**.
這部電影很無趣。

聽力 15-16

여기 這裡 代詞

여기가 민수 씨 학교예요?
這裡是民秀的學校嗎?

더 更、再 副詞

형은 동생보다 키가 **더** 커요.
哥哥身高比弟弟更高。

한번 試試 副詞

이 음식 **한번** 드셔 보세요.
請嘗嘗看這個食物。

고치다 修理 動詞

휴대전화가 고장 나서 **고쳐야** 해요.
手機壞了,得修理。

보다 看 動詞

옷을 입고 거울을 **봐요**.
穿上衣服,照照鏡子。

식사하다	用餐、吃飯	動詞

점심에 같이 **식사할까요**?
中午一起吃飯怎麼樣？

쓰다	寫	動詞

공책에 이름을 **쓰세요**.
請在筆記本上寫上名字。

어울리다	搭配、合適	動詞

이 바지에는 흰 티셔츠가 **어울려요**.
白 T 恤跟這條褲子很搭。

일어나다	起來、起床	動詞

저는 아침에 일찍 **일어나요**.
我早上很早起床。

자다	睡覺	動詞

저는 밤 11 시쯤 **자요**.
我晚上 11 點左右睡覺。

자르다	剪	動詞

머리를 **자르려고** 미용실에 갔어요.
我為了剪頭髮，去了美容院。

조심하다	小心	動詞

길이 미끄러워요. **조심하세요**.
路很滑，請小心。

어떻다	怎麼樣	形容詞

한국 김치는 **어떻게** 만들어요?
韓國辛奇是怎麼做的？

피곤하다 疲勞、累 形容詞

요즘 회사에 일이 많아서 너무 **피곤해요**.
最近公司工作很多，所以很累。

조금 一點 名詞／副詞

학교에 **조금** 더 일찍 오세요.
請再早一點來學校。

마음에 들다 喜歡、滿意 片語

새로 산 옷이 **마음에 들어요**.
我很喜歡新買的衣服。

聽力 17-21

수업 課 名詞

학교에서 한국어 **수업**을 해요.
在學校上韓語課。

신청서 申請書 名詞

저는 몸이 아파서 회사에 휴가 **신청서**를 냈어요.
我因為身體不舒服，所以向公司提交了休假申請書。

약속 約會、約定 名詞

저는 주말에 친구와 **약속**이 있어요.
我週末跟朋友有約。

의자 椅子 名詞

여기 **의자**에 앉으세요.
請坐在這張椅子上。

자전거 自行車、腳踏車 名詞

자전거를 타고 공원에 갔어요.
騎自行車去公園。

잠시 一會 名詞

민수 씨를 만나려면 **잠시** 기다려 주세요.
想要見民秀的話，請您等一會。

장소 場所 名詞

약속 **장소**가 어디예요?
約會場所是哪裡?

정도 程度 名詞

이 책은 초등학생 **정도**의 아이가 읽을 수 있어요.
這本書小學程度的孩子可以看。

고르다 選擇 動詞

어떤 음료수를 드시겠어요? **골라** 보세요.
您要喝什麼飲料? 選一下吧。

모르다 不知道、不認識 動詞

그 사람의 얼굴은 알지만 이름은 **몰라요**.
我只知道他長什麼樣，但不知道他叫什麼名字。

묻다 問 動詞

그가 이름을 **물어서** 제가 큰 소리로 대답했어요.
他問我叫什麼名字，我大聲回答他。

주다 給 動詞

친구에게 **주려고** 선물을 샀어요.
我想送禮物給朋友，就買了禮物。

초대하다 邀請 動詞

생일에 친구들을 **초대하려고** 해요.
我打算生日的時候請朋友來玩。

출발하다 出發 動詞

비행기가 3 시에 **출발해요**.
飛機 3 點起飛。

취소하다 取消 動詞

회사에 일이 있어서 약속을 **취소했어요**.
公司有事，所以取消了約會。

확인하다 確認 動詞

시험 결과를 **확인했어요**.
我確認了考試結果。

불편하다 不方便 形容詞

다리를 다쳐서 걷기가 **불편해요**.
我的腿受傷了，走路不太方便。

특별하다 特別 形容詞

방학에 **특별한** 계획이 있어요?
放假有什麼特別的計劃嗎？

알려 주다 告訴、教 片語

저는 친구에게 한국 노래를 **알려 주고** 있어요.
我正在跟朋友介紹韓國歌曲。

聽力 22-24

가격 價格 名詞

시장에서 채소를 사면 **가격**이 싸요.
在市場買菜價格很便宜。

교통 交通 名詞

서울은 차가 많아서 **교통**이 복잡해요.
首爾車很多，所以交通複雜。

다행 幸虧、萬幸 名詞

교통사고가 났는데 안 다쳐서 **다행**이에요.
出了車禍，但是沒有受傷，真是萬幸。

산책 散步 名詞

식사 후에 공원에서 **산책**을 해요.
吃完飯在公園散步。

생각 想法、意見 名詞

다음을 듣고 여자의 중심 **생각**을 고르십시오.
請聽下列對話內容，選出女子的中心思想。

이사 搬家 名詞

저는 다음 달에 학교 근처로 **이사**를 가요.
我下個月要搬到學校附近住。

인기 人氣 名詞

그 가수는 우리나라에서 **인기**가 많아요.
這個歌手在我們國家很受歡迎。

화장실 洗手間 名詞

남자 **화장실**은 1층에 있고 여자 **화장실**은 2층에 있어요.
男洗手間在1樓，女洗手間在2樓。

내리다 下 動詞

세일 기간입니다. 내일부터 물건 값을 **내립니다**.
現在處打折促銷期間。明天開始降價。

놀라다 驚訝 動詞

부모님이 갑자기 학교에 오셔서 깜짝 **놀랐어요**.
父母突然來學校，我很驚訝。

사용하다 使用 動詞

이 기계는 위험하니까 **사용할** 때 조심하세요.
這個機器有一定的危險性，使用時請小心。

소개하다 介紹 動詞

제 고향을 친구들에게 **소개하려고** 해요.
我打算向我的朋友們介紹我的故鄉。

수리하다 修理 動詞

고장 난 컴퓨터를 **수리해요**.
修理故障的電腦。

이기다 贏 動詞

우리 학교가 축구 경기에서 한국대학교를 **이겼습니다**.
足球比賽上，我們學校贏了韓國大學。

이야기하다 聊天 動詞

저는 함께 사는 친구와 매일 **이야기해요**.
我每天都和我的室友聊天。

잘하다	擅長、做得好	動詞

저는 한국에 살아서 한국어를 **잘해요**.
我在韓國生活，所以韓語說的得很好。

걱정하다	擔心	動詞

제가 한국에서 혼자 살고 있어서 어머니는 항상 **걱정해요**.
我獨自在韓國生活，所以媽媽總是很擔心。

힘들다	辛苦、累	形容詞

오늘 오래 걸어서 **힘들어요**.
今天走路太多，很累。

가깝다	近	形容詞

우리 집은 학교에서 **가까워요**.
我家離學校很近。

깨끗하다	乾淨	形容詞

조금 전에 방을 청소해서 **깨끗해요**.
我不久前剛打掃房間，很乾淨。

편리하다	方便	形容詞

지하철이 빠르고 **편리해요**.
地鐵很快，很方便。

聽力 25-26

방법　方法　名詞

공부를 잘 하는 **방법**을 알고 싶어요.
我想知道取得好成績的方法。

비　雨　名詞

비가 와서 우산을 써요.
下雨了，所以撐傘。

생활　生活　名詞

학교**생활**이 힘들지만 재미있어요.
學校生活雖然很辛苦，但是很有趣。

설명　說明、解說　名詞

설명이 너무 어려워요. 請
說明太難了。

연휴　連休　名詞

한국은 설날과 추석 명절에 3일 동안 **연휴**예요.
韓國春節和中秋的時候有三天連休。

옛날　以前、昔日　名詞

옛날에는 세탁기도 텔레비전도 없었어요.
以前沒有洗衣機，也沒有電視機。

질문　問題　名詞

선생님, **질문**이 있어요.
老師，我有問題。

하루 一天 名詞

하루, 이틀, 사흘, 나흘
一天、兩天、三天、四天

그리다 畫 動詞

저는 여행을 가면 아름다운 경치를 **그리는** 것을 좋아해요.
我去旅行的時候喜歡把美麗的景色畫下來。

들어가다 進去 動詞

문을 열고 교실에 **들어가요**.
開門進教室。

모이다 聚會、聚集 動詞

제 생일을 축하하려고 친구들이 **모였어요**.
朋友們為了給我慶祝生日聚在了一起。

바뀌다 換 動詞

제 신발이 친구의 신발과 **바뀌었어요**.
我和朋友換了鞋。

버리다 扔 動詞

쓰레기를 쓰레기통에 **버리세요**.
請把垃圾扔到垃圾箱。

신나다 高興、開心 動詞

저는 내일 여행을 가서 **신나요**.
我因為明天要去旅行，所以很高興。

신다 穿 動詞

날씨가 추워서 따뜻한 양말을 **신었어요**.
因為天氣冷，所以我穿了暖和的襪子。

정하다	確定	動詞

약속 장소를 **정해서** 말해 주세요.
約會地點確定後請告訴我一下。

높다	高	形容詞

산이 **높아서** 등산이 힘들어요.
山很高，所以爬山很累。

다르다	不一樣	形容詞

나라마다 국기가 **달라요**.
每個國家的國旗不一樣。

즐겁다	愉快、享受	形容詞

한국 생활이 **즐거워요**.
韓國的生活很愉快。

매일	每天	名詞／副詞

저는 **매일** 일기를 써요.
我每天寫日記。

매주	每週	名詞／副詞

매주 일요일은 집에서 쉬어요.
我每週日在家休息。

방금	剛才	名詞／副詞

방금 전에 만난 사람이 누구예요?
你剛才見的人是誰啊？

가지고 가다	帶走	片語

비가 오니까 우산을 **가지고 가세요**.
下雨了，帶傘去吧。

聽力 27-28

가구 家具 名詞

제 방에 있는 **가구**는 침대하고 옷장이에요.
我房間裡的家具有床和衣櫃。

근처 附近 名詞

우리 집 **근처**에는 공원도 있고 백화점도 있어요.
我家附近有公園又有百貨公司。

기간 期間 名詞

우리 학교는 방학 **기간**이 2 달이에요.
我們學校放假期間是 2 個月。

이유 理由 名詞

민수 씨가 학교에 안 온 **이유**를 알고 싶어요.
我想知道民秀不來學校的理由。

종류 種類 名詞

백화점에는 여러 **종류**의 물건이 있어요.
百貨公司有各種種類的東西。

퇴근 下班 名詞

퇴근 시간에는 길이 막혀요.
下班時間路上很堵。

같이 一起 副詞

주말에 친구하고 **같이** 영화를 보려고 해요.
我打算週末和朋友一起看電影。

일찍	早、提早	副詞

저는 아침 6시에 **일찍** 학교에 가요.
我早上6點去學校。

가르치다	教授	動詞

선생님은 한국어를 **가르쳐요**.
老師教韓語。

다니다	上、去	動詞

아버지는 회사에 **다녀요**.
父親在公司上班。

지내다	過、度過	動詞

한국에서 **지낸** 기간이 얼마나 되세요?
您在韓國生活多久了？

취직하다	就業、就職	動詞

올해 대학교를 졸업하고 회사에 **취직했어요**.
今年大學畢業之後就在公司工作了。

심심하다	無趣、無聊	動詞

저는 주말에 친구가 없어서 **심심해요**.
我週末沒有朋友，所以很無聊。

혼자	自己	名詞／副詞

저는 **혼자** 살고 있어요.
我自己生活。

聽力 29-30

경치 景色 名詞

설악산은 가을에 단풍이 들어서 **경치**가 좋아요.
雪嶽山秋天楓葉紅了，景色很不錯。

내용 內容 名詞

이 책의 **내용**은 재미있어요.
這本書的內容很有趣。

성함 姓名 名詞

그 분의 **성함**을 가르쳐 주세요. 請
請把那位的名字告訴我。

손님 客人 名詞

가게에 **손님**이 많아요.
店裡客人很多。

연락처 聯繫方式 名詞

전화번호나 주소와 같은 **연락처**가 있어요?
有電話號碼或地址等聯繫方式嗎？

예약 預約、預訂 名詞

아직 비행기 표 **예약**을 하지 않았어요.
還沒有預訂機票。

이름 名字 名詞

제 **이름**은 민수예요.
我的名字叫民秀。

전화번호	電話號碼	名詞

전화번호가 어떻게 되세요?
你的電話號碼是多少?

그러면	那麼	副詞

가: 다이어트를 하고 싶어요. / 나: **그러면** 저하고 같이 운동해요.
가: 我想減肥。/ 나: 那就和我一起運動吧。

이미	已經	副詞

저는 그 일을 3일 전에 **이미** 알고 있었어요.
我三天前就已經知道那件事了。

교환하다	交換	動詞

모자가 커서 좀 작은 것으로 **교환하고** 싶어요.
帽子太大了，我想換小一點的。

싫어하다	討厭	動詞

저는 추운 계절을 **싫어해요**.
我討厭寒冷的季節。

앉다	坐	動詞

의자에 **앉으세요**.
請坐在椅子上。

이해하다	理解	動詞

이 책은 너무 어려워서 **이해할** 수 없어요.
這本書太難了，我理解不了。

입다	穿	動詞

저는 청바지를 **입었어요**.
我穿了牛仔褲。

환불하다 退款 動詞

지난주에 산 티셔츠가 작아서 돈으로 **환불했어요**.
上週買的T恤太小了，所以拿去退款了。

쉽다 容易、簡單 形容詞

시험 문제가 **쉬워서** 다 맞았어요.
考試題很容易，所以都做對了。

어렵다 難 形容詞

한국어로 이야기하는 것이 **어려워요**.
用韓語聊天太難了。

유명하다 有名 形容詞

한국의 김치는 외국에서도 **유명해요**.
韓國的辛奇在外國也很有名。

하얗다 白 形容詞

어젯밤에 **하얀** 눈이 많이 내렸어요.
昨天下了好多潔白的雪。

閱讀 31-33

가족 家人、家庭 名詞

우리 **가족**은 아버지, 어머니, 저, 동생 4명입니다.
我家有爸爸、媽媽、我和弟弟（妹妹）四個人。

고향 故鄉、老家 名詞

저는 방학 때 **고향**에 돌아갑니다.
我放假的時候回老家。

날씨	天氣	名詞

오늘은 하늘이 맑고 **날씨**가 좋습니다.
今天天空晴朗，天氣很好。

날짜	日子、日期	名詞

가: 오늘 **날짜**가 며칠입니까? ／나: 오늘은 11월 1일입니다.
가: 今天（的日期）是幾號？／ 나: 今天是 11 月 1 號。

눈	雪	名詞

눈이 내려서 아이들이 눈사람을 만듭니다.
下雪了，孩子們在堆雪人。

방학	放假	名詞

내일부터 **방학**이라서 학교에 가지 않습니다.
明天開始放假，所以不去學校。

선물	禮物	名詞

친구에게 생일 **선물**을 주었습니다.
我送給朋友生日禮物。

쇼핑	購物	名詞

백화점에서 **쇼핑**을 합니다.
在百貨公司購物。

약속	約會	名詞

저는 주말에 친구와 **약속**이 있습니다.
我週末和朋友有約會。

여름	夏天	名詞

한국의 **여름**은 덥습니다.
韓國的夏天很熱。

여행	旅行	名詞

주말에 제주도 **여행**을 다녀왔습니다.
我週末去濟州島旅行。

옷	衣服	名詞

백화점에서 **옷**을 삽니다.
在百貨公司買衣服。

운동	運動	名詞

'축구, 수영, 테니스'는 모두 **운동**입니다.
足球、游泳、網球都是運動。

장소	場所、地點	名詞

약속 **장소**가 어디입니까?
約會地點是哪裡?

주말	週末	名詞

이번 **주말**에 부산으로 여행을 갑니다.
這個週末要去釜山旅行。

직업	職業	名詞

우리 형의 **직업**은 선생님입니다.
我哥哥的職業是醫生。

취미	興趣、愛好	名詞

제 **취미**는 요리입니다.
我的愛好是烹飪。

친구	朋友	名詞

제 **친구**는 한국 사람입니다.
我的朋友是韓國人。

학교 學校 名詞

오늘은 일요일이라서 **학교**에 안 갑니다.
今天是星期日，所以不去學校。

자주 經常 副詞

저는 영화를 **자주** 봅니다.
我經常看電影。

내리다 下 動詞

어제는 비가 내렸는데 오늘은 눈이 **내립니다**.
昨天下雨，今天下雪。

사다 買 動詞

시장에서 사과를 **삽니다**.
在市場買蘋果。

좋아하다 喜歡 動詞

저는 축구를 **좋아합니다**.
我喜歡足球。

춥다 冷 形容詞

날씨가 **추워서** 옷을 많이 입었습니다.
天氣冷，所以穿了很多衣服。

오늘 今天 名詞／副詞

어제는 토요일이고 **오늘**은 일요일입니다.
昨天是星期六，今天是星期日。

閱讀 34-39

수업 課 名詞

학교에서 한국어 **수업**을 합니다.
在學校上韓語課。

시간 時間 名詞

시간을 몰라서 시계를 봅니다.
因為不知道時間，所以看錶。

시험 考試 名詞

내일 **시험**이 있어서 공부를 합니다.
明天有考試，所以讀書。

가끔 偶爾 副詞

저는 운동을 자주 하지만 친구는 **가끔** 합니다.
我經常運動，但是朋友偶爾運動。

너무 非常 副詞

밥을 많이 먹어서 배가 **너무** 부릅니다.
因為吃了很多飯，所以肚子很飽。

별로 不太 副詞

오늘은 **별로** 덥지 않습니다.
今天不太熱。

아주 非常 副詞

제 동생은 공부를 **아주** 잘합니다.
我弟弟學習非常好。

오래 很久 副詞

컴퓨터를 **오래** 하면 눈에 좋지 않습니다.
長時間用電腦對眼睛不好。

일찍 早 副詞

저는 아침 6시에 **일찍** 학교에 갑니다.
我早上6點早早去學校。

가르치다 教 動詞

선생님은 한국어를 **가르칩니다**.
老師教韓語。

걷다 走路 動詞

저는 집에서 회사까지 **걸어서** 갑니다.
我從家裡走路去公司。

그리다 畫 動詞

저는 그림 **그리는** 것을 좋아합니다.
我喜歡畫畫。

기다리다 等待 動詞

친구가 약속 시간에 안 와서 지금 **기다리고** 있습니다.
約定的時間到了，可是朋友還沒來，所以我在等他。

끝나다 結束 動詞

우리 회사는 일이 오후 6시에 **끝납니다**.
我們公司下午6點下班。

나오다 出來 動詞

영화가 끝나서 사람들이 극장에서 **나옵니다**.
電影結束了，所以人們都從電影院出來了。

도와주다	給予幫助	動詞

친구가 이사를 해서 제가 친구를 **도와줬습니다**.
朋友搬家，我去幫忙了。

만들다	製作	動詞

나무로 종이를 **만듭니다**.
用木頭做紙。

모르다	不知道	動詞

저는 그 사람의 얼굴은 알지만 이름은 잘 **모릅니다**.
我雖然知道那個人的長相，但不知道他的名字。

물어보다	問、詢問	動詞

길을 몰라서 친구에게 **물어봤습니다**.
我不認識路，所以問了朋友。

불다	吹、刮	動詞

따뜻한 바람이 **붑니다**.
吹著暖暖的風。

빌리다	借	動詞

돈이 없어서 친구에게 돈을 **빌렸습니다**.
沒有錢，所以向朋友借了錢。

시작하다	開始	動詞

한국어 수업은 9시에 **시작합니다**.
韓語課從 9 點開始。

지내다	度過	動詞

저는 요즘 한국에서 잘 **지내고** 있습니다.
我最近在韓國過得很好。

가깝다	近	形容詞

우리 집은 학교에서 **가깝습니다**.
我們家離學校很近。

깨끗하다	乾淨	形容詞

조금 전에 방을 청소해서 **깨끗합니다**.
不久前剛打掃過房間，所以很乾淨。

나쁘다	壞、不好	形容詞

날씨가 **나빠서** 밖에 나가기 싫습니다.
天氣不好，所以不想出去。

더럽다	髒	形容詞

청소를 안 해서 방이 너무 **더럽습니다**.
因為沒有打掃房間，所以很髒。

따뜻하다	暖和	形容詞

봄에는 날씨가 **따뜻합니다**.
春天天氣很暖和。

쉽다	容易、簡單	形容詞

시험 문제가 **쉬워서** 다 맞았습니다.
因為考試題目很簡單，所以都答對了。

어렵다	難	形容詞

한국어로 이야기하는 것이 **어렵습니다**.
用韓語聊天很難。

있다	有	形容詞

저는 동생이 **있습니다**.
我有弟弟（妹妹）。

재미있다 有趣 形容詞

생일 파티가 정말 **재미있었습니다**.
生日派對真的很有趣。

조용하다 安靜 形容詞

교실에 학생들이 없어서 **조용합니다**.
教室裡沒有學生，所以很安靜。

친절하다 親切 形容詞

우리 선생님은 **친절하십니다**.
我們老師很親切。

아까 剛才 名詞／副詞

동생이 **아까**부터 잤는데 지금도 자고 있습니다.
弟弟剛才就在睡覺，現在還在睡。

閱讀 40-42

우리 我們 代詞

우리 4 명은 한국대학교 학생입니다.
我們四個都是韓國大學的學生。

값 價格 名詞

이 자동차는 **값**이 아주 비쌉니다.
這輛車的價格非常貴。

기간 期間 名詞

우리 학교는 방학 **기간**이 2 달입니다.
我們學校的放假時間是兩個月。

등산 爬山 名詞

저는 **등산**을 좋아해서 자주 산에 갑니다.
我喜歡爬山，所以經常去山上。

무료 免費 名詞

오늘은 **무료**니까 돈이 필요 없습니다.
今天是免費的，所以不需要錢。

밤 晚上 名詞

밤에는 잠을 잡니다.
晚上睡覺。

부엌 廚房 名詞

부엌에서 요리를 합니다.
在廚房做飯。

비 雨 名詞

비가 와서 우산을 씁니다.
下雨了所以撐傘。

사무실 辦公室 名詞

사무실에서 회의를 합니다.
在辦公室開會。

생일 生日 名詞

생일을 축하합니다.
祝你生日快樂。

안내 說明、引導 名詞

직원이 손님을 방으로 **안내**합니다.
職員把客人引導到房間裡。

약 藥 名詞

배가 아파서 **약**을 먹었습니다.
肚子痛，所以吃了藥。

영화 電影 名詞

지금 영화관에서 **영화**를 봅니다.
現在在電影院裡看電影。

오후 下午 名詞

오전에 수업이 끝나면 **오후**에는 도서관에 갑니다.
上午下課以後，下午去圖書館。

이름 名字 名詞

제 **이름**은 민수입니다.
我的名字叫民秀。

일주일 一週 名詞

'월, 화, 수, 목, 금, 토, 일'(요일)이 **일주일**입니다.
星期一、星期二、星期三、星期四、星期五、星期六、星期日是一個星期。

전화 電話 名詞

친구에게 **전화**를 합니다.
給朋友打電話。

점심 中午、午餐 名詞

아침, **점심**, 저녁
早上、中午、晚上

행복 幸福 名詞

대학교에 합격해서 **행복**합니다.
考上大學了，感到很幸福。

회의	會議	名詞

저희 회사는 매주 월요일에 **회의**를 합니다.
我們公司每週一開會。

모든	所有	冠詞

모든 책을 다 읽어서 더 읽을 책이 없습니다.
所有的書都看過了，所以沒有書可以看。

내다	付、給	動詞

오늘 식사 값은 제가 **내겠습니다**.
今天我請客。

드리다	獻、奉上	動詞

오늘 어머니 생신이라서 어머니께 선물을 **드릴** 겁니다.
今天是母親的壽辰，所以獻給母親禮物。

들어가다	進去	動詞

문을 열고 교실에 **들어갑니다**.
開門進教室。

받다	收到	動詞

친구가 보낸 메일을 **받았습니다**.
我收到朋友寄來的禮物。

열다	開	動詞

날씨가 더워서 창문을 **열었습니다**.
天氣很熱，所以把窗戶打開。

찾다	尋找	動詞

잃어버린 지갑을 **찾았습니다**.
我找到了丟失的錢包。

같다 一樣 形容詞

저와 제 친구는 21 살입니다. 우리는 나이가 **같습니다**.
我和朋友都是 21 歲。我們年紀一樣。

맑다 晴朗 形容詞

오늘은 구름이 없고 **맑겠습니다**.
今天萬里無雲，天氣晴朗。

미안하다 對不起 形容詞

전화를 못 받아서 **미안합니다**.
對不起，我沒有接到電話。

쉬다 休息 形容詞

일요일에는 집에서 **쉽니다**.
星期日在家休息。

좋다 好 形容詞

운동이 건강에 **좋습니다**.
運動有益健康。

매주 每週 名詞／副詞

매주 일요일은 집에서 쉽니다.
我每週日在家休息。

지금 現在 名詞／副詞

지금 저는 한국어를 공부하고 있습니다.
現在我正在學習韓語。

閱讀 43-45

경치　景色　名詞

설악산은 가을에 단풍이 들어서 **경치**가 좋습니다.
雪嶽山秋天有楓葉，景色非常漂亮。

공원　公園　名詞

저는 친구와 **공원**에서 자전거를 탑니다.
我和朋友在公園騎自行車。

기차　火車　名詞

서울역에서 **기차**를 타고 부산까지 갔습니다.
在首爾坐火車去了釜山。

부모님　父母　名詞

부모님은 아버지와 어머니를 함께 부르는 말입니다.
父母是父親和母親的統稱。

요리　料理　名詞

저는 **요리**를 잘 해서 한국 음식도 만들 수 있습니다.
我擅長烹飪，所以韓國料理做得也很好。

자전거　自行車　名詞

자전거를 타고 공원에 갔습니다.
騎自行車去了公園。

그러면　那樣的話　副詞

가: 다이어트를 하고 싶습니다. ／나: **그러면** 저하고 같이 운동합시다.
가: 我想減肥。／ 나: 那樣的話，就跟我一起運動吧。

함께	一起	副詞

이번 주말에 부모님과 **함께** 제주도에 갑니다.
這週末我和父母一起去濟州島。

구경하다	遊覽、逛	動詞

명동에서 여러 가지 옷과 화장품을 **구경했습니다**.
在明洞逛了很多服飾店和化妝品店。

놀다	玩	動詞

친구들과 공원에서 **놉니다**.
和朋友們一起在公園玩。

배우다	學	動詞

한국어 선생님께 한국어를 **배웁니다**.
跟韓語老師學習韓語。

부르다	唱、叫	動詞

노래방에서 노래를 **부릅니다**.
在 KTV 唱歌。

타다	坐	動詞

지하철을 **타고** 학교에 갑니다.
坐地鐵去學校。

맛있다	好吃、好喝	形容詞

음식이 **맛있어서** 많이 먹었습니다.
東西很好吃，所以吃了很多。

비싸다	貴	形容詞

사과 값이 **비쌉니다**.
蘋果的價格很貴。

심심하다 無聊 形容詞

저는 주말에 친구가 없어서 **심심합니다**.
週末沒有朋友，所以很無聊。

싸다 便宜 形容詞

학교 식당은 음식이 **쌉니다**.
學生餐廳的食物很便宜。

아름답다 美麗 形容詞

한국의 제주도는 경치가 **아름답습니다**.
韓國濟州島的景色很美。

재미없다 無聊、無趣 形容詞

이 영화는 **재미없습니다**.
這部電影好無聊。

즐겁다 高興、愉快 形容詞

한국 생활이 **즐겁습니다**.
韓國生活很愉快。

내일 明天 名詞／副詞

오늘은 금요일이고 **내일**은 토요일입니다.
今天是星期五，明天是星期六。

매일 每天 名詞／副詞

저는 **매일** 일기를 씁니다.
我每天都寫日記。

閱讀 46-48

사진 照片 名詞

여행을 가서 **사진**을 찍었습니다.
去旅行的時候拍了照片。

앞 前面 名詞

앞, 뒤, 옆, 위, 아래(밑), 안(속), 밖
前、後、旁邊、上、下(底)、裡面(內)、外面

옛날 以前 名詞

옛날에는 세탁기도 텔레비전도 없었습니다.
以前沒有洗衣機,也沒有電視機。

요즘 最近 名詞

요즘 저는 한국어를 배웁니다.
我最近在學韓語。

인기 人氣 名詞

그 가수는 우리나라에서 **인기**가 많습니다.
那位歌手在我們國家很受歡迎。

키 個子、身高 名詞

제 친구는 저보다 **키**가 작습니다.
我朋友個子比我矮。

그런데 可是、不過 副詞

가: 안녕하십니까? ／나: 네, 안녕하십니까? **그런데** 어디 가십니까?
가: 您好。／ 나: 是,您好。不過您要去哪?

그리고 還有、然後 副詞

그 식당은 음식이 맛있습니다. **그리고** 값도 쌉니다.
那家餐廳的食物很好吃,還有價格也很便宜。

더 更加 副詞

형은 동생보다 키가 **더** 큽니다.
哥哥身高比弟弟更高。

많이 多 副詞

밥을 **많이** 먹어서 배가 부릅니다.
吃了很多飯,所以肚子很飽。

빨리 快點 副詞

바빠서 밥을 **빨리** 먹었습니다.
因為很忙,所以很快吃完了飯。

입다 穿 動詞

저는 청바지를 **입었습니다**.
我穿了牛仔褲。

찍다 照、拍 動詞

토요일에 친구들과 공원에 가서 사진을 **찍었습니다**.
星期六和朋友去公園拍了照片。

다르다 不一樣 形容詞

나라마다 국기가 **다릅니다**.
每個國家的國旗都不一樣。

어리다 小、年幼 形容詞

동생은 언니보다 두 살 **어립니다**.
妹妹比姐姐小兩歲。

예쁘다	漂亮	形容詞

꽃이 **예쁩니다**.
花很漂亮。

짧다	短	形容詞

저는 **짧은** 치마를 좋아합니다.
我喜歡短裙。

크다	大	形容詞

수박은 사과보다 **큽니다**.
西瓜比蘋果大。

힘들다	累、疲勞	形容詞

오늘 오래 걸어서 **힘듭니다**.
今天走太久，很累。

보통	普通、一般	名詞／副詞

주말에는 **보통** 친구를 만납니다.
我週末通常會和朋友見面。

閱讀 49-50

근처	附近	名詞

우리 집 **근처**에는 공원도 있고 백화점도 있습니다.
我家附近有公園，還有百貨公司。

버스	公車	名詞

저는 **버스**를 타고 회사에 갑니다.
我搭公車去公司。

손님	客人	名詞

가게에 **손님**이 많습니다.
店裡客人很多。

이사	搬家	名詞

저는 다음 달에 학교 근처로 **이사**를 갑니다.
我下個月要搬到學校附近住。

주인	主人	名詞

이 책의 **주인**은 누구입니까?
這本書的主人是誰?

직원	職員、員工	名詞

저는 이 회사에서 일하는 **직원**입니다.
我是在這間公司工作的職員。

화장실	洗手間	名詞

남자 **화장실**은 1층에 있고 여자 **화장실**은 2층에 있습니다.
男洗手間在1樓,女洗手間在2樓。

회사	公司	名詞

저는 한국 **회사**에 취직하려고 합니다.
我想在韓國公司工作。

새	新的	冠詞

새 옷을 샀습니다.
我買了新衣服。

같이	一起	副詞

주말에 친구하고 **같이** 영화를 보려고 합니다.
週末要和朋友一起去看電影。

바로 直接、馬上 副詞

집에 도착하면 **바로** 연락하십시오.
到家請馬上打電話給我。

하지만 但是 副詞

저는 듣기를 잘 합니다. **하지만** 쓰기를 잘 못 합니다.
我聽力很好，但是寫作不太好。

살다 生活、居住 動詞

저는 서울에 **삽니다**.
我住在首爾。

이야기하다 聊天 動詞

저는 함께 사는 친구와 매일 **이야기합니다**.
我每天都和室友聊天。

인사하다 問候、打招呼 動詞

학교에서 친구를 만나면 반갑게 **인사합니다**.
在學校見到朋友的話，都會很愉快的打招呼。

읽다 讀、看 動詞

저는 매일 신문을 **읽습니다**.
我每天都看報紙。

졸업하다 畢業 動詞

저는 내년에 대학교를 **졸업합니다**.
我明年大學畢業。

길다 長 形容詞

머리가 **길어서** 미용실에 머리를 자르러 갑니다.
頭髮長了，所以去美容院理髮。

넓다 寬敞 形容詞

제 방은 아주 **넓습니다**.
我的房間非常寬敞。

멀다 遠 形容詞

학교가 **멀어서** 걸어갈 수 없습니다.
學校太遠了，沒法去。

좁다 窄 形容詞

지금 사는 방이 조금 **좁지만** 깨끗합니다.
我現在住的房間有點小，但是很乾淨。

편하다 舒適 形容詞

운동화를 신으면 발이 **편합니다**.
穿運動鞋腳很舒服。

먼저 首先 名詞／副詞

밥을 먹기 전에 **먼저** 손을 씻습니다.
吃飯前先洗手。

정말 真的 名詞／副詞

삼계탕이 **정말** 맛있습니다.
參雞湯真的很美味。

閱讀 51-52

감기 感冒 名詞

감기에 걸려서 열이 납니다.
得了感冒，所以有點發燒。

과일	水果	名詞

여름에는 수박, 포도 같은 **과일**을 많이 먹습니다.
夏天吃比較多西瓜、葡萄等水果。

내용	內容	名詞

이 책의 **내용**은 재미있습니다.
這本書的內容很有趣。

마지막	最後	名詞

마지막 사람이 문을 닫았습니다.
最後（走）的人把門關上了。

방법	方法	名詞

공부를 잘 하는 **방법**을 알고 싶습니다.
我想知道把書念好的方法。

순서	順序	名詞

요리하는 **순서**가 중요합니다.
烹飪的順序很重要。

이유	理由	名詞

민수 씨가 학교에 안 온 **이유**를 알고 싶습니다.
我想知道民秀沒有來學校的理由。

차	茶	名詞

저는 자기 전에 따뜻한 **차**를 마십니다.
我睡前喝熱茶。

나가다	出去	動詞

수업이 끝나서 교실에서 **나갑니다**.
下課了，所以從教室裡出去。

돌아오다	回來	動詞

고향에 가면 한 달 후에 서울에 **돌아옵니다**.
如果回老家，一個月以後會回首爾。

들어오다	進來	動詞

동생이 제 방에 **들어옵니다**.
弟弟進來我的房間。

떠나다	離開、去	動詞

저는 내일 여행을 **떠납니다**.
我明天出發去旅行。

사용하다	使用	動詞

화장실을 깨끗하게 **사용해야** 합니다.
必須保持洗手間的整潔。

신청하다	申請	動詞

저는 몸이 아파서 회사에 휴가를 **신청했습니다**.
我身體不舒服，所以向公司申請休假。

씻다	洗	動詞

비누로 손을 **씻습니다**.
用肥皂洗手。

예약하다	預約、預訂	動詞

저는 고향으로 갈 비행기 표를 **예약했습니다**.
我預定了回老家的機票。

이용하다	使用、利用	動詞

저는 책을 빌릴 때 학교 도서관을 **이용합니다**.
我借書的時候使用學校圖書館。

조심하다 小心 動詞

문제를 풀 때 틀리지 않게 **조심하십시오**.
解題的時候要小心別出錯。

지나가다 經過 動詞

그 버스는 학교 앞을 **지나갑니다**.
那台公車從學校門口經過。

지키다 守護 動詞

건강을 **지키려면** 운동을 해야 합니다.
想要守住健康，就必須運動。

건강하다 健康 形容詞

우리 형은 운동을 해서 아주 **건강합니다**.
我哥哥有在運動，所以很健康。

괜찮다 沒關係 形容詞

가 : 늦게 와서 미안합니다. ／나 : **괜찮습니다**.
가: 對不起，我來晚了。／ 나: 沒關係。

중요하다 重要 形容詞

무엇보다 건강이 **중요합니다**.
健康比什麼都重要。

필요하다 需要 形容詞

다른 나라로 여행을 가려면 비자가 **필요합니다**.
如果要去其他國家旅行，就需要簽證。

모두 所有 名詞／副詞

책을 **모두** 읽어서 더 읽을 책이 없습니다.
所有的書都看完了，沒有可以看的書了。

閱讀 53-54

날	日子	名詞

일요일은 학교에 안 갑니다. 쉬는 **날**입니다.
週日不去學校，是休息的日子。

모양	模樣	名詞

저와 동생은 머리 **모양**이 다릅니다.
我和弟弟的髮型不一樣。

색깔	顏色	名詞

옷 **색깔**이 예쁩니다.
衣服顏色很漂亮。

어른	成人、長輩	名詞

어른을 만나면 먼저 인사해야 합니다.
見到長輩要先問好。

얼굴	臉	名詞

제 여동생은 **얼굴**이 예쁩니다.
我妹妹（的臉）很漂亮。

흰색	白色	名詞

제 남자 친구는 **흰색**이 잘 어울립니다.
我男朋友很適合白色。

또	又、還	副詞

어제 입은 옷을 오늘 **또** 입습니다.
我今天又穿了昨天穿的衣服。

특히 特別、尤其 副詞

저는 운동을 좋아합니다. **특히** 축구를 좋아합니다.
我喜歡運動，尤其特別喜歡足球。

항상 經常、總是 副詞

저는 공부할 때 **항상** 음악을 듣습니다.
我學習的時候聽音樂。

다니다 上、往返 動詞

아버지는 회사에 **다닙니다**.
父親在公司上班。

벗다 脫 動詞

집에 들어갈 때에는 신발을 **벗습니다**.
進到家裡的時候會把鞋子脫掉。

생각하다 思考 動詞

내일 할 일을 **생각하고** 있습니다.
我正在思考明天要做的事情。

올라가다 上去 動詞

주말마다 산에 **올라갑니다**.
我每個週末都會上山。

웃다 笑 動詞

웃는 얼굴이 예쁩니다.
笑臉很漂亮。

태어나다 出生 動詞

저는 서울에서 **태어났습니다**.
我是在首爾出生的。

노랗다	黃	形容詞

그 옷은 색깔이 **노랗습니다**.
那件衣服的顏色是黃色的。

비슷하다	相似	形容詞

저와 제 동생은 얼굴이 **비슷합니다**.
我和我弟弟長得很像。

빨갛다	紅	形容詞

가을에는 단풍의 색이 **빨갛습니다**.
秋天楓葉的顏色是紅的。

하얗다	白	形容詞

어젯밤에 **하얀** 눈이 많이 내렸습니다.
昨天晚上下了很多潔白的雪。

둘	二	數詞

하나, **둘**, 셋, 넷, 다섯, 여섯, 일곱, 여덟, 아홉, 열
一、二、三、四、五、六、七、八、九、十

다	全部	名詞／副詞

가: 숙제 **다** 했습니까?／나: 네, **다** 했습니다.
가: 作業都做完了嗎?／ 나: 是的，都做完了。

화가 나다	生氣	片語

저는 친구가 약속 시간에 늦어서 **화가 났습니다**.
我因為朋友約會遲到所以生氣了。

화를 내다	發脾氣	片語

제가 숙제를 안 해서 선생님께서 **화를 내셨습니다**.
因為我沒有做作業，老師發了很大的脾氣。

閱讀 55-56

물건	東西	名詞

가방 안에 **물건**이 많아서 무겁습니다.
包裡有很多東西，所以很重。

시장	市場	名詞

시장에서 과일을 삽니다.
在市場買水果。

오랜만	好久不見	名詞

오랜만에 친구를 만났습니다.
久違的和朋友見面。

올해	今年	名詞

저는 **올해** 스무 살입니다.
我今年二十歲。

놀라다	驚訝、驚嚇	動詞

부모님이 갑자기 학교에 오셔서 깜짝 **놀랐습니다**.
父母突然來學校，嚇了我一跳。

팔다	賣	動詞

백화점에서는 여러 가지 물건을 **팝니다**.
百貨公司賣很多東西。

바라다	希望	動詞

시험에 합격하기를 **바랍니다**.
希望考試通過。

보내다 送、度過 動詞

친구와 즐거운 시간을 **보냈습니다**.
和朋友度過了愉快的時光。

주고받다 接受、往來 動詞

친구들과 문자를 **주고받았습니다**.
和朋友們互傳訊息。

다양하다 各式各樣 形容詞

시장에 가면 **다양한** 음식과 물건이 있습니다.
如果去菜市場，那邊有賣各式各樣的食品跟物品。

소중하다 珍貴、重要 形容詞

저에게 제일 **소중한** 물건은 아버지의 편지입니다.
對於我來說，最珍貴的東西就是父親的信。

특별하다 特別 形容詞

방학에 **특별한** 계획이 있습니까?
放假有什麼特別的計劃嗎？

閱讀 57-58

공항 機場 名詞

공항에서 비행기를 탑니다.
在機場坐飛機。

노래 歌曲 名詞

노래방에서 **노래**를 부릅니다.
在 KTV 唱歌。

다행　幸虧、萬幸　名詞

교통사고가 났는데 안 다쳐서 **다행**입니다.
出了交通事故，萬幸的是沒有受傷。

산책　散步　名詞

식사 후에 공원에서 **산책**을 합니다.
吃完飯以後在公園散步。

가입하다　加入　動詞

저는 대학교에서 태권도 동아리에 **가입했습니다**.
我加入了大學裡的跆拳道社團。

다녀오다　去過、去去就來　動詞

어머니, 학교에 **다녀오겠습니다**.
媽媽，我去學校了（晚些回來）。

잘하다　擅長、做得好　動詞

저는 한국에 살아서 한국어를 **잘합니다**.
我在韓國生活，所以擅長韓語。

지나다　過、經過　動詞

봄이 **지나고** 여름이 왔습니다.
春天過去，夏天來了。

잃어버리다　丟失　動詞

아침에 지하철에서 지갑을 **잃어버렸습니다**.
早上在地鐵上丟了錢包。

그립다　思念、想念　形容詞

한국에서 혼자 살고 있어서 부모님이나 친구가 많이 **그립습니다**.
我自己在韓國生活，所以很想念父母和朋友。

유명하다 有名 形容詞

한국의 김치는 외국에서도 **유명합니다**.
韓國的辛奇在國外也很有名。

閱讀 59-60

기분 心情 名詞

시험을 잘 못 봐서 **기분**이 안 좋습니다.
考試沒考好，所以心情不好。

유학 留學 名詞

저는 한국어를 공부하러 한국에 **유학**을 왔습니다.
我是來韓國學韓語的。

작년 去年 名詞

저는 **작년**에 대학교를 졸업했습니다.
我去年大學畢業。

점심 식사 午餐 名詞

점심 식사를 맛있게 드셨습니까?
午餐有吃飽嗎？

직접 親自、直接 名詞

제가 선생님을 만나서 **직접** 이야기하겠습니다.
我親自去找老師說。

처음 第一次 名詞

우리는 한국에서 **처음** 만났습니다.
我們在韓國第一次見面。

혼자　自己、獨自　名詞

저는 **혼자** 살고 있습니다.
我自己生活。

천천히　慢慢地　副詞

저는 친구와 **천천히** 걸으면서 많은 이야기를 했습니다.
我和朋友一邊慢慢走，一邊聊天。

일하다　工作　動詞

저는 병원에서 **일합니다**.
我在醫院工作。

듣다　聽　動詞

저는 음악을 좋아해서 항상 음악을 **들으면서** 공부합니다.
我喜歡音樂，所以經常一邊聽音樂一邊讀書。

싫다　討厭　形容詞

저는 겨울이 **싫습니다**.
我討厭冬天。

閱讀 61-62

가게　店鋪、商店　名詞

가게에서 주스를 삽니다.
在商店裡買果汁。

경험　經驗　名詞

저는 여러 가지 아르바이트를 해 봐서 **경험**이 많습니다.
我打過好多種工，所以很有經驗。

기억하다　記憶、記住　動詞

10년 전 친구를 만났는데 그 친구는 저를 **기억하지** 못합니다.
見到了十年前的朋友，但是朋友不記得我了。

느끼다　感受　動詞

저는 친구가 도와줄 때, 친구의 사랑을 **느낍니다**.
朋友幫助我的時候，我感受到了朋友的愛。

바꾸다　換　動詞

옷이 작아서 큰 옷으로 **바꿨습니다**.
衣服有點小，所以換了件大的。

생각나다　思考、想　動詞

고향 사진을 보면 부모님이 **생각납니다**.
看到老家的照片就想起父母。

원하다　願、希望　動詞

사람들은 건강하게 살기를 **원합니다**.
人們都希望健康的生活。

閱讀 63-64

가격　價格　名詞

시장에서 채소를 사면 **가격**이 쌉니다.
在市場買蔬菜價格很便宜。

발표　發表　名詞

우리 반 학생들 앞에서 **발표**를 했습니다.
在我們班同學面前上台發表。

유학생 留學生 名詞

저는 한국에 유학 온 **유학생**입니다.
我是來韓國留學的留學生。

제목 題目 名詞

내일 보기로 한 영화 **제목**을 알려 주십시오.
請告訴我明天要看的電影名字(題目)。

참석 參加 名詞

유학생은 모두 이번 행사에 **참석**을 합니다.
留學生全都參加了這次活動。

계획하다 計劃 動詞

방학에 여행을 하고 싶어서 요즘 여행 일정을 **계획하고** 있습니다.
放假的時候想要去旅行,所以最近正在制定旅行計劃。

모이다 聚會、聚集 動詞

제 생일을 축하하려고 친구들이 **모였습니다**.
為了給我慶祝生日,朋友們聚到了一起。

소개하다 介紹 動詞

제 고향을 친구들에게 **소개하려고** 합니다.
我要向朋友們介紹我的故鄉。

신다 穿 動詞

날씨가 추워서 따뜻한 양말을 **신었습니다**.
天冷了,所以穿上了暖和的襪子。

열리다 舉行、舉辦 動詞

오늘은 학교에서 음악회가 **열립니다**.
今天學校舉辦音樂會。

참가하다 參加 動詞

저는 이번 말하기 대회에 **참가합니다**.
我參加了這次演講比賽。

초대하다 邀請 動詞

생일에 친구들을 **초대하려고** 합니다.
生日的時候我想邀請朋友們。

출발하다 出發 動詞

비행기가 3 시에 **출발합니다**.
飛機3點起飛。

확인하다 確認 動詞

시험 결과를 **확인했습니다**.
我確認了考試結果。

전 前 名詞／冠詞

시작 시간 10분 **전**까지 오시기 바랍니다.
請於開始前 10 分鐘過來。

감사하다 感謝 動詞／形容詞

도와주셔서 **감사합니다**.
謝謝您幫我。

관심(이) 있다 感興趣 片語

저는 한국 영화에 **관심이 있어서** 한국어를 배우게 됐습니다.
我對韓國電影感興趣，所以開始學韓語。

알려 주다 告訴、教 片語

저는 친구에게 한국 노래를 **알려 주고** 있습니다.
我正在教朋友韓國歌曲。

연락(을) 주다　聯繫　片語

어려운 일이 있으면 저에게 **연락 주십시오**.
遇到困難請打電話給我。

閱讀 65-66

정도　程度、左右　名詞

집에서 학교까지 걸어서 10분 **정도** 걸립니다.
從家裡走到學校大概需要 10 分鐘左右。

최근　最近　名詞

이 티셔츠는 **최근** 유행하는 옷입니다. 這
件T恤是最近流行的服裝。

고르다　選　動詞

저는 옷을 살 때 옷을 **고르기가** 힘듭니다.
我買衣服的時候有選擇困難症。

선택하다　選擇　動詞

먹고 싶은 음식을 **선택하면** 만들어 줍니다.
選出你想吃的東西，我做給你吃。

유행하다　流行　動詞

요즘 감기가 **유행하고** 있습니다.
最近感冒盛行。

준비하다　準備　動詞

생일 선물을 **준비하려고** 선물 가게에 갔습니다.
為了準備生日禮物，去了禮品店。

참여하다 參與 動詞

한글날 행사에 **참여하고** 싶은 분은 연락을 주시기 바랍니다.
想要參加韓文節活動的人，請跟我聯繫。

피곤하다 累、疲倦 形容詞

요즘 회사에 일이 많아서 너무 **피곤합니다**.
最近公司事情很多，所以非常累。

따라 하다 跟著做 片語

엄마가 인사를 하니까 아이가 **따라 합니다**.
媽媽打招呼，孩子也跟著做。

閱讀 67-68

가방 包包、提包 名詞

제 **가방** 안에는 책과 공책이 있습니다.
我包裡有書和筆記本。

종류 種類 名詞

백화점에는 여러 **종류**의 물건이 있습니다.
百貨公司裡有各種商品。

나누다 分開、分為 動詞

빵이 하나 있어서 친구하고 **나누어** 먹었습니다.
我有一塊麵包，和朋友分著吃。

넣다 裝進、投入 動詞

음식을 냉장고에 **넣습니다**.
把食物裝進冰箱裡。

놓다 放、擱置 動詞

책을 책상 위에 **놓습니다**.
把書放在書桌上。

모으다 收集、積攢 動詞

여행을 가려고 돈을 **모았습니다**.
為了去旅行，正在存錢。

싸다 打包、裝箱 動詞

여행 가기 전에 가방을 먼저 **싸** 놓습니다.
去旅行之前要先收拾行李。

정리하다 整理 動詞

주말에 방을 깨끗하게 **정리했습니다**.
週末把房間整理得乾乾淨淨。

閱讀 69-70

나라 國家 名詞

가 : 어느 **나라** 사람입니까 ? ／나 : 저는 한국 사람입니다.
가: 你是哪國人?／ 나: 我是韓國人。

내년 明年 名詞

올해 열심히 공부해서 **내년**에는 꼭 대학교에 들어갈 겁니다.
今天努力念書，明年一定考上大學。

모임 聚會 名詞

가족 **모임**에 참석했습니다.
參加了家庭聚會。

다른　其他　冠詞

저는 사과만 좋아합니다. **다른** 과일은 좋아하지 않습니다.
我只喜歡蘋果。其他水果都不喜歡。

점점　漸漸　副詞

요즘 날씨가 **점점** 추워지고 있습니다.
最近天氣漸漸變冷了。

다치다　受傷　動詞

친구는 교통사고가 나서 많이 **다쳤습니다**.
朋友出車禍，傷得很嚴重。

달리다　跑步、奔跑　動詞

아침에 일찍 일어나서 운동장을 **달렸습니다**.
早上很早起床去運動場跑步了。

드시다(들다)　吃(尊待語)　動詞

제가 만든 요리입니다. 많이 **드십시오**.
這是我做的料理。請多吃點。

맛없다　不好吃／喝　形容詞

음식이 **맛없어서** 조금만 먹었습니다. 東
東西不好吃，所以只吃了一點。

친하다　親密、親近　形容詞

저는 우리 반 친구들과 **친합니다**.
我和我們班的同學們很要好。

거의　幾乎　名詞／副詞

가: 그 일 다 했습니까? ／나: 조금만 기다려 주십시오. **거의** 다 했습니다.
가. 那件事都做完了嗎?／ 나: 請稍等一下，幾乎都做完了。

必考文法

聽力 1-4

V-고 있다	1. 表示現在正在進行的動作。 예 저는 지금 밥을 먹고 있습니다. 我正在吃飯。 2. 與「입다、신다、쓰다」、「타다、만나다」等動詞一起使用時，表示現在正在進行的動作，也可以用於表示動作結束之後持續保持的狀態。 예 선생님은 하얀색 옷을 입고 있어요. (옷을 입고 있는 중) 老師穿著白色的衣服。（正穿著衣服） 예 선생님은 하얀색 옷을 입고 있어요. (옷을 입은 상태) 老師穿著白色的衣服。（穿著衣服的狀態） 예 저는 택시를 타고 있어요. (택시를 타는 중) 我正在搭計乘車。（正在上車） 예 저는 택시를 타고 있어요. (택시를 탄 상태) 我正在搭計乘車。（坐在車上的狀態）
N에서	1. 表示某個動作發生的場所。 예 저는 커피숍에서 커피를 마십니다. 我在咖啡廳喝咖啡。 2. 表示某件事開始的地方。 예 집에서 학교까지 가깝습니다. 我家離學校很近。

-았/었-	表示過去的事。 예 어제 밤에 비빔밥을 먹었습니다. 我昨天晚上吃了拌飯。

聽力 5-6

V-(으)세요	用於向聽者委婉發出指令時。表示禁止某種行為的時候，用「–지 마세요」。此外，「있다、자다、먹다/마시다」用作「계시다、주무시다、드시다」的形式。 예 의자에 앉으세요. 請坐在椅子上。 여기에 앉지 마세요. 請不要坐在這裡。 안녕히 계세요. 請留步。
V-(으)십시오	用於正式命令聽者時。表示禁止某種行為的時候，用「–지 마십시오」。 예 의자에 앉으십시오. 請坐在椅子上。 담배를 피우지 마십시오. 請不要抽菸。
-겠-	1. 用於話者表示有強烈的意願做某事時。表示個人意願時，主語「나（저）、우리」不可省略。 예 다음부터 학교에 일찍 오겠습니다. 我下次一定早點來學校。 2. 用於對自己親眼看到或親耳聽到的內容進行推測的時候。 예 내일은 비가 오겠습니다. 明天會下雨。 가: 어제 잠을 잘 못 잤어요. 我昨天沒睡好。 나: 정말 피곤하겠어요. 那一定很累吧。

A／V-아／어서	用於「–아／어서」前子句的內容為後子句的理由時。若為名詞，使用「N（이）라서」的形態。 예 머리가 아파서 병원에 갑니다. 頭痛所以去醫院。 오늘은 친구 생일이라서 생일파티를 합니다. 今天是朋友的生日，所以開生日派對。

聽力 7-10

A-(으)ㄴ	用於以「A–（으）ㄴ＋N（名詞）」的形態修飾後面的名詞時。「있다、없다」用作「–는」的形態。 예 예쁜 옷을 샀습니다. 我買了漂亮的衣服。 맛있는 음식을 먹었어요. 我吃了好吃的食物。
V-(으)ㅂ시다	用於向聽者發出一起做某事的邀請時。 예 오늘 시간 있으면 우리 같이 운동합시다. 今天有時間的話，我們一起去運動吧。
V-(으)ㄹ까요?	1. 用於詢問聽者是否願意一起做某事。 예 가: 같이 식당에 갈까요? 一起去餐廳怎麼樣？ 나: 네, 좋아요. 같이 갑시다. 好，好的。一起去吧。 2. 用於詢問對方對自己的提議有什麼看法時。 예 창문을 닫을까요? 把窗戶關上怎麼樣？

A／V-(으)니까	用於「－（으）니까」前面的內容是「－（으）니까」後面內容的理由時。如果是名詞接「－（으）니까」，用作「N（이）니까」。「－（으）니까」後面的內容主要會接表命令的「－（으）십시오、－（으）세요」或表勸誘的「－（으）ㅂ시다、－（으）ㄹ까요？」 예 비가 오니까 우산을 가져가세요. 下雨了，帶上傘吧。 내일은 주말이니까 같이 놀러 갑시다. 明天是週末，我們一起去玩吧。

聽力 11-14

보다	表示比較的標準。 예 동생이 저보다 두 살 적습니다. 弟弟（妹妹）比我小兩歲。
A-게	用於以「怎麼做」、「做多少」的意思修飾後面的動詞。 예 머리를 짧게 잘랐습니다. 我把頭髮剪短了。
-(으)시-	用於表示對句子主語的尊待。 예 아버지께서 회사에 가십니다. 父親去上班了。

聽力 15-16

A／V-네요	用於描述對（之前不知道）剛剛才知道之事實的感受。 예 가: 여기가 제 방이에요. 這裡是我的房間。 나: 방이 넓네요. 房間很寬敞啊。

V-(으)ㄹ게요	用於話者向聽者保證要做某事，或是用來表達話者的意志。 예 가: 내일은 일찍 일어나세요. 明天請你早點起床。 나: 네, 일찍 일어날게요. 好的，我會早點起床的。 잠깐 화장실 좀 다녀올게요. 我去一下洗手間。
A-(으)ㄴ／(으)ㄹ 것 같다 **V-(으)ㄴ／는／(으)ㄹ 것 같다**	1. 表示推測。 與形容詞一起使用時，表現在的狀態用「A-（으）ㄴ 것 같다」；表未來的狀態或做出比較籠統的推測時，用「A-（으）ㄹ 것 같다」。與動詞一起使用時，表過去發生的事情用「V-（으）ㄴ 것 같다」；表現在的事情用「V-는 것 같다」；表未來的事情或做出比較籠統的推測時，用「V-（으）ㄹ 것 같다」。與名詞連用時，用「N인／일 것 같다」。 예 지금 날씨가 좋은 것 같습니다. 現在天氣好像很好。 내일 날씨가 좋을 것 같습니다. 明天天氣好像會很好。 어제 비가 온 것 같습니다. 昨天好像下雨了。 지금 비가 오는 것 같습니다. 現在好像在下雨。 내일 비가 올 것 같습니다. 明天好像會下雨。 저기가 화장실인 것 같습니다. 那邊好像是廁所。 그 사람이 선생님일 것 같습니다. 那個人好像是老師。

	2. 用於委婉表達話者的想法時。 예 그 옷은 별로 안 예쁜 것 같습니다. 那件衣服好像不太好看。 내일은 학교에 못 갈 것 같습니다. 明天好像不能去學校。

聽力 17-21

A／V-(으)ㄹ 수 있다／없다	1. 表示某事可能發生或不可能發生。 예 가: 내일 오후에 만날 수 있어요? 明天下午能見面嗎? 나: 아니요. 오후에 약속이 있어서 만날 수 없어요. 不，明天下午我有約會，不能見面。 2. 表示有或沒有某種能力。 예 저는 컴퓨터를 배워서 잘할 수 있습니다. 我學過電腦，所以會用。
A／V-(으)려면	用於假設想要做的事情時，後面應該接實現假設所要滿足的條件。 예 명동에 가려면 지하철 4호선을 타야 합니다. 想要去明洞的話，必須搭 4 號線。
N마다	1. 用於修飾前面出現的名詞，表示每一個。 예 교실마다 에어컨이 있습니다. 每間教室都有空調。 2. 與時間一起使用時，用來表示在該時間點某件事情就會反覆出現。 예 저는 주말마다 도서관에 갑니다. 我每個週末都去圖書館。

A/V-아/어야 하다/되다	表示必須做某事。 예 공부를 잘 하려면 열심히 공부해야 합니다. 如果成績想要好，就必須努力讀書。

聽力 22-24

A/V-(으)ㄹ지 모르겠다	用於對不確切的結果表示疑問或擔憂。 예 이 돈으로 유학 생활을 할 수 있을지 모르겠습니다. 不知道這些錢夠不夠去留學。
N(이)나	1. 表示在兩者之間任選其一。 예 저는 아침에 밥이나 빵을 먹습니다. 我早上吃飯或者麵包。 2. 用於數量比想像中多的時候。 예 빵을 5개나 먹었습니다. 我吃了 5 個麵包。
V-고 싶다	用於想要某樣東西或是對某事抱有期待。 예 저는 올해 대학교에 입학하고 싶습니다. 我希望今年能上大學。
N에 대해(대하여)	表示前面出現的名詞是後面內容描述的對象，可以與「N에 관해（관하여）」替換使用。 예 지금부터 자기 나라에 대해 이야기합시다. 現在我們來就自己的國家進行討論。

聽力 25-26

A／V-기 때문에	表示某事的原因或理由。不能與表示命令的「–（으）세요、–（으）십시오」以及表示建議的「–（으）ㅂ시다、–（으）ㄹ까요?」連用。「–기 때문에」與名詞連用時，用作「N（이）기 때문에」的形式，名詞跟代名詞也可以直接使用「N 때문에」的形態。有時也會以「A／V–기 때문이다」的形態結尾。 예 퇴근 시간에는 길이 복잡하기 때문에 지하철을 탑니다. 下班時間路況擁擠，所以坐地鐵。 저는 외국인이기 때문에 한국말을 잘하지 못합니다. 因為我是外國人，所以韓語說得不太好。 저는 남자 친구 때문에 한국어를 배우게 되었어요. 我是因為男朋友才學韓語的。 수업에 지각한 것은 어제 늦게 잤기 때문입니다 上課遲到是因為昨天太晚睡。
A／V-지요?	用於話者認為聽者已經知道某項事實，然後用提問的方式跟對方確認或請求對方同意。如果「–지요？」前面是名詞，用作「N（이）지요？」。「–지요」可以縮寫為「–죠」。 예 가: 오늘 날씨가 춥지요(춥죠)? 今天天氣很冷吧？ 나: 네, 정말 추워요. 是的，真的很冷。 가: 한국 사람이지요(사람이죠)? 您是韓國人吧？ 나: 네, 한국 사람입니다. 是的，我是韓國人。

聽力 27-28

V-(으)ㄹ 줄 알다／모르다	表示對做某事的方法或狀態很清楚或不知道。 예 저는 운전할 줄 압니다. 我會開車。 저는 김치를 담글 줄 모릅니다. 我不會醃製辛奇。
V-(으)ㄴ 지	表示完成某事到現在過了多長時間。通常用作「-（으）ㄴ 지+（時間）」이／가+지났다／되었다」的形態。 예 한국에 온 지 1년이 지났습니다(되었습니다). 我來韓國一年了。
A-군요 V-는군요	用於話者對剛剛知道的新事實表示感嘆。與名詞連用時，用作「N(이)군요」的形態。 예 여자 친구가 정말 예쁘군요. 你女朋友真漂亮啊。 매운 음식을 아주 잘 먹는군요. 原來你這麼會吃辣。 남자 친구가 한국 사람이군요. 原來你男朋友是韓國人啊。
A-아／어하다	與「좋다、싫다、밉다、예쁘다、귀엽다、두렵다、무섭다、어렵다、행복하다、피곤하다」等表達情感、感受的形容詞相連接，作為以行動表示他人感情、感受的動詞使用。 예 나는 민수를 좋아합니다. 我喜歡民秀。 민수 씨가 너무 피곤해합니다. 民秀非常疲倦。

聽力 29-30

V-기가 쉽다／어렵다／힘들다	用於對某件事做出判斷。主要與「쉽다／어렵다／힘들다」等一起使用，「–기가」中的「가」可以省略。 예 이 음식은 매워서 먹기가 힘듭니다. 이 음식은 매워서 먹기 힘듭니다. 這個食物太辣了，沒辦法吃。
V-기 위해서	用來表示做某行動的目的。「–기 위해서」的「서」可以省略用作「–기 위해」、「–기 위하여」。與名詞一起使用時，用作「N을／를 위해서」。 예 저는 건강을 지키기 위해서 매일 2시간씩 운동을 합니다. 저는 건강을 지키기 위해 매일 2시간씩 운동을 합니다. 為了身體健康，我每天都運動兩個小時。 즐거운 한국 생활을 위해서 한국어를 열심히 공부합니다. 為了愉快的在韓國生活，我努力學習韓語。

閱讀 31-33

N에	1. 表示某物所在的場所。常與「있다、없다、많다」等連用。 예 책이 책상 위에 있습니다. 書在書桌上。 2. 表示某事發生的時期或時間。 예 저는 아침 7시에 일어납니다. 我早上 7 點起床。 3. 與表數量的量詞一起使用，表示基準。 예 볼펜 한 개에 1,000원입니다. 原子筆一支 1000 韓元。
N에 가다／오다／다니다	與表示場所的名詞連用，用來說明到達的地點。常與「도착하다, 올라가다／올라오다, 내려가다／내려오다, 들어가다／들어오다, 나가다／나오다」等移動動詞搭配使用。 예 매일 학교에 갑니다. 每天去學校。
A／V-지 않다	表示對某行動或狀態的否定。與其相似的表達方式有「안 A／V」。 예 일요일에는 학교에 가지 않습니다. 星期日不去學校。 일요일에는 학교에 안 갑니다. 星期日不去學校。

閱讀 34-39

A/V-(으)ㄹ 것이다	1. 用於描述將來的行動或計劃。 예 방학에는 고향에 돌아갈 겁니다. 放假我會回老家。 2. 用於對某種行動或狀態的推測，與名詞連用時，用作「N일 것이다」的形態。 예 민수 씨는 지금 공부할 겁니다. 民秀現在一定在學習。 제주도는 아주 아름다울 겁니다. 濟州島一定很美。 그 사람은 선생님일 겁니다. 那個人一定是個老師。
N에게/한테	表接受某個行動的對象，常與「주다」、「보내다」、「연락하다」、「전화하다」、「질문하다」等一起連用。相似的表現可以使用「한테」。如果對象是「長輩或上位者」，要使用「께」。 예 저는 친구에게(한테) 선물을 주었습니다. 我送禮物給朋友。 선생님께 선물을 드렸습니다. 我送禮物給老師。
N도	表示與前面提到的內容相同，或表示補充。 예 친구는 공부를 잘합니다. 그리고 운동도 잘합니다. 朋友很會讀書，而且還擅長運動。

N와／과	1. 表示兩個或兩個以上的對象。相似表現有「N하고, N(이)랑」。 예 저는 비빔밥과(하고, 이랑) 김치찌개를 좋아합니다. 我喜歡拌飯和辛奇湯。 2. 表示一起做某事的對象。 예 친구와 (같이) 도서관에 갑니다. 我和朋友一起去圖書館。

閱讀 40-42

V-는 동안(에)	表示某件事情持續進行的特定期間。如果與表時間的名詞搭配使用，用作「N동안」。 예 제가 쇼핑하는 동안 친구는 기다리고 있습니다. 我購物的時候，朋友在等我。 방학 동안 여행을 할 거예요. 放假的時候我會去旅行。
V-기 전에	用於前面的行動比後面的行動先完成時。如果與表時間的名詞搭配使用，用作「N전에」。 예 잠을 자기 전에 책을 읽었습니다. 睡覺之前看了書。 1시간 전에 출발했습니다. 一個小時之前出發了。

N(으)로	1. 表示以某地為原點，朝著某一方向。常與「가다、오다、출발하다」一起連用。 예 오른쪽으로 가세요. 請向右走。 2. 表示進行某動作時使用的東西或者方法。 예 저는 학교에 버스로 갑니다. 我坐公車去學校。 3. 表示製作某種東西時使用的材料。常與「만들다、되다」一起連用。 예 종이는 나무로 만듭니다. 紙是用樹木做成的。 4. 用於替換成某樣物品或表示變化。 예 한국 돈으로 환전을 했습니다. 我把錢換成韓元。 지하철로 갈아탔습니다. 轉地鐵。
V-(으)ㄴ／는／(으)ㄹ	用於以「V-（으）ㄴ／는／（으）ㄹ＋N」的形態修飾後面出現的名詞。過去時制用「-（으）ㄴ」，現在時制或是要表達反覆進行的事情用「-는」，未來時制用「-（으）ㄹ」。如果與名詞搭配使用，用作「N인N」。 예 어제 본 영화가 재미있었습니다. 昨天看的電影很有趣。 지금 보는 영화가 재미있습니다. 現在正在看的電影很有趣。 내일 볼 영화가 재미있을 겁니다. 明天要看的電影一定很有趣。 취미가 등산인 사람은 민수 씨입니다. 愛好登山的人是民秀。

閱讀 43-45

A／V-(으)ㄹ 때	表示某事或某種情況發生的時間。 예 기분이 좋을 때 노래를 부릅니다. 心情好的時候會唱歌。
V-(으)러 가다／오다／다니다	表示移動的目的。 예 공부하러 도서관에 갑니다. 去圖書館念書。
A／V-(으)면	表示對後面內容的強調。 예 봄이 오면 꽃이 핍니다. 到了春天花就開了。
V-아／어 주다	表示為他人所做的事情。為上司或長輩做的事情要用「V-아／어 드리다」的形態。 예 여자 친구에게 꽃을 사 주었습니다. 我給女朋友買了花。 선생님의 일을 도와 드렸습니다. 我幫老師做事。

閱讀 46-48

부터 ~ 까지	「부터」表示某事的開始或出發點，「까지」表示結束或終點。 예 12시부터 1시까지 점심시간입니다. 從12點到1點是午飯時間。

A／V-(으)면 좋겠다	表示話者的希望或願望。 예 시험에 합격하면 좋겠습니다. 如果考試能通過就好了。
A／V-지만	表示前後內容為相反或對照的關係。 예 집 안은 따뜻하지만 밖은 춥습니다. 家裡很暖和，但是外面很冷。 김치를 좋아하지만 매워서 조금만 먹었습니다. 雖然很喜歡辛奇，但是太辣了，只吃了一點。

閱讀 49-50

만	用來表示排除其他的，只針對這一個。 예 우리 반에서 마이클 씨만 미국 사람입니다. 我們班只有麥克是美國人。
V-(으)ㄴ 후에	用來表示前面的行動結束後，做後面的行動。如果是跟表時間的名詞一起使用時，用作「N후에」。相似表現有「－（으）ㄴ 다음에」、「－（으）ㄴ 뒤에」。 예 밥을 먹은 후에(다음에, 뒤에) 커피를 마십니다. 吃完飯以後喝咖啡。
A／V-아／어도	表示跟前面的內容無關，總是會有後面這件事情。 예 저는 키가 작아도 농구를 잘 합니다. 雖然我個子很矮，但是我籃球打得很好。

閱讀 51-52

A-(으)ㄴ데
V-는데

1. 用於說明後面內容的狀況或背景。跟名詞一起使用時，用作「N인데」。

   예 공부를 하는데 전화가 왔습니다.
   我在讀書，可是電話響了。
   제 고향은 부산인데 바다가 아름다운 곳입니다.
   我的老家在釜山，是個有美麗大海的地方。

2. 用來表達關於後面內容的理由。這個表現跟「A／V-（으）니까」很像。後面的內容主要會使用表命令的「-（으）십시오」、「-（으）세요」或表建議的「-（으）ㅂ시다」、「-（으）ㄹ까요」。

   예 여기는 사람이 많은데 다른 곳으로 갈까요?
   這裡人太多了，去別的地方怎麼樣？
   비가 오는데 여행을 취소하세요.
   下雨了，請取消旅行。

3. 用於前後內容為相反或對照關係時，是與「A／V-지만」相似的表現。

   예 집 안은 따뜻한데 밖은 춥습니다.
   家裡很暖和，但是外面很冷。
   김치를 좋아하는데 매워서 조금만 먹었습니다.
   我很喜歡辛奇，但是太辣了，只吃了一點。

V-(으)려고

表示做某種行動的目的。

예 대학에 가려고 한국어를 배웁니다.
我打算上大學，所以學習韓語。

A／V-거나	表示從前後內容中任選其一。與名詞一起連用時，用作「N(이)나」的形式。 예 주말에는 친구를 만나거나 집에서 쉽니다. 週末去見朋友，或在家裡休息。 아침에 우유나 커피를 마십니다. 早上喝牛奶或咖啡。

閱讀 53-54

께 께서	1. 「께」是「에게」的尊待語形式，用於動作的承受對象為長輩或上司時。此外，「주다、보내다、연락하다、전화하다、질문하다」的尊待語形式「드리다、보내 드리다、연락드리다、전화드리다、질문드리다」也是常用詞彙。 예 저는 부모님께 선물을 드렸습니다. 我送禮物給父母。 2. 「께서」作為「이／가」的尊待語形式，指代句子的主語。 예 부모님께서 저에게 선물을 주셨습니다. 父母送給我禮物。
A-아／어지다	表示逐漸發生那樣的變化。 예 봄이 되면 날씨가 따뜻해집니다. 到了春天，天氣就暖和了。
V-아／어 보다	表示嘗試做某事，或嘗試過做某事。 예 그 사람을 한번 만나 보겠습니다. 我要見一見那個人。 저는 명동에 여러 번 가 봤습니다. 我去過明洞很多次。

閱讀 55-56

V-기로 하다	1. 表示對未來的某種計畫或決心。 예 내년부터 담배를 피우지 않기로 했습니다. 我決定從明年開始不抽煙。 2. 表示敘述與他人的約定。 예 저는 내년에 민수와 결혼하기로 했습니다. 我和民秀決定明年結婚。
N처럼	表示動作或狀態跟前面的名詞一樣或程度相似。 예 저는 아버지처럼 노래를 잘합니다. 我像爸爸一樣唱歌唱得很好。
V-(으)려고 하다	表示做某事的計劃。 예 저는 내년에 대학에 입학하려고 합니다. 我打算明年上大學。

閱讀 57-58

V-아／어 버리다	1. 表示要做的事情已經徹底結束，心裡毫無負擔。 예 숙제를 모두 끝내 버렸습니다. 作業全做完了。 2. 表示對某個結果的惋惜或遺憾。 예 기숙사에서 함께 살던 친구가 고향으로 돌아가 버렸습니다. 宿舍的室友回老家了。

A／V-(으)면서	表示同時進行兩個以上的動作或保持兩種狀態。如果與名詞一起使用，用作「N（이）면서」的形態。 예 민수는 텔레비전을 보면서 밥을 먹고 있습니다. 民秀一邊看電視一邊吃飯。 이 빵은 맛있으면서 쌉니다. 這個麵包很好吃，而且很便宜。 민수는 어학당 학생이면서 회사원입니다. 民秀既是語學堂的學生，又是公司職員。
N밖에	表示沒有其他的選擇或可能性。常與「안、못、없다、모르다」等否定表現連用。 예 저는 운동은 수영밖에 못합니다. 運動我除了游泳什麼都不會。 지금 지갑에 1000원밖에 없습니다. 我錢包裡只有 1000 韓元。

閱讀 59-60

V-게 되다	表示實現了某種情況。 예 한국에서 공부하면서 한국어를 잘하게 되었습니다. 在韓國學韓語，韓語變得很流利。
V-(으)ㄴ 적이 있다／없다	表示過去曾經做過某事或者有過某項特殊經歷。 예 저는 제주도에 간 적이 있습니다. 我去過濟州島。

閱讀 61-62

N(이)라고	用於向他人介紹自己時。 예 저는 민수라고 합니다. 我叫民秀。
V-고 싶어 하다	表示他人的希望或願望。 예 여동생은 그 남자와 결혼하고 싶어 합니다. 我妹妹想和那個男子結婚。
V-기 바라다	用於表示希望實現某事或變成某種狀態。 예 할아버지, 올해도 건강하시기 바랍니다. 爺爺，希望您今年也能夠健健康康。
A／V-다가	表示在某種行為或狀態還沒有結束的時候，轉為另外一種行為或狀態。 예 밥을 먹다가 전화를 받았습니다. 吃飯吃到一半接了電話。

閱讀 65-66

V-지 못하다	表示沒有做某事的能力或不能做某事。相似的表現有「못 A／V」。 예 감기에 걸려서 회사에 가지 못했습니다. 感冒了，所以沒辦法去公司。 감기에 걸려서 회사에 못 갔습니다. 感冒了，所以去不了公司。
V-아／어 있다	表示某個動作或某種變化已經結束了，但是結束的狀態一直保持。 예 문이 열려 있습니다. 門開著。

V-아／어도 되다	表示做某件事情是沒有問題的，或是允許某人做某事。不允許的時候使用「－（으）면 안 되다.」 예 여기에서 수영을 해도 됩니다. 這裡可以游泳。 여기에서 수영을 하면 안 됩니다. 這裡不可以游泳。

閱讀 67-68

V-아／어 놓다／두다	表示某事結束後，一直維持結束時的狀態。 예 벽에 그림을 걸어 두었습니다. 把畫掛在牆上。
V-는 것이 좋겠다	表示最好做某事。「-는 것이 좋겠다」中的「것이」可以縮寫為「-게」。 예 창문을 조금 열어 두는 것이(게) 좋겠습니다. 最好把窗戶打開一點。

閱讀 69-70

ㄹ 脫落

「ㄹ」結尾的動詞或形容詞後面接「－（으）ㅂ」、「－（으）ㅅ」、「－（으）ㄴ」、「－（으）ㄹ」開頭的文法時，「ㄹ」會脫落。如果接的是「－（으）려고」、「－（으）러」，則「ㄹ」不脫落。

— 알다, 살다, 놀다, 팔다, 울다, 길다, 들다, 만들다
知道、生活、玩、賣、哭、長、端、製作

區分	脫落		
	-ㅂ／습니다	-(으)세요	-(으)네요
살다	삽니다	사세요	사네요
만들다	만듭니다	만드세요	만드네요

區分	無脫落			
	-(으)려고	-(으)러	-지만	-아／어요
살다	살려고	살러	살지만	살아요
만들다	만들려고	만들러	만들지만	만들어요

예 한국 음식을 만듭니다. 製作韓國料理。
저는 한국에 삽니다. 我住在韓國。

으 脫落

「ㅡ」結尾的動詞或形容詞後面接「–아／어」開頭的文法時，「ㅡ」會脫落。

— 쓰다, 끄다, 크다, 아프다, 바쁘다, 예쁘다
寫、關上、大、痛、忙、漂亮

區分	脫落	
	-았／었어요	-아／어서
쓰다	썼어요	써서
예쁘다	예뻤어요	예뻐서
바쁘다	바빴어요	바빠서

區分	無脫落	
	-(으)면	-고
쓰다	쓰면	쓰고
예쁘다	예쁘면	예쁘고
바쁘다	바쁘면	바쁘고

예 제 친구는 예뻐서 인기가 많습니다.
我的朋友很漂亮，所以人氣很高。
편지를 써서 친구에게 줬습니다.
我寫信給朋友。

ㅂ 不規則

「ㅂ」結尾的動詞或形容詞後面接「-아／어」開頭的文法時，「ㅂ」會變成「우」。「ㅂ不規則變化」中大部分的情況都是「ㅂ」變「우」，可是「곱다」跟「돕다」如果接「-아／어」時，會變成「오」。

— 不規則：

맵다, 덥다, 춥다, 곱다, 돕다, 고맙다, 두껍다, 아름답다
辣、熱、冷、高貴、幫助、謝謝、厚、美麗

— 規　則：

입다, 잡다, 좁다
穿、抓、窄

區分	變化	
	-아／어요	-(으)면
춥다(不規則)	추워요	추우면
고맙다(不規則)	고마워요	고마우면
돕다(不規則)	도와요	도우면
입다(規則)	입어요	입으면

區分	未變化	
	-ㅂ/습니다	-지만
춥다(不規則)	춥습니다	춥지만
고맙다(不規則)	고맙습니다	고맙지만
돕다(不規則)	돕습니다	돕지만
입다(規則)	입습니다	입지만

예 날씨가 추워서 두꺼운 옷을 입었습니다.
天氣冷，所以穿了厚衣服。
도와주셔서 고마워요.
謝謝您幫我。

ㄷ 不規則

「ㄷ」結尾的動詞或形容詞後面接「–아/어」開頭的文法時，「ㄷ」會變成「ㄹ」

— 不規則： 듣다, 걷다, 묻다 (질문하다) 聽、走、問

— 規　則： 받다, 닫다, 믿다 接收、關、相信

區分	變化		
	-아/어요	-아/어서	-(으)니까
듣다(不規則)	들어요	들어서	들으니까
닫다(規則)	닫아요	닫아서	닫으니까

區分	未變化	
	-ㅂ/습니다	-고
듣다(不規則)	듣습니다	듣고
닫다(規則)	닫습니다	닫고

예 음악을 들으면서 밥을 먹습니다.
一邊聽音樂一邊吃飯。
집에서 학교까지 걸어서 갑니다.
從學校走回家。

ㅅ 不規則

「ㅅ」結尾的動詞或形容詞後面接「–아／어」開頭的文法時，「ㅅ」會脫落。「나아요」不能用作「나요」，「나으려면」不能用作「나려면」。其餘的「不規則」也是一樣。

— 不規則：낫다, 짓다, 붓다 好、做、倒

— 規　則：벗다, 씻다, 웃다 拖、洗、笑

區分	變化	
	-아／어요	-(으)려고
낫다(不規則)	나아요	나으려고
짓다(不規則)	지어요	지으려고
벗다(規則)	벗어요	벗으려고

區分	未變化	
	-ㅂ／습니다	-지만
낫다(不規則)	낫습니다	낫지만
짓다(不規則)	짓습니다	짓지만
벗다(規則)	벗습니다	벗지만

예 약을 먹으면 감기가 빨리 나아요.
吃藥的話，感冒很快就會好。

ㅎ 不規則

「ㅎ」結尾的動詞或形容詞後面接「–아／어」開頭的文法時，「ㅎ」會脫落，然後母音「–아／어」變成「애」，「야／여」變成「애」。如果「ㅎ」後面接「–으」開頭的文法，就只有「ㅎ」脫落，母音「–으」不會改變。

— 不規則：

어떻다, 이/저/그렇다, 빨갛다, 까맣다, 파랗다, 하얗다, 노랗다

怎麼樣、這／那樣、紅、黑、藍、白、黃

— 規　則：

괜찮다, 많다, 싫다, 좋다, 놓다

沒關係、多、討厭、好、放

區分	變化	
	-아／어요	-(으)면
이렇다(不規則)	이래요	이러면
하얗다(不規則)	하얘요	하야면
좋다(規則)	좋아요	좋으면

區分	未變化	
	-(으)ㄴ	-고
이렇다(不規則)	이런	이렇고
하얗다(不規則)	하얀	하얗고
좋다(規則)	좋은	좋고

예 얼굴이 하얘서 빨간색이 잘 어울립니다.
因為臉很白，所以很適合紅色。
어떤 영화를 좋아합니까?
您喜歡什麼電影？

르 不規則

「르」結尾的動詞或形容詞後面接「-아／어」開頭的文法時，「—」會脫落，「ㄹ」會變成「ㄹㄹ」。

— 모르다, 다르다, 빠르다, 부르다

不知道、不一樣、快、唱

區分	變化	
	-아／어요	-아／어서
다르다	달라요	달라서
부르다	불러요	불러서

區分	未變化	
	-(으)니까	-고
다르다	다르니까	다르고
부르다	부르니까	부르고

예 노래를 불러요. 唱歌。

퇴근 시간에는 지하철이 버스보다 빨라요.
下班時間地鐵比公車快。

MEMO

MEMO

MEMO